生态哲学丛书

SHENGTAIZHEXUECONGSHU

生态文化与范式转型

SHENGTAI WENHUA YU FANSHI ZHUANXING

丛书主编　盖　光　　陈红兵
丛书副主编　朱伯玉　　胡安水

陈红兵　唐长华◎著

人民出版社

责任编辑:张　旭
封面设计:石笑梦

图书在版编目(CIP)数据

生态文化与范式转型/陈红兵,唐长华著. -北京:人民出版社,2013.10
(生态哲学丛书/盖光,陈红兵主编)
ISBN 978－7－01－012835－1

Ⅰ.①生…　Ⅱ.①陈…②唐…　Ⅲ.①文化生态学-研究　Ⅳ.①G0

中国版本图书馆 CIP 数据核字(2013)第 274224 号

生态文化与范式转型
SHENGTAI WENHUA YU FANSHI ZHUANXING

陈红兵　唐长华　著

丛 书 主 编　盖　光　陈红兵

丛书副主编　朱伯玉　胡安水

人民出版社 出版发行
(100706　北京市东城区隆福寺街 99 号)

北京瑞古冠中印刷厂印刷　新华书店经销

2013 年 10 月第 1 版　2013 年 10 月北京第 1 次印刷
开本:710 毫米×1000 毫米 1/16　印张:15.25
字数:251 千字

ISBN 978－7－01－012835－1　定价:35.00 元

邮购地址 100706　北京市东城区隆福寺街 99 号
人民东方图书销售中心　电话 (010)65250042　65289539

总　序

　　生态哲学是适应解决生态环境危机的现实需要，在对工业文明世界观、价值观、认识思维方式等进行批判反思基础上形成的。生态哲学是一种新型哲学，是对传统哲学的转型，但这种转型不是对传统哲学的全盘否定，而是从生态学的观念对传统哲学进行符合时代精神的重构。与传统哲学范式相比较，生态哲学具有如下基本内涵：

　　生态哲学本体论。生态哲学主张超越将人与自然对立的二元论观念，认为世界的本原不是纯客观的自然界，也不是纯粹的人，而是"人—社会—自然"复合生态系统。生态哲学本体论是一种关系论，认为现实世界的存在是一种关系的存在，而人与自然的生态关系、人与人的社会关系是其中的主要方面，人类社会的历史就主要是围绕这两方面关系展开的；生态哲学本体论又是一种过程论，认为过程是事物存在的基本形式；生态哲学实在论又是一种整体论，它突出整体对事物性质和存在状态的决定作用。

　　生态哲学认识论。传统哲学认为认识是主体对客体的反映，认为只有人是认识的主体。生态哲学则认为认识是主体对所关心的事物的评价和实践。生态哲学在生态学认识基础上肯定其他生命包括植物都具有适应环境求得生存的能力和智慧，因此认为不仅人是认识的主体，而且其他生命也是认识的主体；认识主体具有多样性和层次性。

　　生态哲学方法论。生态学方法也即生态学思维，它用生态学观点研究现实事物，观察现实世界，以生态观点看待事物和解决问题。生态学方法认为，人对事物的认识渗透有主体自身的感情、意识、愿望、信念和素养，因而包含有主观因素，因此认识的确定性和真理性具有相对性。

生态哲学价值论。生态哲学注重自然价值论研究，认为生命和自然界不仅对人具有工具价值，而且具有自身的内在价值。自然价值论是生态哲学对人类认识的重大贡献。确认自然的内在价值，这是生态哲学的基本理论要求。

生态哲学除了在以上方面实现了对传统哲学的转型外，还确立了许多新的观念：（1）肯定生命的主体性、目的性和价值、智慧和创造性，肯定人与其他生命的内在关联，肯定生命和自然界对于人的主体性、价值、智慧等的支撑价值；（2）人自身的主体性、价值、智慧等并不是从天上掉下来的，而是自然界长期进化的产物，是生命和自然界自身特性、功能的进化和延伸；（3）自然生态系统具有自身的层次性，人作为万物之灵，在生命进化序列和生命组织序列中处于最高地位，因而具有最高的价值、智慧和能力。但是这并不能成为人宰制自然和其他生命的理由，相反，意味着人类对自然和其他生命更大的责任。

生态哲学对传统哲学范式的转型本身需要许多人经过多年甚至几代人的共同努力才能实现。盖光、陈红兵等主编的"生态哲学丛书"，从不同角度对生态哲学进行了不同的探讨，就是这种努力的重要一步。盖光教授的《生态境域中人的生存问题》一书，从"人类生存"的视角研究生态哲学。作者认为，人是生命的"类"存在，人类的活动不可能不关注生命的存在，更不可能无视生命赖以存在的生态系统，人类不可能游离于生命共同体之外而特立独行。我们对人类存在的一切关注，其基本观点理应定位在如何把握人的生命及生存活动问题上，而人的生存理应是在生态条件下的优质化生存，作者称为"人的生态优存"。我们的研究及思维必须以生命为逻辑起点，需要通过运演生命共同体的"生生"节律，进而合理而有效地体认人的生命活动的"类"的特性，并不断地构建这种生态优存的条件，明晰其意义及指向。陈红兵博士和唐长华副教授合著的《生态文化与范式转型》一书，围绕生态文化内涵及其对现代文化的转型进行论述。作者认为，生态科学、复杂性科学是生态文化产生的科学基础。生态文化是在对近现代文化批判反思基础上形成的，是古代文化与现代文化的辩证发展，具有整体性与主体性双重视角。生态文化以复杂系统的自组织演化为主题，以人—社会—自然复合生态系统的协调发展为目标，在世界观、价值观、思维方式、生产生活方式等方面，都是对近现代文化的转型。生态文化能够为科学发展观提供思想资源，当前人自身建设、文化大省建设均应关注生态文化建设维度。朱伯玉教授的《生态法哲学与生态环境法律治理》，围绕着生态法律关系、生态法律责任、生态正义、生态安全等阐述了生态法哲学的基本原理，探讨了自然资源的法律保护与环境污染的法律防治，特殊区域的法律治理与生态环境的国际法保护，以及循环发展与低碳发展的问题。胡安水副教授的《生态价值概论》一书，从生态价值的视角研究生态哲学。他认为，生态价值哲学的基础是生态哲学的概念论和本体论，这是本书着重研究的。"生态价值"是生态哲学的重要概念，作者以马克思主义为指导，系统地研究生态价值概念和生态价值系统，以及它的性质、含义、形式和内容。

山东理工大学 2002 年成立生态文化研究中心，2007 年该中心升级为山东省软科学研究基地——"山东省生态文化与可持续发展软科学研究基地"，目前已形成了生态文化与生态哲学、生态经济、环境法等主要研究方向。该研究机构成立 10 多年来，开展了一系列卓有成效的学术工作，曾主办"低碳经济与低碳技术科学"国际学术研讨会（2007），参与主办"人与自然：生态文化视野下的文学与美学"国际学术研讨会。2007 年在人民出版社出版了"循环经济丛书"（6 册）、"生态美学丛书"（5 册）。由人民出版社推出的这套"生态哲学丛书"是以上两套丛书的姊妹篇。相信本套丛书的出版，对于我国生态文化、生态哲学研究将起到积极的推动作用。

山东省生态文化与可持续发展软科学研究基地在其成立之初即邀请我作为生态文化研究中心的顾问，我还曾受邀到山东理工大学作过"走出人类生存困境"的报告，也多次在环境哲学、环境伦理学研讨会上与盖光、陈红兵等同志见面。这次，该基地出版"生态哲学丛书"，让我为该套丛书写序，我心中非常高兴，并非常乐意向读者推荐这套丛书！

余谋昌

2013 年 8 月于北京

目　录

导言 生态文化热点问题探析

　　工业社会带来的日益严重的生态危机、人类生存困境，使生态问题逐渐成为自然科学、人文社会科学关注的热点问题。在我国，余谋昌同志在 20 世纪 70 年代就开始把生态哲学作为自己的研究方向。进入 90 年代，关于生态文化特别是生态伦理的研究明显升温。近年来，生态文化研究开始在理论上走向深入。

　　生态文化相对于现代文化是一次质的转型，传统思维模式的限制和新的思想范式的建立，使生态文化思潮呈多元发展局面，不同观念竞相出现。在这里我们试就学术界争论的几个热点问题作简要探讨。

一、人与自然关系问题

　　近现代哲学从认识论出发，将人与自然的关系主要归之为主客体关系。人与自然万物的价值关系也主要建立在认识论主客体关系视阈内。而人与自然的本源性联系、本然性关系，主要是作为存在论问题，从自然科学角度加以论述，没有上升到价值论层面。

　　生态文化是时代的产物，它是在自然资源面临枯竭、环境污染日益严重、生态危机影响到人类生存发展基础的时代背景下提出来的，因而生态文化的一个主要特征就是注重自然因素、自然规律、生态环境对人类社会的价值和影响。在这种情况下，学术界、文化界对人与自然关系有了重新思考。

陈昌曙认为人与自然的关系除了主客体关系之外，还有人与自然的关系；①刘福森也指出，人与自然的关系不仅存在主客体意义上的对象性关系，还存在存在论意义上的部分与整体关系；② 西方深层生态学思潮甚至将人与自然的本然性关系放在最重要的位置。受深层生态学思想影响，国内有些学者也持生态中心主义。许多学者转而向古代有机整体论的自然观寻找新的文化基点，表现出向古代文化的复归趋向。但也有很多学者坚持以人为中心的对象性思维，主张以人的对象性认识实践活动实现人与自然的和谐，提出在生态科学理论的基础上，坚持和发展马克思主义的"实践人化的自然观"。③

　　应该如何看待学术界关于人与自然关系的争论呢？我们认为：

　　第一，应以否定之否定的观点看待生态文化与古代文化、近现代文化的关系。既应看到人与自然关系观念与工业文明时代主客体关系的本质区别，又要肯定工业文明时代主客体对象性思维的合理内容。工业文化发展过程中发展起来的对人的本质力量的自觉，或者说主体意识的觉醒，虽然有其片面性，但它是历史发展必经阶段，具有客观合理性。因此，重新认识人和自然的关系，应该肯定人与自然对象性关系对于认识、实践的重要性。从另一方面说，就是对人与自然关系的认识，既要看到生态哲学中人与自然关系观念与古代人与自然关系观念的联系，又要看到两者之间的本质差别。古代自然观主要是建立在生产力水平低下的前提下，它对人与自然的和谐关系的强调，根源于人对自然的依附。生态哲学对人与自然关系的重新思考，则是建立在近现代工业生产力片面发展，导致人与自然关系紧张、出现危机的情况下，要求重新协调人与自然的关系。因此，生态文化关于人与自然关系的认识应是近现代主客体关系、古代人与自然和谐关系的辩证发展。

　　第二，在当今时代条件下，解决人类面临的生存环境问题和人类生存困境是当务之急，因此在人与自然的关系问题上，应着重强调人与自然和谐关系的重建。但这种重建不是回复到古代社会人从属于自然、依附于自然的原始状态，而应建立在近现代文明形成的主体意识基础上，发挥人的主体能动

　　① 陈昌曙：《哲学视野中的可持续发展》，中国社会科学出版社 2000 年版，第 109—110 页。

　　② 刘福森等：《价值观的革命：可持续发展观的价值取向》，《吉林大学社会科学学报》1999 年第 2 期。

　　③ 解保军：《马克思自然观的生态哲学》，黑龙江人民出版社 2002 年版，第 71 页。

性，既重视一般工业技术的发展，更强调发展绿色科技，将科学技术运用到新的有利于人与自然和谐关系建立的方向上。

第三，生态文化关于人与自然的关系的认识有新的具体内容。它以有机系统论的观点看待人与自然的存在意义上的联系，将人—社会—自然看作相互关联、相互作用、协调发展的有机系统整体；肯定自然生态系统的存在状况、质量、发展趋势制约着人的生存与发展；人的生产生活方式，对自然生态系统存在着复杂的非线性相互作用。它要求在人与自然的关系上，不能单纯考虑人类自身的物质生活需要，还应以人与自然的本源性联系、本然性关系规范人的认识、实践活动。在人与自然的价值关系上，不仅要考虑人的目的性对实践的制约，还要考虑自然整体状况和未来发展趋势对实践的规范。

第四，在主客体关系问题上，生态文化也有自身的理解。主客体的关系不再是主客二分、主客对立、主体凌驾于客体之上的关系，而是在肯定主客体有机联系基础上，发挥主体能动性，协调人与自然关系，在人与自然协调发展的基础上，实现人自身的目的。要求主体认识实践活动，在对象性思维之外，还应有整体性思维，将人的认识实践活动置于人—社会—自然复合系统整体之中进行观照，使自身的认识实践活动兼顾到各方面要素的相互作用，兼顾到生态利益、经济利益和社会利益。

二、价值主体问题

工业文明时代价值观以人为唯一的价值主体，认为其他事物不具有独立的价值，只有在满足人的利益、需要时才具有对人的工具价值。这种价值观导致了人类对自然肆无忌惮的占有和掠夺，导致了生态危机和人类自身的生存困境，这客观上要求人们重新审视自身的价值观。如何避免人类对自然的破坏性掠夺？如何肯定自然存在的权利或价值？自然价值主体问题就是在这样的情况下提出的。

国内外都有学者否定人是唯一的价值主体，认为价值主体是包括人、有机物、自然、社会在内的一切具有自我调节功能的自控系统。张华夏认为："生命自维持系统或生命维生系统有自己的自我、自己的目标、需要和利益，它们完全可以作为价值主体。"① 佘正荣也肯定生物、生态系统是价值主体，他将价值定义为："生命有机体和以它为基础而组成的系统通过目的导向和自我调节的自组织活动，从而在适应环境的整个过程中所具有的能力和取得的成果。"②

也有人否定这一观点，认为肯定生态系统的价值，并不一定要肯定生物、生态系统作为价值主体。刘福森认为，生态系统的价值是从人的长远发展来说的价值，仍是相对人的价值主体来说的，价值主体只能是人；如果不是从人自身的生存发展出发，生态环境状况如何并不具有价值意义；认为肯定生物、生态价值的主体性，是将生态价值问题混同于存在问题。只有人具有价值意识，具有价值评价。③（也有人就此批评说，不能以是否具有价值意识、价值评价能力作为衡量事物能否成为价值主体的标准）

在价值主体与价值问题上，我们认为：

第一，人作为价值主体，既与自然万物有区别，又与自然万物相关联。一方面，人作为主体是从自然长期演化而来的，是自然生态系统进化发展的产物，不能割断人与自然万物、人与自然生态系统的历史联系；另一方面，人的价值的实现离不开自然万物、自然生态系统，人与自然生态系统存在复杂相关的有机联系。

第二，自然万物特别是生物、生态系统的演化具有自身的无目的的合目的性（合自然目的），因而具有潜价值。耗散结构系统在有外界负熵流不断输入的条件下，能够不断优化系统结构、功能，使系统趋向有序，并不断升级。所以生命和生态系统的自组织活动总是不断趋向于维持自身的稳定有序、向更高水平进化，表现出潜价值。目的性、进化是与价值相关的范畴。生物在自身自组织运化过程中，与周围环境进行不断的物质、能量、信息交换，能够自主地从环境吸取物质、能量。在环境系统发生变化时，生物能够适应环境的变化，调节机体功能结构，发挥自身能动性，利用环境，尽可能充分地从环境中吸取维持自身生存需要的物质、能量，具有不同程度的自主

---

① 张华夏：《广义价值论》，《中国社会科学》1998 年第 4 期。
② 佘正荣：《环境伦理学的价值论依据》，《科学技术与辩证法》2002 年第 4 期。
③ 刘福森等：《价值观的革命：可持续发展观的价值取向》，《吉林大学社会科学学报》1999 年第 2 期。

性、能动性，可以看作价值主体的雏形。

第三，人作为价值主体，从生态文化角度考察，具有不同于工业文明时代的价值主体的内涵。工业文明时代价值观是近代人本主义价值观，在人与自然关系上，它关注的是人的物质需求的满足，在人与人的关系上，它关注的是个人的物质利益。生态文化价值观则主张兼顾人与自然利益的需求，兼顾个人与群体、类的整体利益、长远利益，它所理解的价值主体既包括潜在的生物、生态系统，还包括社会主体、类主体。

第四，价值主体是从具体的实践活动来说的，是相对于他物、环境等客体来说的，属于认识实践范畴。生态哲学关于人与自然有机联系的观点，关于人—社会—自然构成复合生态系统整体的观点，要求人作为生态系统的调控者，必须考虑到生态系统状况、质量、发展趋势对人类生存、发展（包括人类当代生存质量、未来发展可能）的影响，注重维护生态系统的平衡和进化，注意维护生物多样性。而要维护生态系统、生物的生存和发展状况、质量，就必须从生态系统本身的规律出发，从生物生存的需求出发，维护生物生存发展所需的环境。生物的价值主体地位，在生物那里只存在潜在的、本能的自主性，而从生态系统来说，它不可能作为有机整体的调控中心。生物、生态系统的价值主体地位从很大程度上说是人类赋予的，是人类领悟到的（人能超越自身，从所有种的视角考虑问题），是一种隐喻；人类之所以能够成为生态系统的调控者，也正是因为人具有这样的能力。要协调人与自然的关系，也需要主体发展这样的价值意识，发展这方面的自觉意识。我们说，智慧圈是生物圈发展的高级阶段，就是注重、强调发挥人的调控作用，优化包括人—社会在内的自然生态系统。显然，智慧圈的建立不能单纯从人自身的物质利益出发，而应建立在对人与自然有机统一的基础上，建立在考虑生态系统发展需要、生命发展需要基础上。

三、人的主体性问题

主体性是指人在与自然、社会的关系中所体现出来的人的本质，以及独立性、自主性、能动性和创造性等特性。

主体性问题的提出根源于对生态危机根源的反思。许多学者将生态危机的根源归之于近现代主体论。学术界对主体性的理解主要是因循近现代哲学对主体性的界定，是建立在主客二分的认识论基础之上的主体论，它将人看作凌驾于自然之上的存在，将自然看作人征服和改造的对象。我们认为，近现代发展起来的主体论是一种片面的主体论，其中既暗含着一种人类中心主义的价值观，又包含着积极合理的内容。学术界对人类中心主义的反对和肯定双方，实质上都只看到其中的一个方面，没有将主体论与人类中心主义区分开来。

我们认为，主体论与人类中心主义虽然有联系，但它们本质上是两个不同的概念，前者主要是人的自觉意识，是对人的独立性、自主性、能动性和创造性的肯定；后者则是一种以人为中心的片面的价值观。因此，要真正揭示生态危机的思想根源，建立合乎时代精神的人与自然的关系，应对此进行辩证分析，一方面否定人类中心主义价值观；另一方面，从生态文化的高度肯定、发展人的主体性思想。

第一，主体论的产生发展有一个历史的过程，它与人在自然界的成长历程相关，是人与自然关系演化历史的反映。原始社会，人类处于蒙昧阶段，自然力量对人类具有绝对的权威，人类为了维护自身的生存，必须与自然进行激烈的斗争，不过这时的斗争主要是本能的生存竞争，还谈不上区别于其他生物的人的主体性。

农业社会人们已经开始了改造自然的活动，不过这时人类主要是模仿、学习、利用自然事物生长发育的过程和规律，以满足自身物质生活需求，并没有改变自身对自然的依附地位，还没有形成真正意义上的主体意识。

主体意识的形成是从15—16世纪近代自然科学的产生开始的。一开始，人主要是将自然作为自己的研究对象，确立自身认识主体的地位；人作为实践主体则是在科学技术日益发展，人类改造自然力量日益增强的基础上形成的。[①]

第二，应该承认，近现代意义上的人的主体地位的确立，具有积极的意义，它改变了人类依附自然的地位，人类在自身创造性活动中认识到内在的本质力量，形成了独立自主的主体意识。但近现代主体论也有其明显的片面

---

① 陈昌曙：《哲学视野中的可持续发展》，中国社会科学出版社2000年版，第105—109页。

性。它将自然看作机械被动的存在物，只承认人具有生命、意识和能动性，在社会实践活动中，只考虑自身的物质生活需要，没有意识到自然生态系统对人的活动的制约性，导致对自然生态的严重破坏；它以近代自然科学为基础，对自然界的认识限于表层的线性因果规律，片面发展人的认知理性、工具理性，忽视价值理性的规范，将主体性与认知理性、工具理性等同起来，导致了人性的异化。

第三，我们指出近现代主体论的不合理性，并不等于否定主体性，主张回到古代人与自然未分之前的混沌状态（如海德格尔）。我们认为古代有机整体论所强调的人与自然的一体虽然有一定合理性，但它是建立在人依附自然的关系基础上，与我们今天面临的由人的本质力量觉醒带来的生态危机和人类生存危机的情形有本质的不同。人类在当前的境遇中，必须肯定人的主体性，这是因为：（1）人作为自然界长期进化发展的产物，具有其他生物所不可比拟的主体性；（2）人的生存和发展离不开主体性，自然界不会主动提供给人所需要的物质生活资料，人要从自然界获得自身生存发展的物质能量和信息，必须发挥主体能动性；（3）近现代主体性带来的生态危机和人类自身的生存危机，也是人自身成长过程中的必经阶段，正如人在青少年时期由于不成熟会出现与环境不相协调，甚至给自己、给环境带来困境一样。面对困境，我们所要做的既不是不管不顾、我行我素，也不是退缩不前，而是要面对现实，发挥主体能动性，及时调整自身与环境的关系，使主体性得到进一步发展，走向成熟；（4）人类当前面临的生态危机和生存危机也只有依靠发挥自身的能动性、创造性才能真正解决；（5）人作为自然界发展到最高阶段的产物，决定了人的主体性的发挥、运用，对自然界的进化具有主导作用，人是自然生态系统的调控者。

第四，我们现在所要做的是，根据生态文化的要求，重新认识主体性的内涵，建构生态主体论，发挥主体协调人—社会—自然关系的作用，使人类在生态文明建设中，承担应尽的责任和义务。

其一，应从生态文化的视阈中重新界定主体性的内涵。一方面肯定近现代主体论中的自觉意识、独立意识、自主意识；另一方面，要按照生态文化的要求充实主体性的内涵，突出主体的协调意识，强调人作为生态系统的调控者，应成为协调、促进人—社会—自然复合生态系统平衡和发展的主体。

其二，从主体意识的内容构成来看，生态主体意识是科学认识与价值意识的统一，或者说是认知理性与价值理性的统一。近现代主体意识有片面强调科学认识的一面，其价值观主要是近代人本主义价值观，注重的是个人物质需求的满足，不是真正意义上的价值理性自觉。

生态主体意识的形成首先要求重新理解科学认识的内涵。近现代科学认识从满足人的物质需求出发，对自然规律的认识局限于表层的线性因果规律，缺乏对自然生态规律的认识。我们认为，自然界是有机生命运动与机械性物质运动的统一，具有有机运动变化规律和必然性因果规律两个层面。其中，生命有机运动变化规律是更深层面更基本的规律，因此要求科学认识必须从这两个层面认识世界，将对自然的线性因果规律的认识和有机生态规律的认识结合起来，并将对自然的机械性认识建立在对自然有机整体的认识基础上，以保证人对自然的改造，建立在遵循自然生态规律的基础上，以维护和促进人与自然环境的协同并进。

生态主体意识的形成还要求从两个方面建构主体的价值意识。一是从人与自然的关系来看，自然环境不仅给人类提供物质生活资料，对人具有工具价值，而且人与自然具有本源性、本然性的有机联系，人的肉体、生命、精神都来自自然，与自然环境血肉相连，人不仅具有社会本质，而且具有自然本性，环境的性质、状况直接规定着人的生存状况与生存质量。从这方面来说，环境对人又具有本源性价值。对环境本源性价值的意识，要求人的生存活动遵循自然生态系统的自组织演化规律，将人的活动范围、活动强度限制在自然生态系统长期承载力允许的范围内。二是人的生存活动是一种社会群体的活动，主体不只是作为个人的存在，更是作为社会群体的存在、类的存在。因此，主体意识就不应仅仅是局限于个人需求满足的个体性主体意识，而应是注重社会群体发展、注重人类长远发展的群体性主体意识、类主体意识，也就是说，应将社会的整体利益和价值、人类的长远利益和价值置于个人利益和价值之上，兼顾不同人、不同阶层、不同国家之间的利益，兼顾当代与后代的发展需要，以社会的可持续发展目标的实现规范人类当下的认识实践活动。

其三，从主体的行为方式来看，应将主体生存活动置于人—社会—自然复合生态系统中考察，将主体性活动看作主动性和受动性的统一。人是一种双重的存在物，"一方面具有自然力、生命力，是能动的自然存在物；这些力量作为天赋和才能、作为欲望存在于人身上；另一方面，人作为自然的、肉体的、感性的、对象性的存在物，和动植物一样，是受动的、受制约的和受限制的存在物。"① 所谓受动性，是指人作为自然生态系统的一部分，人的生存需要、生存活动受自然生态状况、规律、发展趋势的制约；所谓主动性，是指人秉受的生命力、能动性、创造性。主动性与受动性是相互关联的，正因为人受环境的制约，才促使人们发挥自身能动性、创造性。这要求主体在现实的社会实践活动中将二者统一起来，既不能将主体性活动看作单纯适应环境变化的被动的活动，也不能将主体性活动看作无视环境系统制约的完全独立、自主的活动。

从主体行为原则来说，人类改造自然的活动既应从人与自然的本源性、本然性一体关系出发，肯定环境的本源性价值对人的制约，又应从人类自身的生存发展需要出发，肯定人对自然生态环境的利用。环境的本源性价值是包括人在内的整体的价值，是更基本更长远的价值，环境的工具价值则是以人为主体的价值，关注的是人的现实的物质生活需要。人类改造自然的社会实践活动，必须以环境的本源性价值观统摄环境的工具价值观，在保护和建设生态环境，保证环境整体的平衡和优化的前提下，利用环境资源，满足自身的物质文化生活需要。

其四，从主体的活动过程来看，人的主体性活动是关涉人与自然两方面的对象性认识实践活动，其中人是主体的方面，自然是客体的方面。从人的方面来说，人的活动是一种有目的的、具有自身能动性的活动，人作为主体，具有自身的智慧，依靠科学技术的力量，拥有不可忽视的认识自然、改造自然的智慧和能力；从自然方面来说，自然作为整体的运化过程，具有自身演化规律、趋势，具有自然的目的性。人作为自然存在物，是自然整体的一部分，人的生存活动必然受到自然演化规律、演化趋势的制约和规定；而人作为宇宙的全息元，在人身上凝聚着生命物种的共同起源和整个生态系统演化的基本信息，具有反映整个宇宙全部复杂性的潜能，又能够认识自然演化的规律，通过人的实践活动，调节人与自然的关系。

---

① 马克思：《1844 年经济学哲学手稿》，人民出版社 2000 年版，第 105 页。

　　人与自然之间存在着相互作用、相互转化的关系，这种关系具体表现为人与自然的相互生成，一方面是自然向人生成，即自然的人化，也就是人按照自身的目的和需要，改造自然，在自然身上实现、体现自身内在的本质；另一方面是人向自然生成，即人的自然化，也就是在人的生存发展活动中，自然向人展露出自身的内在本质，表现出自身内在的德性。中国古代哲学所揭示的"天无不覆，地无不载"，天有"生生之德"等，即是自然在主体认识实践活动中展露出的本质特性（"德"）。人与自然的相互转化，是通过人的主体性活动体现出来的，只有在人的活动中，人的内在本质、内在智慧才会不断展现出来，自然的本质特性才会被不断揭示出来，人与自然的深层联系才能真正被人揭示、发现，在此基础上才谈得上人与自然的关系的不断优化，才能在现实意义上实现"人的实现了的自然主义和自然界的实现了的人道主义"①。

　　在人与自然的相互作用、相互转化关系中，人是起主导作用的方面。我们说人是起主导作用的方面，并不是说人具有凌驾于自然之上的力量和权力，而是强调主体是人与自然关系的调控者，人能够运用内在智慧洞察自然运化规律、趋势，洞察人与自然的深层联系，运用科学技术的力量协调人与自然的关系、演化趋势，促使人与自然的良性转化。关于发挥主体的调控作用，我们主张将东方古代直觉体悟的智慧与现代西方科学理性、实践理性结合起来，以主体内在直觉体悟的智慧克服主客二分思维的片面性，以科学理性、实践理性充实直观思维的内容。

---

　　① 《马克思恩格斯全集》第3卷，人民出版社1998年版，第301页。

第一章　生态科学、复杂性科学与生态文化

　　本章主要论述生态文化理论的生态科学及复杂性科学基础。生态文化思潮的产生一方面是解决现实生态环境危机的需要，另一方面也是建立在当代生态科学及复杂性科学理论发展的科学基础上的。生态科学及复杂性科学是对近代物理科学范式的革命，它为生态文化世界观、价值观、思维方式的形成提供了思想基础。

第一节　生态文化的生态科学基础

　　自 1866 年海克尔首次提出"生态学"概念以来，生态科学本身的发展经历了经典生态科学和现代生态科学两个阶段。生态科学关于生物与其生存环境关系、生态系统、人与自然生态环境关系的思想，是生态文化观念形成的主要科学基础。

一、生态科学的形成发展

　　简要言之，生态科学是研究生物与其生存环境之间相互关系的科学。生态科学的产生、形成和发展大体上经历了前生态科学、经典生态科学和现代生态科学三个阶段。[①]

---

　　① 参见彭光华等《生态科学的内涵、本质与作用》，《自然辩证法通讯》2007 年第 1 期；余正荣《生态世界观与现代科学的发展》，《科学技术与辩证法》1996 年第 6 期；雷毅《环境整体主义的生态学基础》，《清华大学学报》2006 年第 4 期。

（一）前生态科学阶段

实际上，在现代生态科学产生之前，人类文明史上就已形成了一些与生态科学相关的认识。如在古代社会，人们已经认识到生物和季节、气候以及生物和生物之间的关系，并且将这些认识应用于农业和畜牧业生产当中。《管子·地员》篇是最早记载生态现象的文献，其中关于植物生长与土壤性质、植物分布与地势高下之间关系的认识已经注意到了植物分布的生态系列现象。中国古代农业思想当中的因时、因地、因物制宜的"三宜"思想，通过间作、混作、套种等种植制度维护生态系统多样性的思想，即是这方面认识的具体体现。在西方近代，布丰的物种可变思想、马尔萨斯关于人口与食物关系的思想、洪堡的植物地理学当中，也包含有关于生物与自然环境之间关系的认识。

不过，现代意义上的"生态科学"的产生，则是 18 世纪"博物学革命"的产物。"博物学革命"是相对于对自然进行简单描述的传统博物学而言的。正如加农（Cannon, S. F）所言："观察并不是真正有意义的，除非我们能以一种方式来整理这些观察结果并产生出带有普遍性的思想"，最重要的是"对广泛存在并相互联系着的真实现象进行精确的测量，进而找出明确的法则和动力学原因"。[①] 新博物学反对将自然看作实体性的存在，对其进行机械分析的研究方式，转而致力于研究自然的过程、性质、关系、历史性、实在性，试图将自然阐释为一个有机变化发展过程。达尔文 1859 年出版的《物种起源》是博物学革命的代表性成果。达尔文进化论提出"物竞天择，适者生存"的观念，阐释生物在适应环境变化过程中实现进化的原理，为之后生态科学的产生提供了思想基础。

生态科学作为一门学科的产生则是在 19 世纪的最后 10 年。著名生态学家麦金托什在其生态史学著作《生态学概念和理论的发展》中即认为，生态科学是在 19 世纪最后 10 年，由于新博物学与生理学几个侧面的结合而形成的，生态科学的产生是生物学发展中的革命性事件。[②]

---

① Canon S. F., *Science in Culture*: *The Early Victorian Period*, New York: Dawson and Science History, 1978, p. 105.

② ［美］罗伯特·麦金托什：《生态学概念和理论的发展》，徐嵩龄译，中国科学技术出版社 1992 年版，第 17—18 页。

（二）经典生态科学阶段

德国的动物学家海克尔（Ernst Haeckel，1834—1919）是生态科学发展史上具有里程碑意义的人物，他是首先采用"生态学"一词，"把生态学这个名称填写到科学地图上的人"[①]。1866年，海克尔在《一般生物形态学》一书中提出"生态学"概念，并对其作了初步定义。1869年他又对"生态学"概念作了详细解释："我们把生态学理解为与自然经济有关的知识，它研究动物与其无机和有机环境之间的全部关系，以及动物与和它有着直接间接关系的动植物之间的互惠或敌对的关系。也就是说，生态学就是对达尔文称之为生存竞争条件的那些复杂相互关系的研究。"海克尔关于生态学定义揭示了生态科学的基本内容，同时也体现了生态学与达尔文进化论的内在关联。

经典生态科学阶段主要是从海克尔提出生态科学定义到20世纪50年代这一阶段。这一阶段生态科学的研究对象主要是自然状态下的生态现象，研究领域涵盖动物生态、植物生态、海洋生态、湖沼生态等方面。这一阶段种群生态学、系统生态学已经有了大的发展，基本的生态规律、生态原理也已经被提出。早期的生态学研究主要集中在生物个体和物种与其生存环境的关系上。到19世纪末，生态学拓展到生物群落的范围。美国生态学家克莱门茨（F. Clements）认识到植物群落向顶级群落演替的现象及规律。美国生物学家威勒（W. Wheeler）在研究蚂蚁时也意识到自然界中存在"共同体"的复杂整合现象。1935年，英国生态学家坦斯利提出"生态系统"概念，将生物与其生存环境视作一个有机整体，并引入能量循环思想对生态系统进行研究。之后美国生态学家林德曼研究生态系统的营养动态过程，提出生态金字塔能量转换的"十分之一"定律。50年代以后，生态学家进一步引入复杂性科学思想对生态系统进行研究，从而将生态科学发展推向更高阶段。

（三）现代生态科学阶段

20世纪50年代之后是现代生态科学阶段。现代生态科学阶段对生态科学的进一步发展主要体现在两方面，一是复杂性科学理论和方法的引入，二

---

① ［美］唐纳德·沃斯特：《自然的经济体系——生态思想史》，侯文蕙译，商务印书馆1999年版，第233—236页。

是生态科学向人文社会科学的渗透。生态科学除了运用系统论、控制论、信息论等思想方法研究生态系统的结构功能、物质能量信息交换，生态系统的自我调节机制和抵抗干扰的能力，以及生态系统演化过程及规律外，还运用耗散结构理论、超循环理论、协同学、混沌理论等复杂系统科学理论和方法探讨生态系统内在作用机制和演化规律。如将生态系统理解为远离平衡态的开放系统，运用普利高津耗散结构理论研究生态系统如何通过内部调控在与环境的相互作用过程中，实现相对稳定；将生态系统视作具有整体动力学特征的超循环组织，运用艾根超循环理论研究植物、食草动物、食肉动物、微生物和菌类组成的能量转化超循环；运用协同学理论探讨生态系统内在的自组织演化过程及规律；以混沌理论和灾变理论解释临界现象等。生态科学向人文社会科学的拓展渗透首先体现在人类生态学的形成上。20 世纪 20 年代，哈伦·巴洛斯和波尔克等人就已提出"人类生态学"的概念，尝试把生态学的思想方法运用于人类与生态环境关系的研究。经过霍利、帕克、邓肯和施诺尔等人的努力，人类生态学现已发展成为具有自身独特内容的学科。20 世纪 60 年代开始，随着生态环境问题的日益彰显，人类与生态环境的关系问题越来越成为生态科学研究的主题。生态科学也逐渐渗透到经济、伦理、政治、法律、社会等众多的人文社会科学领域，形成了诸如生态经济、生态伦理、生态政治、生态法律、全球生态学等生态科学分支学科。如20 世纪 70 年代开始，著名生态学家就试图将生态科学与经济学结合研究，以解决人类面临的环境与发展问题；我国生态学家马世俊、王如松也于1984 年提出了"社会—经济—自然"复合生态系统理论，将生态科学运用于经济社会发展之中。[①]

二、生态科学的基本思想

　　生态科学在其形成发展过程中逐渐形成了庞大的学科体系，本身具有非常丰富的思想内涵，本书主要从生态文化观念科学基础的角度对生态科学的基本思想做一简要介绍。

---

① 马世俊、王如松：《社会—经济—自然复合生态系统》，《生态学报》1984 年第 1 期。

董全《西方生态学概况》① 一文中介绍的美国和英国生态学会关于生态学重要观点的调查结果，奥德姆（E. P. Odum）《九十年代生态学的重要观点》一文列出的 20 个重要生态学观点，对于我们了解生态科学的基本思想有启示作用。

表 1-1 中显示的斯蒂林的调查是根据三大生态学期刊：Eeology、Oeeologia、Oikos 在 1987—1991 年期间发表的论文中概念出现的频率进行的排序，谢雷的调查显示的是英国生态学会对会员的调查进行的排序。② 综合两项调查可以看出，当代最受重视的十个生态学概念是：竞争、生活史对策、生物对环境的适应性、能流、养分（物质）循环、演替、种群调节、植物与植食性动物的关系、捕食者与猎物的关系、自然保护。

奥德姆列举的 20 个重要生态学观点中的相关思想有：（1）生态系统是一个远离平衡态的热力学开放系统；（2）生态系统的各组织水平中，物种间的相互作用趋于不稳定、不平衡、甚至混沌（无序），这种相互作用被具有大系统特性的缓慢作用所抑制；（3）生态系统的反馈发生在系统的内部，且无固定目标；（4）自然选择不仅仅发生在一个水平上；（5）存在着两种自然选择或两方面的生存竞争：有机体对有机体——导致竞争；有机体对环境——导致互惠共存。具体而言，为了生存，一个有机体可能和另一有机体竞争而不和它的环境竞争，它必须以一种合作的方式适应或改造它的环境和群落；（6）竞争导致多样性而不是灭绝；（7）当资源缺乏时，互惠共存进化增强；（8）从地球上有生命开始，总的看来，有机体是以一种有益于生命的方式（如增加氧气，减少二氧化碳）适应于物理环境，同时也改变了它们周围的环境；（9）一个扩展的生物多样性研究方法应包括基因和景观多样性，而不仅仅是物种多样性；（10）生态系统发生和自发的生态演替是一个过程的两个阶段；（11）对于人类和生物圈来说，寄生—寄主模型是从掠夺地球资源转向保护地球资源的基础（用《圣经》里的比喻就是从主宰

① 董全：《西方生态学近况》，《生态学报》1996 年第 3 期。
② Stiling P., "What do ecologists do?" *Bulletin Of the Ecological society of America*, 1994, 75（2）; Cherrett J M. "Key concepts, the results of a survey of our member's opinions", in Cherrett J M. ed. *Ecological the contribution of ecology to an understanding of the natural world*. Blackwell Scientific, Oxford, England. 1989.

到仆人地位的转变）。①

表 1-1　最受重视的生态学概念②

斯蒂林的调查	谢雷的调查
1. 生物对环境的适应	生态系统
2. 生活史对策	演替
3. 植物与植食性动物的关系	能流
4. 竞争与共存	自然资源的保护
5. 生境的空间配置与选择	竞争
6. 捕食者与猎物的关系	生态位
7. 养分循环	物质循环
8. 种群动态调节与密度制约过程	群落
9. 最优觅食理论与领域性	生活史对策
10. 能流和生产力	生态系统脆弱性
11. 稳定性与扰动	食物网
12. 迁移	生物对环境的适应
13. 进化生态学	环境异质性
14. 动物行为	物种多样性
15. 寄生者与宿主的关系	种群密度制约性调节
16. 互利	限制因子
17. 交配行为	环境容纳量
18. 物种多样性	最大可持续生产量
19. 演替	种群循环波动
20. 间接作用，三个营养层间关系	捕食者与猎物的关系
21. 污染和污染指示生物	植物与植食性动物的关系
22. 食物网	岛屿生物地理学
23. 自然保护	食物链中的生物积累过程
24. 岛屿生物地理学	协同进化
25. 外来物种	随机过程

---

① E. P. Odum：《九十年代生态学的重要观点》，《生态学杂志》1995 年第 1 期。

② 董全：《西方生态学近况》，《生态学报》1996 年第 3 期。

斯蒂林的调查	谢雷的调查
26. 灭绝过程	自然扰动
27. 最大可持续生产量	生境恢复
28. 有害生物的控制	自然保护区
29. 恢复	指示生物

从生态科学对生态文化观念的科学基础意义而言，综合以上两篇论文提供的材料，我们大体上可以将生态科学的基本思想归结为生物与其生存环境的关系、生态系统的基本特征、生态系统自组织演化过程及规律、人与自然生态环境的关系、生态科学研究方法五个方面。由于生态科学与复杂性科学理论内容存在交叉重叠部分，为论述方便起见，本章将复杂系统的自组织演化过程及规律、生态科学研究方法两方面放在第二节"复杂性科学与生态文化"中阐述。

（一）生物与其生存环境的关系

从生态科学产生的时候起，生物与其生存环境的关系便成为生态科学的思想主题。而随着生态科学的发展，人们关于生物与其生存环境的关系的认识又有了进一步的发展，复杂性科学理论及研究方法的引入，使人们对生物与其生存环境之间的复杂相互作用关系和机制有了深入的认识。

生物与其生存环境的关系主要包含生物之间、生物与环境整体之间关系两个方面。生物与其生存环境之间的关系是一种多元相互作用的关系，这具体体现在：（1）生物及其环境本身包含不同的等级层次，它们之间不同层次的套叠与排列组合体现了生态现象的无限多样性和复杂性；（2）生物之间既存在捕食、寄生、类寄生等相互排斥的关系，又存在互生、互惠、共栖等相互吸引、和谐共生的关系；生物之间的关系是相互依存、相互协调、共同进化的关系，即使是捕食者与被捕食者之间也存在相互依存的关系。比如狼和鹿的关系，狼是鹿的天敌，为了避免被狼吃掉，鹿必须提高自身的奔跑速度；而狼为了捕食到猎物，也必须提高自己的奔跑速度和捕食能力。其结果必然是奔跑能力不强的鹿被捕食，而捕食能力不强的狼也会因得不到食物而被淘汰，从而实现双向选择，协同进化；优势互补是生物之间相互作用、相互协调的结果，突出地表现为生态系统中的生态位现象。生态位是生物在漫长的进化过程中形成的，在一定时间和空间拥有稳定的生存资源（食物、栖息地等），进而获得最大生存优势的特定的生态定位。生态位的形成减轻了不同物种之间恶性的竞争，有效地利用了自然资源，使不同物种都能够获得比较的生存优势；（3）生物与其生存环境之间的关系是相互的，它不仅包括环境对于生物的决定作用，也包括生物适应环境的自我调节和进化，以及生物对环境的能动改造作用。外在环境的变化常常给生物带来不同程度的生存压力，为了维持自身的生存，生物必须适应环境的变化。只有那些适应环境演化趋势的生物才能最终被环境选中，得以生存和延续，实现自身与环境的协同进化。同时，生物的生存活动又对环境具有不同程度的影响，地球生物圈的进化也是生物长期协同进化的结果。

生态科学关于生物与其生存环境之间关系的认识不仅对生态哲学突出存在的关系性，超越机械论世界观的实体性观念具有革命意义，而且对于生态文化重新认识人与自然的关系具有重要意义。

（二）生态系统的基本内涵

生态系统理论产生于经典生态科学阶段，但它无疑也是充满发展潜力和最具影响力的生态科学理论。生态系统理论对生态文化观念的形成产生了重大影响。所谓生态系统，是指在一定空间范围内，所有生物因子和非生物因子，通过能量流动和物质循环过程形成彼此关联、相互作用的统一整体。

生态科学发展的不同阶段对生态系统有不同的认识。大体而言，经典生态科学阶段偏重于强调生态系统内部的平衡性和稳定性，现代生态科学阶段则将生态系统视作开放的复杂系统，注重对生态系统自组织演化过程及内在机制的探讨。经典生态科学认为，自然生态系统在不受人类干扰的情况下总是处于稳定平衡状态；各种不稳定因素和作用相互制衡，从而使整个系统表现出自我调节、自我控制的特征。生态系统的稳定性主要是指生态系统所具有的抗变性和复原性。其中，抗变性是指生态系统能够阻抑外界干扰，复原性是指生态系统在受到外界干扰后能够恢复到自身的平衡状态。经典生态系统思想对生态文化观念存在重要影响，如盖娅理论即认为，地球生物圈本身是一个自我控制和自我调节的系统，它能够阻抑各种不利于生物生存的变化。现代生态系统理论则强调随机事件、空间异质性、格局和过程相互作用对生态系统特征的影响，强调生态系统的开放性、非平衡性、复杂性。

关于生态系统的特征，贝塔朗菲一般系统论的相关观点仍具有启发性。不过，生态科学特别是复杂性科学理论的引入又赋予其以新的内涵。贝塔朗菲认为，系统是"相互作用的若干要素构成的结构功能整体"，具有"整体性、关联性、动态性、有序性、终极性"等方面的共同特征。① 结合复杂性科学理论的相关研究成果，我们认为，生态系统特征是在系统自组织演化过程中形成的，与系统的自组织演化密切相关。

第一，整体性主要是指生态系统是系统内部诸要素之间相互关联、相互作用组成的有机整体。生态科学发展的不同阶段对生态系统整体性存在不同的理解，经典生态科学阶段突出的是生态系统的平衡性和稳定性，现代生态科学将生态系统视作开放系统，肯定生态系统在与环境相互作用过程中体现出的非平衡、非稳定特征，不过仍肯定生态系统在外界环境影响下具有自协调、自组织的整体性特征。也就是说，生态系统是通过自协调、自组织适应外界环境变化的。具体而言，在生态阈限范围内，生态系统能承受一定程度的外界干扰和冲击，并可以通过自我调节恢复到稳定状态；当外界干扰超过生态阈限，生态系统不能通过自我调节恢复到原初状态，但能够通过自选择、自协调、自组织，形成新的有序状态。

第二，关联性。是指生态系统与环境之间、系统内在诸要素之间、系统整体与其内在要素之间相互联系、相互作用。复杂系统的内在关联是一种非线性联系，是一种动态关联。关联性是系统整体性的源泉，是系统自组织演化的基本条件。

第三，生态系统具有层次性和等级性。各层次系统的相互作用形成高层次的大系统或超系统，而多层次系统的作用与共存，组成更高层次的系统总体。不同层级之间，较高层次生态系统往往是大尺度、低频率、慢速率，而较低层次生态系统则常表现为小尺度、高频率、快速率；较低层次生态系统的相互关联、相互作用构成较高生态系统的存在和演变，而较高层次的生态系统对较低层次的生态系统的发展轨迹、演化方向等具有规约作用，从而使较低层次生态系统的演化带有一定意义上的目的性。这正如理论生物学家斯

---

① ［美］贝塔朗菲：《一般系统论基础：发展和应用》，清华大学出版社1987年版，第11页。

坦利·萨尔斯（Stanley Salthe）所指出的："较高层的约束不仅有助于选择较低层轨迹，而且同时将之带进其未来。自上而下的原因是一种最终原因的形式。"①

第四，动态性。生态系统与环境之间相互作用，不断进行着物质、能量和信息的交流，系统始终处于动态平衡状态。复杂生态系统的动态性具体表现为不同层次系统的自组织演化。这方面内容第二节将有详细阐述。

第五，有序性。有序性是系统在自组织演化过程中形成的，指整个系统在时间、空间或程序上具有一定的结构及相应的功能。有序性不仅指稳态结构的内在有序，还包括系统自组织演化过程的规律性、有序性。如耗散结构理论揭示，当开放系统朝着远离平衡态的方向发展时，原先的稳恒态变得不再稳定，当超过一定临界值时，系统可能会出现高度有组织的时空行为，形成时间、空间或功能上的有序状态。

第六，目的性。生态系统的目的性体现在系统在适应环境过程中，总是倾向于维护自身的生存和发展。具体表现为，当系统与环境处于相对稳定状态时，系统行为活动的目的是维持自身已获得的稳定性，保持自身的特征形态；当环境发生巨大变化，超过系统本身所能承受的阈限时，系统的目的性表现为它总是通过自身的自组织行为，趋向于适应环境，形成新的结构、功能秩序。关于生态系统的目的性我们在下一节还会论及。

生态系统思想是生态文化观念的重要基础。生态系统的有机整体性无疑是生态文化世界观的最重要特征。

（三）人与自然生态环境的关系

生态科学关于生物与其生存环境之间关系的研究，无疑为重新认识人与自然生态环境之间的关系提供了新的思想基础。事实是，生态科学的进一步发展，也确实导致了人类生态学、可持续发展生态学、全球生态学等与人类自身生存发展密切相关的人文生态学的产生和发展。

人类生态学是研究人与生物圈相互作用，人与环境、人与自然协调发展的科学。它将人类视作一个种群，从种群生态学的角度研究人类种群的特

---

① S. N. Salthe, *Development and Evolution: Complexity and Change in Biology*, Cambridge MIT Press, 1993, p. 270.

征、人类与自然生态环境的关系、人类在自然界中的地位和作用等问题。人类生态学改变了近代以来将人类社会与自然界对立起来，将人类凌驾于自然之上的观念，它不仅肯定人的社会性，也肯定人的生物性或自然性，强调人和人类社会与自然生态环境内在的有机联系。人类生态学研究对于生态文化克服近现代文化中的人类中心主义观念，突出自然生态环境对人类社会生产方式的制约作用，重新认识人与自然的关系具有重要意义。

生态科学向人文科学的渗透过程中形成的社会—经济—自然复合生态系统理论，为生态哲学综合认识人、社会、经济与自然生态系统之间的复杂相互作用提供了思想基础。"社会—经济—自然复合生态系统"理论是由我国著名生态学家马世骏、王如松于1984年在《社会—经济—自然复合生态系统》一文中提出的。文章指出："当代若干重大社会问题……都直接或间接关系到社会体制、经济发展状况及人类赖以生存的自然环境……虽然社会、经济和自然是三个不同性质的系统，都有各自的结构、功能及其发展规律，但它们各自的存在和发展，又受其他系统结构、功能的制约。此类复杂问题显然不能只单一地看成是社会问题、经济问题或自然生态学问题，而是若干系统相结合的复杂问题，我们称其为社会—经济—自然复合生态系统。"① 马世骏、王如松等在总结出以"整体、协调、循环、自生"为核心的生态控制论原理的基础上，提出了社会—经济—自然复合生态系统理论和时（届际、代际、世际）、空（地域、流域、区域）、量（各种物质、能量代谢过程）、构（产业、体制、景观）、序（竞争、共生与自生序）的生态关联及调控方法，指出了可持续发展问题实质上是以人为主体的生命与其栖息劳作环境、物质生产环境及社会文化环境间的协调发展，它们在一起构成社会—经济—自然复合生态系统。②

生态科学向人文社会科学的渗透，对于生态文化重新认识人与自然之间的关系，综合考察人—社会—经济—自然之间复杂相互作用，认识人类生产方式对人与自然关系的影响、自然生态环境对人类生产生活的制约等具有重要理论意义。

---

① 马世骏、王如松：《社会—经济—自然复合生态系统》，《生态学报》1984年第1期。
② 马世骏等：《中国生态学发展战略研究》第1集，中国经济出版社1991年版，第430页。

第二节　复杂性科学与生态文化

复杂性科学理论是自 20 世纪中叶开始兴起的边缘科学，它包括一般系统论、耗散结构理论、协同学、突变论、超循环理论、混沌学说、分形理论等。"复杂性科学是研究复杂系统行为与性质的科学，其研究重点是探索宏观领域的复杂性及其演化问题。"[①] 复杂性科学与生态科学密切相关，生态系统是复杂性科学研究的重要对象；同时，复杂性科学理论也为生态科学的进一步发展提供了新的理论和研究方法，复杂性科学理论与研究方法的引入使生态科学进入自身发展的新阶段。复杂性科学具有近代机械论世界观所不能容纳的新内容，代表着认识世界的不同视角和关于世界的不同认识，对于生态世界观、生态思维方式等的形成具有重要意义。

一、复杂性科学的形成发展

复杂性科学本身的发展也呈现出一定的阶段性特征。王国聘《探索自然复杂性——现代生态自然观从平衡、混沌再到复杂的理论嬗变》一文从现代生态学对自然的不同认识，将现代生态思想发展划分为从平衡到混沌再到复杂三个阶段。第一阶段是经典生态学理论，其代表人物是美国生态学家奥德姆。这一阶段，平衡被描述为有机自然界运动变化的最基本特征，平衡论被广泛地运用于生态学的各个领域，形成了经典生态学的平衡论范式；第二阶段，无序、不稳定、多样性、不平衡、非线性关系以及暂时性开始成为生态学分析和研究的对象，混沌生态学开始形成和发展。文章以普利高津的耗散结构理论为代表说明这一阶段生态思想的特征；第三阶段，文章以圣塔菲（SFI, Santa Fe Institute）研究所的复杂性研究为代表，阐述了复杂性理论关于复杂系统特征的认识。[②] 该文主要从现代生态学的角度进行阶段划分，但其涉及的内容对应于复杂性科学发展不同阶段的代表性理论，因此实际上概括了复杂性科学理论发展的阶段性特征。金吾伦、郭元林《国外复

---

① 金吾伦、郭元林：《国外复杂性科学的研究进展》，《国外社会科学》2003 年第 6 期。
② 王国聘：《探索自然的复杂性——现代生态自然观从平衡到混沌再到复杂的嬗变》，《江苏社会科学》2001 年第 5 期。

杂性科学的研究进展》一文则从研究对象的不同将复杂性科学理论划分为研究存在、研究演化、综合研究三个阶段。具体而言，第一阶段，以一般系统论为代表，具体研究生物学中的若干系统论问题、人类科学中的系统概念、心理学和精神病学中的一般系统论；第二阶段，以耗散结构理论、协同学、超循环理论、突变论、混沌理论、分形理论和元胞自动机理论。其研究对象主要是系统从无序到有序或从一种有序结构到另一种有序结构的演变过程；第三阶段，以圣塔菲复杂适应系统理论为代表，本阶段的研究对象仍是复杂系统及其演化。其不同于第二阶段的特征主要体现在研究方法上，打破了以前的学科界限，进行综合研究。① 综合以上两种观点，我们大体上可以了解到自 20 世纪 30—50 年代一般系统论产生以来，复杂性科学理论的发展大体上经历了三个阶段，其中，第一阶段主要以一般系统为研究对象，偏重于一般系统结构、功能特征的描述，在自然观上偏重于强调平衡论，突出系统的有机整体性特征；第二阶段开始关注系统存在的不平衡、不稳定、非线性等复杂性特征，偏重于研究复杂系统自组织演化的过程和内在机制；第三阶段主要是在研究方法上注重综合研究。这种综合研究特征还体现在等级缀块动态范式的提出上。等级缀块动态范式是由吴建国（Wu Jianguo 音译）和路科斯（Loucks O. L.）在整合缀块动态观点和等级理论基础上提出的。对之前平衡范式、非平衡范式及多平衡范式的整合是其研究特征。②

二、复杂性科学的基本思想

复杂性科学对系统有自身进一步的认识，上一节我们论及生态系统的基本内涵和特征以及复杂性科学对生态系统认识的深化。在这里，我们主要从复杂性科学理论的共同主题——复杂系统的自组织演化和复杂性科学理论研究方法两方面，简要阐述复杂性科学理论的基本思想及其对生态文化研究的意义。

（一）复杂系统的自组织演化

复杂系统又称复杂适应性系统。周光召院士在《复杂适应系统和社会

---

① 参见金吾伦、郭元林《国外复杂性科学的研究进展》，《国外社会科学》2003 年第 6 期。
② 邬建国：《生态学范式变迁综论》，《生态学报》1996 年第 5 期。

发展》一文从五个方面概括了复杂适应系统的基本特征："第一，由子系统构成，但它的结构、运动模式和性质具有整体的特点。不是子系统简单叠加之和，甚至部分子系统的变化，对整体特点都不产生大的影响……第二，处于远离热平衡的开放系统；第三，内部子系统相互之间是非线性的；第四，在一定环境条件范围内，具有自组织、自学习、自适应和进化的功能，自动形成有序的状态，适应环境的变迁而演化繁殖，内部结构的衰老和外部环境的恶化，也会造成解体；第五，历史的偶然因素，会对演化过程产生重要的影响。"[①]

复杂性科学理论虽然多种多样，但却潜在地围绕共同的主题，具有共同的理论特征，体现了当代科学发展的共同趋向。它们关注的共同对象是宏观尺度上的复杂性现象，探讨的是复杂系统自组织演化的内在机理。正是在这个意义上，我们称之为复杂性科学、自组织理论。具体而言，耗散结构理论首先揭示了开放系统向远离平衡态演化，超过一定阈值时，系统自组织演化达到新的秩序的过程，揭示了系统演化的不可逆性、非因果决定性；协同论着重强调和探讨了系统自组织演化过程中，系统内在子系统之间非线性相互作用所产生的协同现象和相干效应对系统自组织秩序形成的作用；分形理论、混沌学说探讨了系统演化过程中局部与整体的自相似性，自相似性中包含的信息对系统演化过程自始至终的支配作用，揭示了复杂系统演化的内在规律性；超循环论从化学分子层面超循环系统的形成揭示了系统中信息的形成和综合，揭示了系统演化过程中"一旦——永久"性进化机理。由于探讨的是共同的主题，复杂性科学呈现出前后相继、日益融合的发展趋势。

复杂性科学是在热力学第二定律和达尔文生物进化论基础上研究系统演化过程和规律，解决宇宙整体熵增与地球生态环境进化现实的矛盾。它揭示，系统在近平衡态线性表现良好区域，熵增降到最小值。在远离平衡态线性已遭破坏的情况下，系统的熵增加得非常快，但超过一定的临界值时，系统可能会出现高度有组织的时空行为。不过，在临界点或分叉点之后，系统的行为不再是决定论的。在远离平衡态之后不断出现的分岔点以及它们所组成的分叉图，显示了系统演化的方向性、不可逆性和历史性，显示了涨落这

① 周光召：《复杂适应系统和社会发展》，中国系统工程学会 12 届学术年会报告，昆明，2002 年。

种偶然性因素在演化中的重要作用，因为正是涨落产生了分叉点。在分叉点与下一分叉点之间，系统严格地遵循决定论规律；在分叉点上则受制于纯粹的偶然性，由此构成一幅必然性与偶然性交织的图景。在复杂性科学看来，我们的世界本身就是动力学与热力学、可逆性与不可逆性、必然性与偶然性两方面因素互补的结果。复杂性科学理论表明生物进化论与热力学第二定律并不矛盾，因为在远离平衡态的条件下，物理系统会自发地产生高度有组织的行为。地球泰初时期处处发生的偶然涨落，被不断地放大成越来越高级的自组织行为，可能就是地球生命进化的真正奥秘。

自组织演化过程表现为：开放系统在远离平衡的状态下，如果系统存在着某种恒常的输入，这种输入作为一种外界干扰对系统的压力超过一定的阈值，这时，系统能够通过内在要素之间的协同作用，通过分叉与突变，重新组织自身，形成新的有序结构，以适应环境的变化。系统这种能够自行产生的组织性和相干性过程即自组织演化过程。系统正是这样通过"自我选择"和"环境选择"由低级向高级、由简单向复杂，向着更加有序和更多等级层次的方向进化。

复杂性科学理论关于复杂系统自组织演化过程、内在机制及规律的认识，体现了一种与近代机械论截然不同的世界观，其关于复杂系统自组织演化过程及规律的认识，为生态文化有机整体论世界观的形成进一步奠定了科学基础。关于当代生态科学、复杂性科学中蕴含的新世界观，国内外专家学者给予了不同的名称，如贝塔朗菲称系统哲学是一种"新自然哲学"，卡普拉指出："新范式可以被称为一种整体论的世界观，它强调整体非部分。它也可以称为一种生态世界观，这里的'生态'一词是深层生态学意义上的。"[1] 詹奇认为，现代科学的世界观是自组织的宇宙观，我国学者赵玲则主张将这种新的自然观称为"自组织生态自然观"。[2]

（二）复杂性科学研究方法

不同的复杂性科学理论采用的研究方法各有不同，如系统论多采用系统

① ［美］卡普拉：《转折点：科学、社会、兴起中的新文化》，冯禹等编译，中国人民大学出版社1989年版，第306页。

② 赵玲：《自然观的现代形态——自组织的生态自然观》，《吉林大学社会科学学报》2001年第2期。

分析和系统综合的方法；控制论采用控制、反馈、功能模拟等方法；协同学采用统计学和动力学考察相结合的方法，通过类比，对各种系统中从无序到有序的现象建立一套数学模型和处理方案；混沌理论采用物理数学方法，主要研究系统从混沌到有序发展的机制和条件，以及系统怎样从有序进入新的混沌；超循环理论应用化学动力学和量子力学的理论和方法等等。不同复杂性科学理论研究方法虽各不相同，但其中也存在着共同的方面，如模型化研究方法及贯穿其中的整体性研究原则等。所谓模型化研究方法，即通过建立放大或缩小了的实物模型、理论概念模型、数学模型、符号系统模型或其他形式化的模型等模拟真实的系统进行研究的方法。建立相应的模型后，通过模拟实验，或运用电子计算机进行系统仿真，以获得关于系统结构、功能及其演化过程及机制的新认识。复杂性科学研究一般将研究对象作为系统整体进行研究，探讨系统内在要素之间复杂相互作用，以及系统的演化过程及机制。而模型化方法的一个主要特征就是将对象作为一个整体进行研究。

复杂性科学研究方法首先是一种系统研究方法，系统研究方法将对象视作一个有机系统整体，考察系统内部诸要素之间非线性相互作用，探讨系统物质、能量、信息的循环，研究系统适应环境变化的自组织演化机制和规律。系统研究方法是一种区别于近代科学偏重分析、还原、线性因果关联的研究方法，注重整体、综合是其最主要的特征。

当代复杂性科学研究方法也出现了一些新的研究趋势，如采用类比、隐喻的研究方法和研究方式的集成化趋势。所谓类比，即通过将研究对象与另一种我们比较熟悉的事物进行类比，以获得对该对象结构、功能、演化机制及规律的认识的研究方法。所谓隐喻，是将一些差别较大的经验领域融合成一个单一的形象或符号，通过想象和象征直观地理解不同经历、不同背景的个体对象。在复杂性科学研究中，人们常通过隐喻的方式界定、表述复杂性现象，如复杂性科学中蝴蝶效应、分形、人工生命、混沌边缘、自组织临界性、复杂适应系统、涌现、自相似、奇怪吸引子等概念便是通过隐喻的方式界定的。圣塔菲研究所霍兰（John H. Holland）很注重类比、隐喻的研究方式。他在为《隐秩序》一书所写的中文版序言中，对隐喻方法作了极高评价。他指出："自泰勒斯开始，我们沿着演绎、符号数学和科学理论的方向走过了漫长的道路。然而，这些方法对激发创造性过程的隐喻想象增加了约束。"他主张："真正综合两种传统——欧美科学的逻辑、数学方法与中国传统的隐喻类比相结合——可能会有效地打破现存的两种传统截然分离的种种限制。在人类历史上，我们正面临着复杂问题的研究，综合两种传统或许能够使我们做得更好。"①

集成化研究方法是对综合研究方法的进一步发展。综合研究方法是系统整体性、层次性的要求；同时，随着复杂性科学研究尺度的不断拓展，也需要综合多方面的研究方法和研究成果。如随着全球生态环境问题的日益突出，复杂性科学研究也拓展到全球变化层面。全球变化科学研究本身需要综合多学科研究成果，采用卫星遥感、计算机模拟、系统研究、计算、信息、统计、动力学等多种研究方法。生态科学的发展本身经历了平衡范式、非平衡范式、多平衡范式的不同发展阶段，随着研究的深入，人们逐渐认识到多种研究方式各自的优势和局限，也要求在对复杂系统研究过程中综合多种研究方法。如上文提到等级缀块动态范式将复杂生态系统视作由许多具有不同特征的缀块组成的镶嵌体，而系统的结构和功能反映的是这些缀块的综合特征。系统不同层次、不同尺度具有不同的特征，平衡理论和模型在一定尺度范围内仍有用处，而非平衡和多平衡范式则能解释一些平衡理论所不能解释的生态学现象。因此，等级缀块动态范式就为综合平衡范式、非平衡范式和多平衡范式的研究方法提供了新的理论构架。②

综合集成方法是由钱学森于20世纪80年代提出的。他在社会系统、地理系统、人体系统、军事系统4个复杂巨系统的研究和实践的基础上，于1989年提出从定性到定量的综合集成法，简称"综合集成方法"。具体而言就是，在社会、地理、人体、军事等复杂巨系统的研究中，将科学理论、经验知识和专家判断力相结合形成和提出的经验性假设，与严密的逻辑推理和精确的物理、化学、生物实验方法相结合。而现代计算机技术以及基于计算机的知识工程、专家系统、人工智能和信息技术等的进展，则为这种结合提供了新的路径，即人机结合的路径。具体而言，就是根据系统的观测资料，建立起包括大量参数的模型，经过计算机仿真、实验和计算，获得定量的结

---

① ［美］霍兰：《隐秩序——适应性造就复杂性》，周晓牧等译，上海科技教育出版社2000年版，中文版序。

② 邬建国：《生态学范式变迁综论》，《生态学报》1996年第5期。

果。同时充分利用知识工程、专家系统等人工智能技术、信息技术，实现以人为主、人机结合的知识综合集成。综合集成方法的实质是专家体系、统计数据和信息资料、计算机技术三者有机结合。综合集成方法具有分析和综合、微观和宏观、定性和定量、整体论和还原论相统一的方法论特征。[①]

复杂性科学研究以复杂系统的自组织演化过程、机制和规律为研究对象，在研究方法上体现了不同于传统科学的特征，综合研究和整体论的思维方式是其基本特征。复杂性科学研究方法及思维方式为生态哲学思维方式的形成提供了思想基础。

第三节   新科学范式与生态文化思潮

前面我们大体介绍了生态科学、复杂性科学理论的基本思想及其对生态文化观念的科学基础作用。在这里，我们再就生态科学、复杂性科学理论中体现的新科学范式，及其对生态文化思潮形成发展的影响作一简要论述。

一、生态科学、复杂性科学中蕴含的新范式

生态科学、复杂性科学代表的是不同于近代物理科学的新范式。两者在关于事物、事物的存在方式、人与自然的关系、科学研究方法、思维方式等方面均存在根本的差异。简要言之，近代物理科学范式将事物看作孤立的、不变的、机械的实体性存在，将事物之间的联系看作机械的因果关联，认为事物的存在和发展受决定性的因果规律支配，整个世界不过是一架受机械规律支配的机器。在人与自然的关系上，近代物理科学范式由于将世界万物看作消极的被动的存在物，否定人与自然万物之间的有机联系，因而将自然万物视作人任意改造和利用的客观对象；生态科学及复杂性科学范式主要研究的是生物与其生存环境之间的复杂相互作用，在它看来，生物与其生存环境之间构成有机系统整体，在生态系统内部，生物之间、生物与环境之间存在着多层次复杂相互作用，生物适应环境的过程本身是一个自组织进化的过程。人与自然生态环境之间同样存在着有机的联系，社会—经济—自然构成

---

① 黄欣荣：《复杂性科学研究方法论纲》，《科学技术与辩证法》2006 年第 1 期。

相互关联、相互作用的复合生态系统，人的生产生活方式对自然生态系统存在着深刻的影响，同时，自然生态系统对人的生产生活方式也存在着制约作用。在科学研究方法和思维方式上，近代物理科学范式偏重于分析和还原的方法，倾向于将事物整体的性质还原为最低层次的基本实体的性质，用低层次的性质阐释较高层次和整体的性质，在研究方法上倾向于将认识对象从其所处的环境、整体中抽离出来进行孤立的分析。近代物理科学的分析、还原的方法论是与主客二分的对象性思维和实体性思维相关联的。生态科学及复杂性科学范式则注重系统、整体、综合的研究方法，注重以类比、隐喻、模型、综合的方法，将认识对象作为有机系统整体来把握，在主客体关系方面，它没有将人与认识对象分离对立起来，而是强调人与对象的互动、对话。不过，它也没有将综合与分析、定性与定量、整体与还原等对立起来，而是肯定分析、还原、定量等在一定范围内的价值，将两方面有机统一起来。生态科学及复杂性科学范式的研究方法是与有机整体论的思维方式相互关联的。

生态科学及复杂性科学理论对近代物理科学范式的转型，表明其中蕴含着新的世界观、价值观和方法论、思维方式，正是在这个意义上，我们说生态科学及复杂性科学理论为生态文化观念的形成和发展提供了科学基础。生态科学、复杂性科学中蕴含的新科学范式对生态文化观念的影响集中体现在对自然观的影响上。

二、生态科学等对生态文化思潮的影响

从生态文化思潮特别是生态伦理学、生态哲学实际产生、形成、发展的历史看，生态科学、复杂性科学理论也确实为生态哲学提供了丰富的思想资源。如利奥波德（Aldo Leopold）的大地伦理学、奈斯（Arne Naess）的深层生态学、罗尔斯顿（Holmes Rolston Ⅲ）的自然价值论均与生态科学思想密切相关。利奥波德的大地伦理学即是按照坦斯利生态系统理论和爱顿的自然共同体观念，将大地理解为由土壤、水、动植物等不同器官构成的有机整体，主张将伦理关怀拓展到大地。他说："土地是一个群落，这是生态学的基本概念；但土地应当得到爱护和尊重，这是伦理学思想的延伸。"他认为："大地伦理只是扩大了（道德）共同体的边界，使它包括土壤、水、植

物和动物，或者把他们概括起来：大地。"利奥波德认为人只是大地共同体中平等的一员或公民，对自然界并没有特权。他指出："大地伦理是要把人类在共同体中以征服者面目出现的角色，变成这个共同体中的平等的一员或公民。它暗含着对每个成员的尊重，也包括对整个共同体本身的尊重。"①并由此提出了"当一个事物有助于保护生物共同体的和谐、稳定和美丽的时候，它就是正确的，当它走向反面时，就是错误的"②著名价值准则。而奈斯的深层生态学的"自我实现论"也是建立在生态多样性和共生概念基础之上的，最大的多样性和最大的共生是其整体主义立场的出发点。③罗尔斯顿确信"在生态系统的机能整体特征中存在着固有的道德要求"④。他将自然价值论建立在生态科学认识基础上，认为生命有机体不能脱离其生存环境而存在，时刻与生态环境进行物质、能量、信息的交换，对环境必然会进行价值评价；同时，生态科学已经证明地球本身是一个进化的生态系统，生物之间相互依赖、相互竞争的协同进化，使地球生态系统本身的复杂性和创造性不断增强，生命朝着多样化和智能化方向不断演进，而进化本身说明地球生态系统能够创造价值。

在生态科学、复杂性科学与生态哲学的关系上，生态科学、复杂性科学属于具体科学，生态哲学则是对生态科学、复杂性科学理论中蕴含的世界观、价值观、思维方式的概括和总结。其中，复杂性科学与生态科学又有所不同，这主要体现在，生态科学是一门具体学科，而复杂性科学则涵盖许多学科，它不仅研究复杂生态系统，也研究具体的生命现象乃至物理、化学、气象中存在的复杂性现象。从一定意义上讲，复杂性科学代表着一种新的眼界、新的研究方法，是对各门自然科学包含的共同规律的综合和诠释，因而它介于具体学科和哲学世界观之间，与生态哲学的关系更密切。但这本身并不能改变其具体科学的性质，我们不能讲复杂性科学理论直接等同于哲学自然观。生态哲学必须在复杂性科学理论基础上作进一步的抽象和概括。

---

① ［美］奥尔多·利奥波德：《沙乡年鉴》，侯文蕙译，吉林人民出版社 2000 年版，第 194 页。
② ［美］奥尔多·利奥波德：《沙乡年鉴》，侯文蕙译，吉林人民出版社 2000 年版，第 213 页。
③ 雷毅：《环境整体主义的生态学基础》，《清华大学学报》2006 年第 4 期。
④ ［美］霍尔姆斯·罗尔斯顿：《哲学走向荒野》，刘耳、叶平译，吉林人民出版社 2001 年版，第7 页。

第二章　从古代文化、现代文化到生态文化

文化范畴的含义非常广泛，在这里我们主要从一种文化形态中占主导地位的世界观与文化价值取向两方面论述生态文化对古代文化、近现代文化的辩证发展。世界观是指人们关于世界包括人、社会和自然界的总的看法和根本观点。所谓文化价值取向是指特定文化中占主导地位的价值观，即特定历史时期特定社会人们普遍的价值追求。要比较不同文化的根本差别，把握不同文化的主要特征，则应首先把握文化的价值取向。

世界观是与一定的社会文化相联系的，不同的社会文化价值取向直接影响着人们对世界的描述。相应地，不同的世界观中也潜在地包含着特定的文化价值取向和价值规范。比如卡洛琳·麦茜特在《自然之死》中即认为古代有机论的世界观中包含了对人们行为活动的规范，对地球母亲形象的描述即潜在地约束着人们对地球矿物的开采。①

古代文化从有机论出发看世界，将世界万物均视作有生命、有灵魂的存在，将人看作自然、社会整体的一部分，并由此出发要求人们将自身思想行为纳入到自然或社会整体的秩序之中考察，有机论的世界观和神圣文化是古代文化的主要特征；到了近现代，人类无情地揭掉了蒙在自然脸上的神秘面纱，主要从机械论的角度看自然，把世界看作一部"机器"，形成机械论的世界观。近现代文化只承认人的生命、心灵的价值，将自然万物看作满足人

---

① ［美］卡洛琳·麦茜特：《自然之死》，吴国盛等译，吉林人民出版社1999年版，第33页。

们物质利益需要的工具，这种价值观影响到社会文化的方方面面，形成近现代意义上的人本主义文化或工具文化价值取向；近现代文化价值取向在今天带来日益严重的生态危机、生存危机、精神危机，这使得后现代文化的产生与形成成为可能。从当前自然科学与社会科学发展趋势来看，我们将后现代文化界定为自组织进化的世界观与生态文化。人们开始学会从生态学的眼光看世界，把包括人和社会在内的整个自然界看作一个有机的系统整体，在总结前面两个阶段文化发展的基础上，树立起将人与自然生态价值综合考虑的生态文化价值取向。

第一节　古代有机论世界观与"神圣文化"

有机论是基于人的生命体验形成的关于世界万物的认识，它以人的生命去感受自然万物的内在律动，从关于自身生命独立性、完整性、灵动性的体验赋予世界万物以"灵魂"，以表征生命、灵魂的存在（包括具象的"水"、"火"、"气"和抽象的"理念"、"形式"等）作为世界的本原或本体，论证世界万物的性质、存在状态和价值。有机论世界观将世界视为统一的生命运化过程，万物在这一有机运化过程中生成转化。在人与自然万物的关系上，肯定人与万物具有共同的生命基质，从属于统一的自然运化整体。

古代文化价值取向是与有机论世界观密切相关的。一方面，古代文化肯定自然运化的内在目的性，肯定自然生化过程内在生机、秩序、规律的价值，肯定万物自然本性的内在价值；另一方面，古代文化在人与自然、社会、自身的关系方面，强调人是自然、社会的一部分，注重自然、社会、人自身的整体价值，要求人约束自身物质欲望，遵循自然规律，维护自然、社会的秩序。在理想人格塑造方面，注意人的自然属性和社会属性的统一。

在这里，我们首先考察中西方古代有机论世界观与文化价值取向的基本内容，然后在此基础上概括古代有机论世界观与文化价值观的基本内涵，及其在人与自然、人与社会、人与自身关系方面的具体体现。

一、道家有机论世界观与文化价值的"自然"取向

道家思想包括先秦老庄道家思想、秦汉黄老道家思想和魏晋玄学，魏晋

以后，道教在道家思想基础上朝宗教神学方面发展。黄老道家主要发展了道家的政治思想，魏晋玄学突出发展了道家本性自然的内容。在这里，我们主要以老庄思想为主体阐述道家有机论世界观与文化价值取向。道家相关主要思想主要体现在其"道法自然"的有机论世界观和"尊道贵德"的文化价值观当中。

（一）"道法自然"的有机论世界观

道家的道论是一种有机生成论的世界观，道生万物、道法自然是其基本观念，天人关系是道论关注的主要内容。

道家的宇宙生存论模式是通过"道生万物"阐发的。"道"是道家预设的作为天地万物本根的存在："有物混成，先天地生。寂兮寥兮，独立而不改，周行而不殆，可以为天地母。吾不知其名，字之曰道，强为之名曰大。"① 关于道生万物的过程，《老子》说："道生一，一生二，二生三，三生万物。万物负阴而抱阳，冲气以为和。"② 道家认为"道"先于天地万物而存在，是生化万物的总根源，实际上一方面揭示了"道"的超越性，另一方面突出了自然运化过程的有机整体性。道家以"气"的相互作用和变化阐释万物的生成，以"大化"、"造化"描述宇宙万物的总体演化过程，认为天地万物是在自然造化的总体过程中产生的。在道家看来，"道"作为超越性的存在，并不是天地万物之外的实体性存在，而是存在于天地万物总体运化过程当中，存在于天地万物当中。所以《庄子·知北游》中以"每况愈下"的例子形象地说明了道存在于一切事物当中的观念："东郭子问于庄子曰：'所谓道，恶乎在？'庄子曰：'无所不在。'东郭子曰：'期而后可。'庄子曰：'在蝼蚁。'曰：'何其下邪？'曰：'在稊稗。'曰：'何其愈下邪？'曰：'在瓦甓。'曰：'何其愈甚邪？'曰：'在屎溺。'东郭子不应。"

实际上，老子以"道"取代"天帝"的至上地位，本身是为了强调宇宙万物运化过程的自然性，故《老子》第25章说："人法地，地法天，天法道，道法自然。"所谓"道法自然"并不是说宇宙总体运化过程之外还有

---

① 《老子》第25章。
② 《老子》第42章。

一个实体性存在"自然",而是肯定宇宙总体运化过程本身是一个自然的过程,具有自然性。自然是道的存在方式或存在状态。道家强调道的自然性,本质上是为了肯定自然造化过程的价值性、目的性,将"自然"作为人德性修养的根本。

道家通过阐述人与万物的本性("德")从道而生,论述自然造化过程的目的性、价值性。《管子·内业》中说:"天出其精,地出其形,合此以为人,和乃生,不和不生。"《庄子·田子方》中说:"至阴肃肃,至阳赫赫,肃肃出乎天,赫赫发乎地。两者交通成和而万物生焉。"说明人与万物均是天地阴阳二气极化至和的产物。"和"是人与万物的基本德性。从自然万物以"和"为德的意义上讲,道家所说的"万物"主要是指自然界的生命存在。而从道对生命的创生而言,自然造化过程是一个有目的的、有价值的过程。这表明,道家道生万物的世界观是一种有机整体论的世界观。

在人与万物的关系上,道家强调人与天地万物的共生关系,强调人与万物的平等性。一方面,"号物之数万,人处一焉。"① 人只是天地造化产生的万物之一,与万物是平等的;另一方面,"天地与我并生,万物与我为一"②,人与天地万物同处于一个有机整体当中,是一种共生的关系。

(二)"尊道贵德"的文化价值观

道家的文化价值观突出地体现在"尊道贵德"上。《老子》第51章说:"道生之,德畜之,物形之,势成之,是以万物莫不尊道而贵德,道之尊,德之贵,夫莫之命而常自然。"所谓"尊道贵德"就是肯定道生化万物的价值,肯定人与万物自然本性("德")的价值。"尊道贵德"体现在人与天地万物的关系上则是将"同与禽兽居,族与万物并"的"至德之世"视作理想的生存境界,将"独与天地精神相往来"视作理想的精神境界。

所谓"尊道",就是肯定道生化万物的过程本身是一个合目的的、具有自身价值的自然过程,从本质上说就是要求人们肯定自然运化过程的价值。它包括两方面意义:一是肯定道生化万物的过程作为一个产生生命的过程,本身是一个有价值的自然过程,要求人们不人为干扰天地生化万物的自然过

---

① 《庄子·秋水》。
② 《庄子·齐物论》。

程；二是肯定自然运化过程能够形成相应的自然秩序，人与万物能够友好相处。在道家看来，人与自然和谐一体的"至德之世"是自然与社会存在的理想状态。《庄子·马蹄》篇中说："故至德之世，……山无蹊隧，泽无舟梁；万物群生，连属其乡；禽兽成群，草木遂长。是故禽兽可系羁而游，鸟鹊之巢可攀援而窥。夫至德之世，同与禽兽居，族与万物并。"《庄子·缮性》中说："当是时也，阴阳和静，鬼神不扰，四时得节，万物不伤，群生不夭，人虽有知，无所用之，此之谓至一。当是时也，莫之为而常自然。"均体现了道家对人与自然和谐一体生存理想的憧憬。

"贵德"中的"德"是指人与万物得之于"道"之"德"，是万物在自然整体运化过程中形成的自然本性，"贵德"的实质就是尊重、爱护人与万物的自然本性，维护其自然生存状态，是对生命的尊重。在道家看来，人与万物的自然本性处于和谐状态，是本来圆满自足的，是人与万物存在的最佳状态。"万物负阴而抱阳，冲气以为和。"① "两者（指阴阳）交通成和而万物生焉。"② 都肯定"和"是万物自然本性所具有的"德"。老子、庄子常以"婴儿"、"赤子"形容人自身生命、精神所处的先天和谐状态。与"贵德"相联系，道家认为，理想的政治应是"无为而治"，让百姓与万物恢复、保持自身的自然本性。如《庄子·在宥》中说："闻在宥天下，不闻治天下也。在之也者，恐天下之淫其性也；宥之也者，恐天下之迁其德也。"认为人为治理天下会使百姓和自然万物的本性异化，因此主张"无为而治"。

在人与万物的价值关系上，道家主张"以道观之"，肯定人与万物的平等价值。道家认为，人与万物均是自然造化的产物，人并没有超越于其他事物之上的价值。在人与物的关系上，庄子说"以道观之，物无贵贱；以物观之，自贵而相贱"③。认为如果站在物的立场上看，必然会以自己为贵，以他物为贱。从人的立场考察，必然会认为人最有价值，将他物看作自身利用和改造的对象。庄子则主张"以道观之"，也就是说从道的立场、从自然造化整体的立场考察人与万物的价值，认为人与万物是平等的，均有自身的

① 《老子》第25章。
② 《庄子·田子方》。
③ 《庄子·秋水》。

价值（"物无贵贱"）。正是在这个意义上，庄子说："可乎可，不可乎不可。道行之而成，物谓之而然。恶乎然？然于然。恶乎不然？不然于不然。恶乎可？可于可。恶乎不可？不可于不可。物固有所然，物固有所可；无物不然，无物不可。故为是举莛与楹、厉与西施、恢诡憰怪，道通为一。"① 也就是说，从道的立场看，不同的事物固然存在自身的差别，但又都有自身值得肯定的方面（"物固有所然，物固有所可"），具有自身存在的价值。道家哲学肯定自然运化整体的价值，又从自然运化整体的角度肯定人与万物的平等性，这对于我们今天纠正现代文化的人类中心主义价值观，肯定自然生态系统及环境万物的存在价值具有重要意义。

道家对精神超越的价值追求本身也是与"尊道贵德"的价值观相一致的。这主要体现在，道家所追求的精神超越，主要是指对人性异化状态的超越，突出的是恢复和保持人的自然本性。如庄子认为，人生烦恼、忧愁的根源在于人为了追求外物而丧失了自己的本性。在庄子看来，对于人而言，可贵的不是外在的仁义，而是"任其性命之情"："吾所谓臧者，非仁义之谓也，臧于其德而已矣；吾所谓臧者，非所谓仁义之谓也，任其性命之情而已矣。"② 而《庄子》关于理想精神境界的描述，除了突出"乘云气、骑日月而游乎四海之外"，"游乎尘垢之外"等超越品质之外，还从"与造物者为伴，游于天地之一气"、"同于大通"等方面突出了人与自然造化、天地万物相通为一的状态。可见，道家对精神超越的追求与上文所说的"尊道贵德"具有相同的思想内涵。

二、儒家有机论的世界观与文化价值的伦理取向

儒家思想文化本身存在一个产生发展的过程。儒家相关思想发端于孔子，但在先秦时期，真正得到系统阐发却是在《中庸》、《孟子》、《荀子》、《易传》等著作当中。两汉时期，儒家有机论世界观主要体现在天人感应的神学目的论当中。宋明理学受佛教理论思辨的影响，在《中庸》、《易传》思想基础上，对儒家有机论世界观和价值观做了进一步阐

---

① 《庄子·秋水》。
② 《庄子·骈拇》。

发。本节主要从先秦儒家、宋明理学的相关思想阐述儒家有机论世界观与文化价值取向思想。

（一）"天地之大德曰生"的有机论世界观

成中英先生说："儒道两家乃源出于同一宇宙经验。"① 因而儒家与道家在世界观方面具有相似的认识，同样将世界视作一个生生不息的创生万物的过程，天地万物乃至人类社会的等级秩序都是在这一运化过程中产生形成的。关于儒家生态存在论，我们突出三个方面内容：一是天地生化万物的生成论模式；二是对天地"生生之德"的强调；三是关于天人之间"天命之谓性"、"继之者善也，成之者性也"关系的思想。

关于宇宙生成论模式，《易传》除了具体阐发天地乾坤的生物作用之外，在《序卦传》中还将天地万物和人类社会秩序的形成描述为一个生成序列："有天地然后有万物，有万物然后有男女，有男女然后有夫妇，有夫妇然后有父子，有父子然后有君臣，有君臣然后有上下，有上下然后礼义有所措。"体现了儒家关于万物生成和人类社会发展过程的一般认识。之后在宋明理学中，周敦颐在《太极图说》中将宇宙创生过程描述为"无极→太极→动静→阴阳→五行→万物"的过程，认为天下万物都是由太极之气，经由阴阳二气的动静交合与五行之气的相错杂糅氤氲化生，整个宇宙气机流贯，生生不息——将我国古代科学理论中的太极、阴阳、五行学说整合到其生成论模式当中，代表了儒家关于宇宙生成过程的基本观念。

如果说道家关于宇宙万物的生成过程相对突出"道法自然"的特征的话，儒家宇宙生成论的一个突出特征是强调天地"生生之德"。在这方面，《易传》中的相关思想比较有代表性，后来宋明理学的天理说、仁论等均是在其基础上阐发的。《易传》在乾坤两卦的阐释中非常强调天地生物的作用。乾卦之《象传》说："大哉乾元，万物资始，乃统天。云行雨施，品物流行。大明终始，六位时成，时乘六龙以御天。乾道变化，各正性命，保合太和，乃利贞。首出庶物，万国咸宁。"坤卦之《象传》说："至哉坤元，万物资生，乃顺承天。坤厚载物，德合无疆，含弘光大，品物咸亨。"万物的生命都是在天道变化、大地滋养中孕育发生的。《易传》对天地"生生之

---

① 成中英：《世纪之交的抉择——论中西哲学的会通与融合》，知识出版社1991年版，第175页。

德"的强调还表现在"生生之谓易"、"天地之大德曰生"①"复其见天地之心"② 等的表述上。在《易传》思想的基础上，宋明理学对天地生生之德有进一步阐发，如张载以"天地之大德曰生"阐释"天地之心"："大抵言'天地之心'者，天地之大德曰生，则以生物为本者，乃天地之心也。"③ 朱熹则在此基础上进一步将"天地以生物为心"与"仁"联系起来："天地以生物为心者也，而人物之生，又各得夫天地之心以为心者也。故语心之德，虽其总摄贯通无所不备，然一言以蔽之，则曰仁而已矣。"④ ……儒家对天地生生之德的强调表明，在儒家看来，宇宙创生万物的过程是一个产生生命的过程，儒家的宇宙生成论是一个有机整体论的存在论。

儒家关于天地运化之"诚"德的强调实际上是与天地生生之德相互关联的。《中庸》中首先阐述了"诚者，天地之道"的观念：天道运行是"至诚无息"的，"天地之道，可一言而尽也：其为物不贰，则其生物不测"。所谓"诚"是真实无妄的意思。"诚"体现在天地生长化育万物的功能上则是：因为"诚"，所以"生物不测"、生生不息。儒家关于天地"生生之德"、"诚"之德的阐释，本质上源于对人生意义的追寻，是从人应具有的德性去体察天地的德性。因为天地具有生生之德，所以人应继善成性，实现天地赋予人的"仁"性，仁民而爱物；因为天地具有诚之德，所以人应"至诚"，以尽其性。

天人关系是世界观的重要方面，儒家主要从"天命之谓性"、"继善成性"的角度阐发天人关系。"究天人之际"一直以来是中国哲学的主题，而儒家关于"天"的认识也始终是围绕人生的意义探寻的。人作为天地的产物，在天地万物中处于什么样的地位？人在宇宙运化过程中能够发挥怎样的作用？儒家没有脱离其宇宙生成论背景孤立地探讨这些问题。一方面，人的性命源于天地造化；另一方面，人又具有自身的主体性，在天地造化中具有自身特殊的地位和作用。对此，《易传》、《中庸》、《孟子》中均有相关论

①《易传·系辞下》。
②《易传·复·象传》。
③《横渠易说》，载《张载集》，中华书局1978年版，第113页。
④《朱子文集》卷六十七。

述。如《易传》中说："乾道变化，各正性命。"① 又说："一阴一阳之谓道。继之者善也，成之者性也。"《中庸》中说："诚者，天之道也；诚之者，人之道也。""自诚明，谓之性"，肯定人秉承有天地之性；又说："唯天下至诚，为能尽其性；能尽其性，则能尽人之性；能尽人之性，则能尽物之性。能尽物之性，则可以赞天地之化育；可以赞天地之化育，则可以与天地参矣。"肯定人能继承发挥天命之性，赞天地之化育；孟子说："尽其心者，知其性也。知其性，则知天矣。存其心，养其性，所以事天也。"② 先秦儒家"天命之谓性"、"继善成性"的思想也构成了宋明理学天人关系思想的基本框架。

（二）"天地万物一体之仁"的文化价值取向

儒家注重从天人之际考察人的地位和价值，因此，人的价值是儒家生态价值观的重要方面；而人的价值就在于承继天地生生之德，赞天地之化育，实现"天地万物一体之仁"上，从这个意义上说，"天地万物一体之仁"是儒家的生态价值理想；儒家生态价值观还体现在关于人与其他自然物如草木、禽兽之间不同价值的认识上。大体而言，儒家肯定人具有比其他自然物更高的价值，而人高于其他自然物价值的地方就在于人的德性价值；与此相关，儒家高扬人的德性价值，对人的认知理性或者很少论及，或者强调德性高于知性。以下我们从这四个方面分别阐述：

儒家主要是从天人关系的角度肯定人的价值的，认为人的价值就在于继善成性，赞天地之化育。天地具有生生之德，人的产生是天地生化万物过程中的重要环节，人的价值正在于完成天地生成万物的目的。《易传》将人视作天地人三才之一，言"立天之道曰阴与阳，立地之道曰柔与刚，立人之道曰仁与义。"③ 肯定人"裁成天地之道，辅相万物之宜"的作用。《中庸》认为人的价值在于成己成物，"赞天地之化育"；《荀子》则说"天地生之，圣人成之"④，"天有其时，地有其材，人有其治，夫是之谓能参"⑤，将人

---

① 《乾卦·象传》。
② 《孟子·尽心上》。
③ 《易传·说卦传》。
④ 《荀子·富国》。
⑤ 《荀子·天论》。

的价值与天地并列。

儒家在肯定人"赞天地之化育"的价值基础上，阐发了天人合一的生存理想。儒家关于生存理想的认识本身存在一个发展过程：《中庸》中说："中也者，天下之大本也；和也者，天下之达道也。致中和，天地位焉，万物育焉。"强调君子"中和"之德能促进天地的和谐有序，促进万物的生长发育；《荀子》则强调统治者以礼治理天下，能够使"万物皆得其宜，六畜皆得其长，群生皆得其命"①。表明儒家政治理想并没有仅仅局限于社会领域，而是进一步关涉到人与自然的和谐繁荣；宋明理学在生存理想方面则突出"天地万物一体之仁"。程颢首先提出仁者"浑然与物同体"、"以天地万物为一体"的学说，将天地万物视作与人直接关联的有机生命整体；朱熹则在程颢基础上强调"万物一体"并不是人与万物本然的存在状态，而是我们应追求的目标，认为人只有通过克制私欲，"公而后仁"，然后才能达到"万物一体"的境界；王阳明在《大学问》中对"天地万物一体之仁"作了具体阐述："大人者，以天地万物为一体也，其视天下犹一家、中国犹一人焉……是故见孺子之入井而必有怵惕恻隐之心焉，是其仁之与孺子为一体也；孺子犹同类者也。见鸟兽之哀鸣，觳觫而必有不忍之心焉，是其仁之与鸟兽而为一体也；鸟兽犹有知觉者也。见草木之摧折而必有怜悯之心焉，是其仁之与草木而为一体也；草木犹有生意者也。见瓦石之毁坏而必有顾惜之心焉，是其仁之与瓦石而为一体也。"所谓"天地万物一体之仁"实质上强调的是人对天地万物的同情爱护之心，儒家不仅肯定人与草木鸟兽同一体，而且肯定人的仁德能够与瓦石等无情物为一体。儒家"天地万物一体之仁"等既是儒家德性修养的目标，同时也是儒家人与自然万物和谐共生的生存理想。

与道家"以道观之"的生态平等观不同，儒家虽然强调"天地万物一体"的整体价值，但在人与其他自然物的价值关系上则突出不同事物的价值差异，肯定人具有高于其他自然物的价值。如孟子说："人之所以异于禽兽者几希，庶民去之，君子存之。舜明于庶物，察于人伦，由仁义行，非行

---

① 《荀子·王制》。

仁义也。"①《荀子》说:"水火有气而无生,草木有生而无知,禽兽有知而无义。人有生有气有知亦且有义。故最为天下贵。"② 均肯定人具有其他自然物所没有的品质,而人之所以"最为天下贵"的根本则是人具有"仁义"等先天德性。到宋明理学,程颢、朱熹均肯定动物具有一定程度的"仁义",而其与人的差别则在于动物"气昏","推不得",或者"偏而不全,浊气间隔"③。也就是说动物虽有一定程度的仁义之性,但是对道德仁义缺少足够的自觉意识。由于肯定人与其他自然物价值的差异,儒家在人对他人、其他生命存在的道德责任问题上也主张"爱有差等"。不过,从另一方面讲,强调人具有更高的价值,也相应地强调人对自然万物的责任和义务。儒家虽然在人与万物的关系上认为人与万物具有不同的价值,但却肯定自然造化整体具有高于人自身的价值。

在人与自然的关系上,儒家肯定人的作用和价值,将人视作与天地并立的"三才"之一,肯定人具有"财(裁)成天地之道,辅相天地之宜"④,"范围天地之化而不过,曲成万物而不遗"⑤ 的能力与价值,实质上是肯定人对自然运化的引导和调整作用。不过,儒家并没有像西方近现代文化一样,将人凌驾于自然之上,而是肯定人与天地各有自身的作用、职分,人与天地同属于一个系统整体,强调人与天地的协同运化,将人的作用定位于辅助天地,成就万物方面。因而,儒家不仅注意建立、维护社会秩序,而且注重维持自然界的和谐秩序,保护自然界万物生命的繁荣。

儒家世界观与文化价值取向具有不同于道家的特征,道家强调自然的价值,注重的是万物未分化前的一体状态,而忽视人的独立性,主张人"纵身大化中",顺应自然运化过程;儒家则将道向人类社会演进,肯定人不同于他物的独特价值,注重社会秩序的建立,强调人的道德使命、道德属性的价值。但两者均肯定宇宙是一个充满生机的创生万物的运化过程,肯定自然的作用、价值;在人与环境的关系上,肯定人从属于自然、社会整体,又都

① 《孟子·离娄下》。
② 《荀子·王制》。
③ 《朱子语类》卷四。
④ 《易传·象传》。
⑤ 《易传·系辞上》。

体现了古代文化价值取向的整体性特征。

三、古希腊目的论世界观及其伦理价值取向

按照希腊古老的自然宗教传统，自然界是充满灵魂的。米利都学派的自然哲学继承发展了这一传统。泰勒斯认为世界万物是由"水"构成的，水之所以能够成为化生万物的本原，是因为它具有灵魂；阿那克西美尼认为世界的本原是"气"，气（"精气"）本身即包含气息（生命）和精神两层含义。在米利都学派那里，世界的本原不仅是构成自然事物的元素，而且是事物运动、变化的源泉和事物间秩序的赋予者，他们心目中的世界是充满内在活力和秩序的整体。

古希腊哲学中即存在机械论与目的论的矛盾。如恩培多克勒、阿那克萨戈将世界万物及其变化看作地、水、火、气四种元素或种子的结合与分离，而结合与分离的力量来自外在的"爱"与"恨"或"奴斯"，他们对具体存在物（包括有机体）的构成与变化均做了机械论解释，但在讨论宇宙运动时，又用带有伦理性质的"爱"和"恨"，带有心灵、精神性质的"奴斯"来解释宇宙的生成变化，其中又包含目的论的思想动机。德谟克利特的原子论是古希腊机械论世界观的突出代表，它以机械论的眼光解释事物的结构和运动变化，以原子在大小、形状和排列上的不同说明事物性质的多样性，以原子的结合与分离说明事物的产生与消灭。

柏拉图毕生以克服机械论为己任，力图以目的论解释宇宙的生成变化。在其晚年著作《蒂迈欧》篇中，柏拉图将世界描述为一个"活的生物"，将世界的创造看作造物主或奴斯有目的的创造。创世之初，宇宙中存在着无规定性的混沌物质，造物主首先用理念赋予它们形状，然后又按照生物的样式创造了"世界灵魂"，作为赋予世界万物运动变化和秩序的动力。造物主在创世过程中受到原始物质的滞碍，但从总体上说，宇宙的变化趋向和秩序是和谐、完美，趋向至善的。

亚里士多德首次将生物学的观点引入形而上学，从而把宇宙整体以及宇宙中事物的生成和存在看作类似于有机体的自我生长和完成。亚里士多德认为，一切事物的产生和存在都可归结为四个相互关联的原因：质料因、形式因、动力因和目的因。质料因是构成事物的原始物质；形式因是事物的本

质；动力因是事物运动变化的本源；目的因是事物运动变化的目标和终点。而后三者是同一的，目的因是事物按其本性（形式）所追求的目标，是一种内在目的；动力因是事物为达到其目的、实现其本质而表现出来的内在动力。最初事物的形式处于潜在状态，为了实现内在的本质，事物有一个从"潜能"到"现实"的实现过程，在这一过程中，形式是运动变化的主导力量，质料对形式的实现有阻碍作用。因此，自然万物的运动变化从根本上说是一个朝向目的的过程，但其中又包含机械运动。在宇宙"实质"等级序列的最高层面，又存在最高的"实体"——"神"或奴斯，它是最终的"纯形式"、"第一推动者"、"至善"的统一，是一切事物的最终根据。

这样，古希腊的世界观由米利都学派的有机论自然观，经由机械论自然观的反动，到柏拉图、亚里士多德这里，终于确立了以目的论为主导的自然观。在他们看来，世界的本质是和谐的、完满的，世界万物由内在理念、形式主导，存在一个朝向完美、至善的进化过程。柏拉图、亚里士多德目的论自然观肯定这一点，也就肯定了自然发展过程的价值，肯定了万物的内在价值。

柏拉图、亚里士多德关注人与社会，注重社会秩序的建立，强调伦理规范、道德责任对人的思想行为的制约。柏拉图认为"正义"、"公道"是个人、国家立事的基本价值准则，要求社会上各个等级各守本位，各尽其责，以维护社会的和谐秩序；亚里士多德也肯定人高于动物就在于人具有"善恶"、"正义"等伦理道德属性，对"善"的追求是人的一切活动的目的，并提出以"中庸之道"作为人们价值取向的准则。显然，对"中庸之道"的强调，也是把人与人之间的和谐关系看得比个人对物质利益的追求更重要。

由于亚里士多德在他体系的终点上保留了神的观念，因而在中世纪被纳入基督教神学的框架。希腊有机论的自然哲学传统通过亚里士多德的体系深刻地影响着中世纪和文艺复兴时期。直到文艺复兴时期，有机论观念仍然主导着人们对自然的理解，并对人们的思想行为发挥着规范作用。

古希腊目的论世界观与中国古代自然目的论的世界观具有不同的特征。古希腊目的论的世界观将"理念"、"形式"看作世界的目的，而理念、形式是与事物具体形态（"质料"）对立的本质。实质上是首先将目的、价值从活生生的有机世界中抽离出来，当作独立的、不变的本体，再由它赋予世界万物以价值。它体现了西方古代文化注重理性思辨的特质。古希腊目的论的世界观还体现了西方文化在人与自然关系上，注重人的自主性，认为人的价值体现在从自然的必然性中解放出来的观点。因此，古希腊哲学中形式与质料的矛盾（这在恩培多克勒、阿那克萨戈、柏拉图、亚里士多德哲学中都有体现），实质上是人的自主性与自然必然性之间的矛盾，西方文化价值取向从一开始就存在人的自主性与自然、社会整体性之间的矛盾。形式与质料的对立，目的、价值与现象世界的分离，在近代演变为人文科学与自然科学的分离，随着自然科学的日益发展壮大，在近代自然科学基础上形成的机械论世界观逐渐遮蔽自然界内在的价值，而成为主导近现代文化的主要内容。不过，总体来说，在古希腊哲学中，形式、质料的对立仍统一于世界万物趋向目的的运动变化过程中，古希腊文化仍属于古代文化范畴，在人与自然、社会的关系方面，对自然、社会整体价值的强调仍处于主导地位。

中国古代哲学世界观则没有将世界万物的价值与现象世界分离开来，而是肯定世界本身是一个生生不息创生万物的过程，目的、价值本身就内在于这一创生过程中，其目的论是建立在对活生生的自然运化过程的生命感受和体悟基础上的。在人与自然、社会的关系方面，更注重自然整体的价值，而将人的价值纳入到统一的自然大化过程中。儒家虽然肯定人的价值、自主性，但它并没有将人与自然对立起来，而是将人与自然（天地）看作各有其价值、作用的统一整体，人的作用和价值不是凌驾于自然之上，而是"财（裁）成天地之道，辅相天地之宜"，"赞天地之化育"，即辅助天地，成就万物。总的说来，中国古代文化很少将人的自主性与自然、社会的整体性价值取向对立起来，而是将人与自然、社会的价值统一起来理解。

我们说古代世界观是有机论的世界观，主要有三个方面体现：一是它肯定世界万物的生命特征，肯定世界整体是一个有机整体，将世界看作一个生化万物的有机运化整体，世界的本原是具有生命、灵魂特征的水、气、火或理念、形式等。古代文化一般从宇宙生成论来看世界，将事物看作宇宙整体运化过程中产生、形成的有机组成部分；二是它强调世界（包括自然界、人类社会）的整体性，强调整体的和谐、秩序；三是将事物之间的联系看作有机的联系。我们说古代文化是"神圣文化"，其中的"神"主要是指古代哲学揭示的自然万物的生命特征，"神"既涵盖"万物有灵论"的"神灵"色彩，又包含对生命之奇妙的肯认。

从文化价值取向来说，古代文化具有两方面主要特征，一是肯定自然的目的性。无论是道家关于自然运化的合目的性，还是古希腊哲学关于自然万物朝向完美、至善的运动，均肯定自然运化本身是一个生生不息的生命过程，对自然的目的性的肯定，实质上包含对自然价值的肯定；肯定自然目的性包含的另一个意义是肯定自然存在状态的和谐、秩序；二是注重自然、社会的整体价值。这主要是从人与自然、社会的关系而言，古代文化将人看作自然、社会整体的一部分，将自然、社会看作人的生命、精神的归宿。对自然、社会整体价值的强调表现在伦理原则上就是要求约束人的欲求，维护整体的和谐有序。古代文化对整体价值的维护以及由此对主体人格修养的规范，体现了"神圣文化"伦理的一面，或者说"圣"的一面。

古代有机论的世界观是与其文化价值取向相互关联的。古代世界观中的本体从根本上说不是一种认知本体，而是伦理本体，或者说是人对伦理的体悟，是存在于人心目中的伦理原型。比如柏拉图哲学中的"理念"本质上说并不是认知意义上的事物的本质或世界的本体，而是一种伦理理想、原型在自然和社会领域中的延伸。不同事物的理念是该事物的圆满形式，是该事物的"好"，正是从这个意义上，柏拉图否定头发、污泥、秽物有自己的理念，肯定体现人的灵魂状况的诸种美德如勇敢、虔敬、节制等有其理念。而柏拉图所描摹的"理想国"模型其实就是柏拉图心目中的国家理念，因此，柏拉图的理念论从根本上说体现了其文化价值追求；同样，儒学中的"天理"范畴具有同样的伦理本质。佘正荣在《中国生态伦理传统的诠释与重建》中揭示中国生态伦理原则是建立在人伦天道化，天道人伦化思维方式基础上的。一方面，儒家对天道的理解主要不是从认知意义上理解，而是为建立社会礼法规范寻找伦理依据，比如宋明理学中的"理"是伦理意义上的"理"，而不是认知意义上的自然规律；另一方面，儒家将伦理道德观念建立在对天道之德性的体悟上，如儒家的"仁"即是建立在对天道"生生之德"的体认基础上。甚至道家的"道"也不单纯是认知意义上的自然规律，同样包含着人的价值、道德祈向。"道"本身肯定了自然的合目的性，肯定了自然存在状态、人与万物自然本性的价值。也就是说，对人而言，自然存在状态、自然本性是对人"好"的，是人应该追求的。

古代有机论的世界观及文化价值取向直接影响到对人与自然、人与社会、人与自身关系的理解和规范。

在人与自然关系方面，古代文化肯定自然的价值，强调人依附于自然，因而要求人遵从自然。如赫拉克利特说：人要"按照自然行事，听自然的话"。道家甚至在人、社会与自然的关系上，认为社会秩序从属于自然过程，要求依照"自然无为"的原则治理社会；儒家、古希腊哲学虽然肯定人的社会伦理属性，肯定人的主体性，但它仍然肯定人道与天道的统一，要求从天道推出人道，从人道推及天道，将天道与人道贯通起来。如董仲舒认为社会秩序与宇宙秩序是完全对应与类同的。"五行之随，各如其序。五行之官，各致其能。"① "天有四时，王有四政，四政若四时，类同也。"② "王道之三纲，可求于天。"③ 强调对自然过程、秩序的顺应和辅助。古代文化对人与自然关系的理解、对人的生产活动具有明显的规范作用。比如，文艺复兴时期地球母亲形象对矿物开采活动有直接约束作用；而中国古代农业生产观念中更是强调依循四季交替和动植物生长发育规律进行生产活动。古代文化对人与自然关系的理解与规范，一方面当然受古代社会人自身本质力量发挥的限制；另一方面也与当时人们的生命体验方式相关。古代社会，由于智性思维尚不发达，人刚从与自然本源一体状态中脱胎出来，对环境的认识主要是一种生命感受或建立在其基础上的体悟。同时，这种对人与自然一体关系的体认，及人对自然的归属性理解，本身也是人的生命、精神的本能需求。

在人与社会的关系方面，古代文化对社会整体和谐、秩序的注重表现为强调人是社会整体的一部分。具体来说，又有两方面表现：一是强调人对社会整体的职责；二是强调人对社会整体的依附。古代文化强调社会伦理对人的行为的规范，对社会秩序的维护。如柏拉图《理想国》认为只有社会不同阶层各守本位，各尽其责，社会才能和谐一致，才能实现"正义"的原则；儒家主张以礼治国（如荀子"隆礼重法"），关注主体对伦理原则的自

---

① 《五行之义》。
② 《四时之副》。
③ 《基义》。

觉（如对"仁"、"良知"的重视），以及对中庸之道、恕道、美德、善的重视等都体现了这方面的特征。古代文化关于人与社会关系的伦理准则是从人与自然的一体关系出发推演而来的。如儒家伦理有两个来源：一是将人的道德意识与人的自然本性相联系，将人的道德意识看作是对天道的体悟。如在王阳明看来，"生生不息"是"自然之流行"；"自然之条理"，是"天则自然"①，它既是天道的本质，又是主体内在道德良知的本质；二是把社会伦理关系与人与人之间自然的血缘关系联系起来，儒家道德以孝悌为本即体现了这一特点。用王阳明的话说，道德作为"仁理"，它发端于"父子兄弟之爱"，"孝悌为人之本，却是仁理从里面发生出来。"② 人对社会整体的强调，也与古代社会人对自然的依附相关，在以自然经济为主的生产生活方式的古代社会里，人对土地的依附是人的社会本性。而人对土地的依附又进一步演变为对人（地主）的依附，演变为对政治权力的依附（古代社会是以政治为中心的社会结构），并在此基础上形成君君臣臣、父父子子的社会等级秩序。

在人与自身的关系方面，古代文化注重人的自然本性、人的社会群体性。老子所说的"贵德"，从人的方面来说，一是尊重人得之于道或得之于自然运化过程的自然本性，古代文化强调人格的和谐，在道家看来，人秉受于自然的本性是一种和谐的德性，主张恢复人自身的自然存在状态。在庄子看来，人只有恢复人的自然本性，才能达到与自然和谐一体的存在状态，才能达到心灵的真正自由；二是重视社会之德的修养，即为维护社会秩序要求重视主体人格塑造。在人格塑造方面，古代文化一般注重人的自然本性与人的社会属性的统一，如中国古代哲学无论是道家还是儒家均强调"内圣外王"，"内圣"主要是人的自然本性、智慧，"外王"指人的社会能力、品德，"内圣外王"即是要求将两方面统一起来。宽泛地讲，伦理人格的塑造也包含一种主体性，但这种主体性与近现代文化中对人的独立性、内在本质力量的强调不同，它是一种建立在人与自然、社会一体关系基础上的主体性，是人根据自然、社会整体的要求对自身思想行为的自觉约束、规范，是一种伦理自觉。

---

① 王阳明：《传习录·下》。
② 王阳明：《传习录·下》。

古代有机论世界观与神圣文化，将世界万物看作有机联系的统一整体，肯定自然万物的生命特征及其内在价值，注重自然、社会整体的和谐及其整体价值，这对于纠正现代文化片面强调人自身的价值，忽略自然价值，忽略社会整体利益、长远利益等有纠偏作用；有助于从新的视角考察人与自然的关系，帮助解决人与自然、个人与社会、人自身精神与肉体的失调带来的生态危机、生存危机、精神危机，促进现代文化向生态文化的转型。不过，古代有机论世界观与神圣文化是人类文明发展的初级阶段，它过于强调人对自然的依附、顺应，不注重对自然的研究，如荀子主张"不与天争职"，"不求知天"，约束、限制了人内在本质力量的发展。理想的文化形态应当是在人、社会、自然充分发展的基础上，协调人、社会与自然之间的关系，是"人的实现了的自然主义和自然界的实现了的人道主义"①的统一，而人自身本质力量的发展是其中起主导作用的方面，因此，要求挖掘人内在的本质力量，在此基础上实现人的自然化、自然的人化的现实实现。从这方面来说，古代文化向现代文化的发展又有其内在必然性。

第二节　机械论世界观与人本主义文化

古代文化向近现代文化的转变有两个方面的原因：一是近代科学革命的兴起。近代科学革命起因于哥白尼对托勒密地心说的修改。哥白尼学说认为，地球不是宇宙的中心，地球本身与其他行星一样围绕太阳运行。哥白尼日心说不仅从天文学上颠覆了地心说体系，而且带来古代有机论世界观的根本变革。开普勒、伽利略对行星运动规律的研究以及力学研究，支持并促进了近代科学的形成，牛顿万有引力定律的发现则使近现代机械论世界观获得经典形式。近代科学革命不仅实现了古代有机论世界观向近代机械论世界观的转变，而且它颠覆了古代有机论世界观中包含的文化价值取向。陈剑澜认为："对于有机论来说，机械论的成立不仅意味着自然界生机的消失，更严重的是，它意味着宇宙间价值秩序和相应的规范的覆灭。"② 近代科学革命

---

① 《马克思恩格斯全集》第3卷，人民出版社1998年版，第301页。
② 陈剑澜：《"自然之死"及其后果》，载范跃进主编《生态文化研究》第一辑，文化艺术出版社2004年版。

以人类理性的权威取代了上帝的权威，以机械论的世界观揭开了蒙在自然脸上的神秘面纱，从而促进了近现代意义上文化取向的形成；二是对中世纪文化压制人的欲求、人的主体性的反动。卡普拉在其名著《转折点——科学、社会和正在兴起的文化》中引用中国古代阴阳转化学说和社会学家索罗金的文化发展理论，肯定人类文化发展遵从阴阳转化规律，认为在文化发展上，感觉占主导地位的文化与观念占主导地位的文化之间存在相互作用、相互转化的周期性律动。① 古代文化发展到中世纪，无论是东方还是西方在文化价值取向上都存在过分强调人的精神方面，压制人的物质欲求的满足和个性（个体的独立性、创造性）发展的倾向。这种状况发展到极端，必然导致文化内在调节机制发生作用，要求社会文化肯定个体的价值。从这方面来说，文艺复兴时期对人的认识能力、个人价值的强调，对物质财富的追求逐渐成为社会文化的主导方面，是符合文化内在发展规律的。

从我们研究的主题出发，这里主要从两个方面讨论古代文化向近现代文化的转变：一是古代有机论的世界观向近现代机械论世界观的转变。机械论世界观从还原论思维方式出发，将世界万物还原为最小的基本粒子，注重对具体事物的认识，将事物之间的联系看作机械的力学作用，用数学公式揭示世界图景，以"机器"、"钟表"的隐喻揭示世界的本质，甚至将动物、人比作机器。在近现代机械论世界观中，世界万物不再是具有生命的有机体，自然成了无生命的存在物。生态女性主义者卡洛琳·麦茜特称从古代有机论世界观向近现代机械论世界观的转化过程，是自然走向死亡（"自然之死"）的过程。在其名著《自然之死》中，她说："关于宇宙的万物有灵论和有机论观念的废除，构成了自然的死亡——这是'科学革命'最深刻的影响。因为自然被看成死气沉沉、毫无主动精神的粒子组成的，全由外力而不是内在力量推动的系统。"② 二是古代立足自然、社会整体的文化价值取向向近现代立足人、立足个体的文化价值取向的转变。近现代文化以人的本质力量的觉醒为主要特征，在人与自然的关系上注重人的价值，强调人对自然资源的利用和改造；在人与社会的关系上，注重个人的价值，强调个性解放和民

①　参见［美］卡普拉《转折点——科学、社会和正在兴起的文化》第一章"转折之潮"，冯禹等译，中国人民大学出版社1989年版。

②　［美］麦茜特：《自然之死》，吴国盛等译，吉林人民出版社1999年版，第212页。

主权利。这种文化价值取向片面发展的结果便是人类中心主义价值观的产生，它否定自然万物和他人的内在价值，将自然仅仅看作供人利用和改造的资源，将他人视作谋求自身权益的工具，发展起一种人统治自然、精神统治肉体的统治模式。从这方面来说，古代文化向近现代文化的转变过程是人与自然有机联系被遮蔽，人的价值或个体的价值日益凸现的过程。

一、机械论世界观的形成及其主要内涵

近现代机械论世界观的形成根源于近代自然科学的发展，它起因于近代天文学、力学方面的科学革命，科学史上习惯称之为"哥白尼革命"。"哥白尼革命"起因于对托勒密地心说的修正。托勒密坚持认为地球静止地处于宇宙中心，为了使地心说与天文观测相符，在他的地心说模型中，他往往用三个以上的圆周解释每个天体的运动，结果导致宇宙模型的过分复杂化。哥白尼认为，实际上我们只要假定地球是运动的，就可以克服托勒密体系的这一缺陷。在哥白尼看来，地球并不是宇宙的中心，相反，它与其他行星一样围绕太阳运动，人们通常见到的太阳、行星和恒星的运行是由于地球自转的缘故。"哥白尼革命"并不仅仅是天文学意义上的革命，更主要的是它从根本上颠覆了亚里士多德以来的有机论世界观，向世人指呈地球不是上帝或奴斯安排的宇宙中心，整个宇宙都是由物质构成的，宇宙中的天体具有同样的引力和运动，不存在所谓不完美的"地界"和完美永恒的"天界"之分。在哥白尼之后，开普勒依据第谷的天文观测资料，经过分析和精确计算，发现行星沿椭圆轨道运行，提出行星运动的三大定律，在探索行星运动的基础上提出普遍的引力作用理论，从而把哥白尼关于宇宙同质的思想用精确的数学形式固定了下来。伽利略进一步发展了开普勒的思想，在实验的基础上，他用数学方法概括出落体定律、惯性定律和伽利略相对性原理，将哥白尼、开普勒的天文学拓展到地上的动力学，奠定了机械力学的基础。牛顿在前人研究成果的基础上，总结了惯性定律、加速度定律、作用和反作用定律、万有引力定律，奠定了经典力学的基础，从而使"天上"、"人间"两个"不同"的力学世界统一到牛顿的力学体系中，实现了近代自然科学的第一次综合。

机械论世界观是在批判古代目的论世界观基础上形成的。在培根看来，

物理世界不存在目的，古代目的论世界观将自然看作趋向目的的过程，根源在于人类根深蒂固的"种族假相"，是人类把自己对秩序、和谐、完满的理想加之于自然界得出的认识。

机械论形而上学的经典表述是笛卡尔的二元论。笛卡尔将人的心灵与形体（包括人的身体与外物）区分开来，将心灵等同于人的思想，否定形体内在生命和精神因素的存在，从而在自然观上排除了自然界的有机特性。笛卡尔认为存在"上帝"、"心灵"和"形体"三个实体，心灵和形体都依赖于上帝，但心灵、形体互不依赖，彼此独立。形体与心灵是自然中存在的两个实体，形体的属性是广延，心灵的属性是思维，这样，笛卡尔将形体、心灵作为自然存在的基本实体，本质上是一种二元论的世界观。笛卡尔在具体研究自然时将上帝悬置于自然之外，又把心灵确定为人的心灵，因而实质上排除了自然界的精神因素，将自然界当成机械的物理世界加以研究。

霍布斯更直接地宣称宇宙中唯一存在的实体是物体，观念并不是独立实存的实体，来源于人的感觉经验，是人对物体的反映，心灵、上帝的观念不过是人的抽象思维的产物。这样，霍布斯更直接地将全部哲学建立在具体的物质世界的基础上。

机械论世界观的最终形成，以牛顿的《自然哲学的数学原理》和《光学》的出版为标志。近代科学确立的机械世界观也因而通常被称为"牛顿范式"。机械论世界观包含物质观、时空观、运动观和因果观四个方面。

在物质观上，近现代世界观主要继承了古代原子论传统，认为物质世界是由基本粒子（分子或原子）构成，将物质具体形态的变化看作基本粒子的组合与分离，强调物质世界的广延性。比如牛顿认为，物质是由处在虚空中的微粒组成的，粒子是上帝创造的厚重、坚硬、不可入的物质微粒，物质形态的变化源于粒子的运动，源于粒子不同形式的分离和组合，物质的基本性质是广延、形状和质量等。物质观将物质看作被动的、不变的"质料"，从而将古代有机论世界观的有机性或生命性、价值性从物质世界中抽离出来，物质世界成了无生命、无内在价值、机械的物质实体的集合，成了任人占有、掠夺、改造、征服的客体或工具。

在时空观上，牛顿提出了"绝对时间"和"绝对空间"观念，"绝对时间"是指绝对的、数学意义上的时间，时间的流逝是与任何事物无关的均

匀的"延续性",时间具有均匀性、一维性和单向性;"绝对空间"同样是
与任何外界事物无关的"处所",空间具有均匀性、同质性和三维性。机械
论时空观是基于数学思维的时空观,这种思维方式将物质世界的联系看作受
不变规律支配的联系,试图以简单明晰的公式揭示物质世界图景,而以不变
的时空模式作为物质运动的背景或舞台无疑是最便捷的假定。

机械论世界观将运动理解成机械运动。霍布斯断定机械运动是宇宙中唯
一的运动形式,物质和运动之间不存在内在的关联,"任何一件静止的东
西,若不是在它以外有别的物体以运动力图进入它的位置使它不再处于静
止,即将永远静止";"同样情形,任何一件运动的东西,除非在它以外有
别的物体使它静止,即将永远运动"。"运动是不断地放弃一个位置,又取
得一个位置。"① 机械论世界观无法解决运动的最终来源问题,因而将运动
归之于上帝的创造。笛卡尔认为,上帝创造了物质和运动,创造之后,宇宙
依靠上帝太初时确定的"自然规律"运动变化,自然界物质运动遵循"动
量守恒原理",运动不断地从物质的一部分传到另一部分,而物质和运动的
总量却不会发生变化。机械论运动观否定古代有机论世界观关于世界是一个
朝向完美、至善进化过程的观念,否定世界有自身的内在目的,因而解除了
自然目的性对人的社会实践活动的规范和制约,人的需要成了社会活动的唯
一目的。

霍布斯认为,因果性是世界中最普遍的关系。自然界的事物由于机械力
的作用,构成一个连续的、封闭的因果系列,原因和结果是物体间的"动
作"和"被动"的关系、运动在物体间的传递关系,它决定着事物的性质。
任何一个事物,作为结果必有其原因,作为后续原因必有其结果。世界上的
一切事物都是有原因的,因而都是必然的,世界上不存在偶然性,整个世界
就是一个因果必然性的链条。机械因果观是典型的机械决定论。由于机械论
将事物之间的本质联系归之于单纯的机械的因果联系,否定自然万物之间的
有机联系,因而,人只要认识了事物的因果规律就能利用它满足自身的物质
生活需要。

总的说来,近现代世界观不像古代文化那样,把包括人和社会在内的整

---

① 北京大学哲学系编译:《十六—十八世纪西欧各国哲学》,商务印书馆 1982 年版,第 85—86 页。

个自然描绘成一个有机统一体，而是将其描绘成一架机器。其物质观、时空观、运动观、因果观均带有明显的机械性。近现代世界观对古代世界观的取代，是以机械论取代有机论，以"机器"的隐喻取代"生命机体"的隐喻。如开普勒在给朋友的一封信中说："我正专注于研究物理的原因。在此，我的目的是要表明天上的机器与其比作神圣的有机体，不如比作一座钟表……几乎所有形式的运动都是由单一的、非常简单的引力来完成的，正如在钟表中，所有的运动都是由简单的重力引起的。"[1]　近代哲学家甚至将动物、人的生命机体等同于机器，如笛卡尔把动物看成机器，把动物的各种生理活动归结为物质微粒的运动和心脏所产生的热运动；拉·梅特里在其哲学名著《人是机器》中，指出人的生命与钟表之间并没有什么不可逾越的鸿沟。

机械论世界观是建立在主客二分或者说心灵与形体的分离观念基础上的，世界的生命性、目的、价值被剥离开来，成了主体或心灵唯一拥有的东西，而一旦价值从自然万物和人的生命中抽离出来，自然万物乃至人的肉体便都成了机械的、被动的"质料"，全然受机械因果规律支配，世界本身成了机械的、无生命的"机器"。而机械论世界观将自然万物和人的肉体描述为机械的、被动的存在物，本身即暗含着主体可以随意占有、利用其作为资源、工具的文化内涵。生态女性主义者麦茜特在《自然之死》中便揭示了机械论世界观中暗含的近现代文化价值取向："机械主义……最有影响力之处在于，它不仅用作对社会和宇宙秩序问题的一种回答，而且还用来为征服自然和统治自然辩护。"[2]　因此，机械论世界观是与近现代文化价值取向密切相关的。

二、近现代文化价值取向

近现代文化价值取向与古代文化有本质的不同，古代文化肯定自然运化过程具有自身的目的性，肯定万物的内在价值，将人的价值纳入自然、社会整体中考察，认为自然、社会整体的价值高于人的价值，其文化价值取向具有整体性特征；近现代文化是一种人本主义文化，它注重人自身的价值，将

---

① David Pepper, *Modern Environmentalism: An Introduction*, New York: Routledge, 1996, p. 137.
② ［美］麦茜特：《自然之死》，吴国盛等译，吉林人民出版社 1999 年版，第 236 页。

自然万物看作主体认识思维的对象，看作相对于人（主体）的"客体"，强调人的价值，并将人作为价值的源泉，其文化价值取向具有主体性特征。

西方近现代文化价值取向的确立是从培根、笛卡尔开始而由康德完成的。培根肯定人的价值和力量，认为人不是神的奴仆，也不是自然的附庸。相反，人由于自身的智慧和力量，能够征服和驾驭自然，成为自然的主人。培根提出"人就是自己的上帝"的口号，即鲜明地体现了对人的价值的肯定。笛卡尔的著名命题"我思故我在"实际上即肯定了人的主体地位。"我"作为"我思故我在"这一最高原则的主语，表明人成了特别的"主体"。在笛卡尔之前，任何存在物都可以看作是主体，但现在"我"成了唯一的主体，"我思"的自我明证性使主体的理性思维成为真理成立的基础，其他存在物则作为他物成了主体的思维（"我思"）的"对象"，变成了"客体"，其存在蜕变为对象化的存在，渐而沦为供主体利用和支配的工具。人的主体地位的获得，标志着近现代意义上人本主义文化的兴起。海德格尔评价说："世界越广泛地和彻底地被理解为某种被征服的对象，客体越是客观地呈现，那么主体就越主观地即越自主地出现，对世界的观察和有关世界的理论就越是不可阻挡地变为一种人的学说，变成人类学。十分自然，当世界成为一种图像时，人本主义就兴盛起来了。"①康德也转向主体自身寻找知识普遍性的标准，在其"自然形而上学"中提出了"人为自然立法"的命题。在他看来，人们关于世界存在样态的经验、认识源于主体先验感性直观形式（如时间、空间形式）和知性十二范畴对"物自体"的架构和整理，"物自体"本身如何不可知，而人以先验的感性直观形式和知性范畴把握自然，自然遂"现"其"象"于有着先验的认知能力的人，这就是人为自然立法。"人为自然立法"考察的主要是人与自然关系，虽然康德对人与自然关系的考察，还只限于人对自然的认知，但其中也体现了立足主体的价值取向：康德虽然承认"物自体"的存在，但"物自体"对人的认识实践活动并没有现实的制约作用，实际上，"物自体"无所作为的形象，正体现了近现代文化试图摒弃古代有机论世界观中暗含的外界环境对人的行为活动的制约和规范的意向；而在现象世界层面，世界的秩序完全是主体赋予的，由此

---

① Heidegger, *Holzwege*, Frankfurt：Klostermann, 1972, p. 86.

推演，不难得出主体完全可以按照自己的需要、价值取向安排现实生活的结论。如果说人为自然立法还有待于自然本身，主体尚无全然的自由的话，在康德的道德形而上学中，"人为自己立法"则使主体获得了绝对的自由。"人为自己立法"是指人的先验的"好的意志"或"善的意志"为自己立法，先验的"好的意志"关注的不是意志的对象或内容，而是意志本身的纯正或高尚，强调的是价值的自我选择和道德行为的自律。它肯定主体的价值选择取决于人自身，而不是取决于客观外界的制约；主体有价值自觉能力，主体认为好的就是有价值的。正是在这个意义上，康德提出了"人是目的"的命题。康德在其道德形而上学中还肯定了人对"幸福"的期望，在他看来，所谓"幸福"，"乃是尘世一个有理性的存在者一生中所遇事情都称心合意的那种状况"。可见康德关于"至善"的追求已经包含了对世俗生活的肯定，包含了对近现代文化精神的肯定。

近现代文化价值取向以人本主义为特征。所谓人本主义就是以人为本，重视人的价值，崇尚人的理性，肯定现实人生，就是立足于人考察人的价值追求，评判事物的价值。在人与自然的关系上，人本主义突出人的地位和价值。人不再是依附于自然的存在物，人依靠自身的智慧（主要是指理性思维能力）和力量（主要是指科学技术的力量），不仅能够认识世界，"为自然立法"，而且能够利用和改造世界，成为自然的主人。在人与社会的关系上，人本主义反对封建等级秩序对人的束缚，肯定人的独立性、自主性，提倡个性解放，主张人应该按照自己的天性、需求、爱好自由自在地生活，"想做什么便做什么"[①]。近现代文化对"民主"的倡导也体现了对个人价值的尊崇。如果说古代文化注重的是社会整体性的价值的话，近现代文化注重的则是个人自主性的价值。在人与自身的关系方面，人本主义肯定人作为个体的感官欲望和理性认知能力。将人的自然本性看作个体的本能欲求，将人的智慧理解为理性思维能力，而不是像古代文化那样从人与自然、社会的有机的整体联系考察人的自然本性和社会本质。

人本主义是建立在主客二分的认识论基础上的，是从主客体关系的角度看待人与自然、社会、人自身的价值关系。近现代哲学中所说的"主体"

① 拉伯雷：《巨人传》。

主要是指人的"理性"，是以人的理性思维观照为主体，笛卡尔的"我思"、康德的知性十二范畴突出的均是人的理性思维能力。从这方面来说，近现代文化对人的价值的强调本质上是对人的理性思维的强调。笛卡尔将"我思"的自我明证性作为真理成立的基础，康德从"知性为自然立法"理解"人为自然立法"的内涵，均从认识论意义上肯定了人对于生活于其中的世界的主体地位。对于人而言，现象世界的一切不过是人的认识对象而已，其他存在物除了作为主体的认识对象之外什么也不是。现象世界的规律、变化趋势，事物之间的关系、秩序等，都取决于主体内在理性形式的"安排"。表面上看，在这里，人的主体地位的确立还只是认识论范围的事，但实际上其中已经隐含着价值论的判断。也就是说人不仅是认识主体，而且是价值主体，主客体关系不仅是认识关系，而且是价值关系。近现代思想家们并不关心甚至有意忘却、摒弃"物自体"对人的制约作用，在人的现实生活中没有"物自体"的地位，人的理性是真正的主人。人不仅能够认识世界，而且能够自主选择"我所应做的是什么？""我所可期望的是什么？"也就是说人能够自主抉择生活的目的，按照自身的需要确定人生的理想。因此，主体不仅是真理赖以成立的基础，而且还是一切价值的源泉。不仅主体自身能够自主进行价值选择，而且其他存在物的价值也依赖于主体的评判。如果说在笛卡尔那里，主体作为价值源泉的观念尚处于潜在状态，康德提出"人为自己立法"也只是强调人价值选择的自主性的话，那么，随着科学技术的进一步发展，人的实践能力的日益增强，这方面的文化内涵便日益彰显出来，理性、心灵获得了高于自然、人的身体的地位和价值。

在主客体价值关系上，近现代文化立足主体，否定自然万物具有自身的内在价值，将主体看作一切价值的源泉。这种文化价值取向发展到极端就是人类中心主义价值观，这在现代实用主义哲学那里表现得尤为明显。如佩里认为："任何客体，无论它是什么，只有当它满足了人们的某种兴趣时，才获得价值。"[①] 厄本也说："一个客体的价值……存在于它对愿望的满足之中，或者广义地说，存在于它对兴趣的满足中。"[②] 詹姆斯也认为："宇宙中

---

① R. B. Perry, *General theory of value*, Harvard University Press, 1954, p. 116.

② W. M. Urban, "Value and Existence", *Philosophy*, *Psychology and Methodology of Science*, 1916 (13), p. 453.

的所有事物都没有意义色彩，没有价值特征……我们周围的世界似乎具有的那些价值、兴趣或意义，只不过是观察者的心灵送给世界的一个礼物。"①在人类中心主义者看来，主体的评判、需要是一切价值的源泉，凡能够满足人的需要的事物，主体便评判它具有价值，反之就评判它无价值，自然万物只具有相对于人的工具价值，其价值大小根据其能满足主体需要的程度而定。

　　与人类中心主义价值观相关，近现代文化在人与自然、社会、自身的关系上具有两方面特征：一是人与自然、社会、自身的分离；二是人与自然、社会、自身关系的工具化倾向。简而言之，即是主客二分和主客关系的工具化。主体与客体的分离根源于人的自我意识的增强或者说人的本质力量的增强。主体与客体的分离，不仅因为人能够在理性的观照中认同自身作为"我思"的主体，将外界事物、环境当作认识思维的对象，而且因为主体能够利用自身的智慧和力量，能动地利用和改造客观事物。在近现代文化视阈内，主体与客体具有不同的性质，主体具有自主性、能动性、创造性，具有自身独立的价值；客体则是消极、被动、机械的存在物，不具备自身独立的价值，只能在具体的认识实践活动中表现出相对于主体的工具价值。主客关系的工具化是人类中心主义价值观在现实实践中的必然表现。既然人是唯一的价值主体，客体只是被动的机械的物质，因此，主体完全可以按照自身的需要，将客体当作可资利用的资源或工具，随意加以改造。主客关系的工具化不仅体现了主体对客体的利用和改造，客体作为主体利用和改造的资源和工具，而且体现了主客之间的不平等关系，黑格尔视之为一种"主人—奴仆"的关系，后现代主义哲学则批评近现代文化中的主客关系模式是一种统治模式，其中，"主体"处于统治地位，"客体"处于被统治地位，因此主体有权支配客体，将客体作为实现自身目的的工具和手段。正是从这个意义上，我们有时也称近现代文化是一种"工具文化"（工具化的文化）。

　　下面，我们试从人与自然、人与社会、人与自身三个角度分别论述近现代文化这两方面的特征。

　　在人与自然的关系方面，近现代哲学将人与自然分离开来，将自然万物

————————

① W. James, *Varieties of Religious Experience*, New York, 1925, p. 150.

看作被动的、机械的存在物，只肯定人具有生命、心灵（理性），因而只肯定人具有自身的价值，而否定自然界和其他事物的内在价值。在近现代文化的视阈内，自然界不再是充满生命的有机整体，自然万物除了作为可供人类利用的资源，满足人的物质生活需要之外，并不具有独立的内在价值。而自然万物所具有的工具价值，不过是人的内在价值的投射。近现代文化立足于人的物质生活需要，不仅将自然万物看作人类利用和改造的资源和工具，而且将科学理性工具化，即科学认识的技术化，把科学技术看作控制和改造自然的工具，技术的价值只是一种控制和改造自然的价值，它对自然控制的力度越强，改造得越多，就越有价值。这种价值观将人与自然看作性质不同的存在物，将人与自然对立起来，并将人凌驾于自然之上，不仅割断了人类与自然的生命关联，而且由于其无视自然环境对人的制约，导致了人与自然关系的恶化。

在人与人之间的社会关系方面，近现代文化突出个体的价值，这种文化价值取向发展到极端便是个人主义。具体表现为，每个人只看到"个我"的价值，追求自身价值的实现，只注重自身的权益，追求自身创造性的发挥；而他人是作为"我"的"他者"、"客体"而存在，是实现"个我"目的的工具。由于立足个人考察人与人、人与社会之间的关系，近现代文化往往将个人与他人、社会对立起来，强调人与人之间的竞争和个体的竞争意识。人与人之间的关系也常常被理解为互相利用的工具性关系。社会关系的工具性特征表现在社会经济、政治、文化生活的方方面面。人与人之间的关系本应是主体与主体之间的平等交往，但由于主客关系模式已经成为近现代文化根深蒂固的思维模式、思维框架，致使人们在社会生活领域自觉不自觉地把主体间的平等交往关系主客体关系化、工具化。在资本主义社会中，资本家与工人的关系便是一种主客二分、主客对立、主体利用客体的关系，资本家是主体，工人是被利用的客体、工具。这种主客利用的关系还广泛表现为不同政治集团、不同国家之间、不同人之间互为利用的工具关系。比如美国和英国作为盟友攻打伊拉克，是因为两者有共同的经济和政治利益，而法国和德国不愿意在攻打伊拉克的战争中与美国结盟，是因为彼此之间存在着某种利益冲突。所以美国和英国的联盟是一种互相利用的工具关系。这种主客关系模式还表现在人们的精神文化生活当中。在政治作为整个社会结构的中心的历史时期，教育、各种社会意识形式往往被当作一种为政治服务的工具；而在经济成为整个社会结构的中心的历史时期，教育、各种社会意识又变成了一种主要为经济建设服务的工具。

在人与自身的关系上，由于近现代文化将人的心灵与肉体分离开，将肉体看作与无机物没有本质区别的"机器"，看作理性思维的对象、客体，过分强调主体理性思维的价值，将理性看作价值的源泉，理性认可的目的才是有价值的，这种思维模式否定自然万物内在的目的性，否定生命本身的价值，落实到人身上便是否定人的肉体本身的存在价值。康德所谓"人是目的"，说到底，是指以"作为本体看的人"为目的，是肯定理性的主体是目的，或者说，理性是目的，理性的选择、追求是目的。人自身这种理性与肉体的主客二分，同样造成了理性与肉体关系的工具化。也就是说，肉体或者人的生命本身成了理性的工具，甚至成了理性确立的现实目标的工具。当理性肯定金钱是有价值的，金钱代表幸福，是值得人追求的时候，人便成了追逐金钱的工具，成了金钱的奴隶。这样，近现代文化对人的价值的强调，实质上成了对人的理性的强调，丰富的人性为单一的理性所取代，人也因此被异化为单一的理性存在物。近现代意义上的理性具有两方面的含义，一是认知理性。它起源于近代哲学家对数学理性的推崇，追求对客观对象简洁明晰的认识，对认知理性的过分强调和推崇，必然导致割断主体与客体或者说割断人与自然、社会、自身的本源性、本然性的有机联系；二是技术理性。它根源于人对自然的利用和改造，以及科学技术的日益兴隆。对技术理性的强调和迷信，必然导致片面发展机械力量，导致对自然生态系统日益严重的破坏，和人对技术的过分依附。

近现代文化价值取向与古代文化相比，具有本质的不同。古代文化突出整体、秩序的价值；现代文化则突出个体的价值，突出人的价值。人与自然、社会的价值关系是一种单向的为"我"的价值关系。相对于古代文化的价值观来说，属于不同的认识层面，一个是有机整体的层面，一个是个体与个体间相互关系的层面。并且个体间的相互关系是单向的为我的工具关系，而不是辩证的相互关系。古代文化是个体从属于整体，要求个体抑制自己的利欲，服从整体的秩序、和谐；现代文化则强调个体自主性、能动性、创造性的发挥和物质生活需要的满足，肯定主体对自然万物乃至他人的利用和支配。

近现代文化的产生和存在有其合理性和积极意义。从人对自然的认识和改造来看，近现代文化依靠近现代科学技术的发展，揭开了古代文化蒙在自然脸上的神秘面纱，进而把自然界看成具有客观必然性规律的物质世界。人不仅能够认识世界，而且可以改造世界，满足自身的物质文化生活需要，推动人和社会的发展。人是自然的一部分，人的生存和发展离不开自然，但古代文化过分强调人对自然的依附性，单纯强调自然对人与社会的制约，客观上限制了人自身的发展。从这个意义上讲，近现代文化是对自然对人的发展限制的克服，是人自身的解放；从人自身的发展来看，近现代文化确立了人认识世界、改造世界的主体性地位，大大促进了人内在本质力量的发挥，人的精神从对"上帝"和"天"（自然）的崇拜中解放出来，获得自身的独立性和自主性。而近现代文化的实际发展也表明人性在近 400 年的时间内获得了极大的拓展和丰富。从理论上来说，人类文化的发展也需要发展人的内在才智，人的内在才智的发展本身是文化发展的重要内容。从人—社会—自然复合生态系统发展的未来趋势来说，生态系统的未来进化，应是人类作为生态系统的调控者，协调人与自然环境的关系，形成和发展生态系统智慧圈，主导生态系统的未来发展。因此，人的内在才智和本质力量的充分发展，不仅是人自身发展的需要，而且是生态系统进化发展的需要。从这方面说，近现代文化的产生和发展有其合理性和必然性。而人类内在智慧和本质力量的发挥，离不开具体的认识世界、改造世界的活动，必须以主客二分为前提，因此，近现代文化主客二分、主客关系工具化特征的形成同样有其必然性，未来文化的发展不应是全然否定近现代文化主客二分、主客关系工具化的思维方式，而应是从更高的认识思维视角整合古代文化和近现代文化的合理内容。

在看到近现代文化的合理性和积极意义的同时，我们更要看到它的破坏性。近现代文化的破坏性主要表现在对自然的破坏性和对人自身的异化两个方面。

近现代文化对自然的破坏主要表现在资源耗竭、环境污染、生态平衡失调三个方面。而破坏的原因主要来自两个方面：一是近现代科学认识的片面性。自然界是一个有机运动变化的整体，只是在特定的层面上表现出机械性的特征。因而自然界存在有机运动变化规律和必然性的因果规律双重规律两个层面，前者是起主导作用的方面，对自然的机械性解释必须建立在有机整体性解释基础上。但近现代科学对自然的认识局限于必然性因果规律层面，遮蔽了人与自然生态系统、人与自然万物之间本源性、本然性有机联系。近现代文化凭借这种对自然的片面认识指导自身改造世界的实践活动，必然为自然生态环境的破坏埋下祸根。二是人的实践目的的片面性。我们前面说过，目的是与文化价值取向密切相关的范畴。近现代文化只考虑人自身的物质生活需要，只看到人自身的目的追求，而否定自然界本身存在的自然目的性，无视自然运动变化的规律、趋势（主要是一种有机过程）对人的实践活动的制约，其结果，必然是对自然无节制的开采和利用，不注意人与自然关系的协调，导致资源不可逆转的耗竭和生态平衡的失调。

近现代文化对人自身的异化主要表现在对人的理性的片面强调上。人本来是一个有机系统整体，具有多方面多层面的丰富人性，人的自然本性是人性的最主要方面，是人的社会本质形成的基础。人的自然本性是在自然统一进化发展过程中形成的，是与环境万物相互作用相互转化的产物，是人与世界、人与万物复杂性有机联系的反映。近现代哲学将主体理解为抽象的"我思"，理解为理性思维能力，将世界看作"我思"的对象、客体，实质上是脱离人与世界万物的有机联系反思抽象的人性，抽掉了人性的丰富内涵。而近现代科学技术的发展以及主客体之间工具性关系的形成，又使认知理性在现实实践领域演变为单纯的工具理性。工具理性在人与自然、心灵与肉体分离基础上，进一步将自然、人的肉体当作心灵或者说理性的工具，人的精神与肉体的自我分裂，因而演变成精神对肉体的统治，人对自然的统治。但这种统治的结果，并没有真正提高人的精神品位，相反在资本主义市场经济条件下，当人的理性认可物质生活追求作为人类文化的价值目标时，人的生命也因而成了物质生活追求的工具，成了物欲的奴隶，人对物质财富的不断追求，使人对自然的统治演变为对人自身的不断物化。

近现代文化对自然的破坏和对人自身的异化，不仅带来日益严重的生态危机，直接威胁到人自身的生存，而且带来人自身的精神危机，导致各种社会危机的产生和发展。生态危机、人类生存困境、精神危机和各种社会危机的日益严重，表明近现代文化价值取向存在自身无法解决的困境，客观上要求实现近现代文化向后现代文化的转型。生态文化作为后现代文化中的主导，有着广阔的发展前景。

第三节   自组织的世界观与生态文化

近现代文化向生态文化的转型，一方面是由于近现代文化世界观、人类中心主义价值观的局限，已成为现代生态环境危机和人类生存困境的思想根源，这客观上促使人们重新反思人与自然的关系，探讨新的世界观和文化价值取向；另一方面是现代生态科学以及复杂性科学为生态文化世界观及文化价值观的形成提供了科学基础。

生态文化世界观是建立在生态科学及复杂性科学基础上的，它将人与自然生态环境视作有机生态系统整体，认为生态系统内在要素之间存在着复杂的非线性相互作用，复杂系统具有自身自组织演化的过程及规律。生态文化价值观主张改变古代文化偏重整体价值、近现代文化偏重人类或个人的文化价值取向，而将人—社会—自然视作相互关联、相互作用的复合生态系统整体，以系统整体的协调发展作为生态文化的基本价值取向。生态文化无论是在世界观上还是在文化价值观上均带有整合古代文化和近现代文化的特征，是前两阶段文化的辩证发展。

一、生态文化的形成及其时代特征

关于生态文化的形成，我们主要探讨其形成的思想根源及其主要阶段。关于生态文化的时代特征，我们主要是从其与古代文化、近现代文化之间的关系论述，突出的是其对前两阶段文化的辩证发展。

（一）生态文化的形成

生态文化产生的直接原因是日益严重的生态危机和由此导致的人类生存困境。20世纪以来，随着科学技术的发展、社会生产力的提高，人类改造自然力量的日益增强，资源短缺、环境污染、生态平衡失调等生态环境问题不断加剧。生态危机的加剧，也把人类自身的生存发展推入困境。20世纪60年代，环境运动在西方世界迅速崛起，并且一开始就与和平运动、反种族主义运动、妇女解放运动等结合在一起，形成反主流文化的洪流。所有这些，都促进了对现代文化的反思和生态文化的形成。

1. 生态文化的思想根源

20世纪物理学革命首先动摇了机械论世界观的基础，物理学革命主要指爱因斯坦的相对论和量子力学，它们带来了机械论物质观、时空观、运动观、因果观的根本变革。量子力学揭示，在亚原子层面，物质不再是孤立的实体的存在，它根据主体观察的不同方式而呈现出波粒二象性，体现的是事物之间的相互联系，亚原子粒子从另一种观察角度看是由能量组成，是动态的存在。在量子理论中，事情的发生不再有明确的原因，而与系统整体密切相关。在量子力学的基础上，G. 丘的靴袢理论、玻姆的隐序理论试图建立新的世界图景，靴袢理论试图从整体的自洽性解释粒子的特性及粒子间的相互作用，它将宇宙看作相互关联事件的动态网络，这个网络中没有任何部分的特性是根本的，它们都可以从其他部分的特性中导出，粒子之间的能量、信息互相含摄，"每一个粒子都是由所有其他粒子组成"，事物之间相互关系的整体自洽性决定了整个网络的结构，"秩序"是靴袢理论的重要范畴；隐序理论认为在现象世界背后存在一个更深层面的秩序，现象世界透过它构成相互关联的网络整体，每一个事物在一定意义上都隐含着整体的秩序，但这一秩序并不是静态的结构，而是动态相关，是动态的秩序。可以看出，物理学革命对于引导人们超越机械论世界观，导向有机整体论、系统论的世界观具有先导作用。

生物学与生态科学的发展对生态文化的形成具有重要作用。按照贝塔朗菲的说法，生物学的知识系统是在20世纪中期逐渐形成并完善起来的。开始的时候，生物学还只是依赖物理学的方法、原理研究生命现象，但随着生物学的发展，它逐渐超越物理学的知识体系，发现属于自身的独特领域，形成自身关于生命、关于世界的独立的理论体系。在它看来，生命有机体、生态系统不是消极被动的机械存在物，而是具有自选择、自调节、自组织能力的能动的主体；人不是独立于自然万物之外的主体，而是与自然万物相互关联、相互依存，共处于同一个生态系统之中；发生在生命领域、生态领域的现象，不能还原成孤立静止的基本粒子，而是多种因素相互作用生成的"独特事件"，是系统演化过程中产生的不可逆现象。正是在生物学、生态学理论的基础上，系统论、自组织演化理论等复杂性科学理论逐渐发展起来，促进了生态文化有机整体论世界观的形成。一般系统论是贝塔朗菲在总结生物科学发展的基础上形成的，主张把生物作为一个整体或系统来考虑，并提出了适用于一般系统的原理及规律，系统具有整体性、层次性、关联性、过程性、有序性等基本特征。自组织演化理论是与系统论密切相关的复杂性科学理论，它着重揭示了有机系统的自组织演化原理和特征。詹奇在《自组织的宇宙观》中认为，自组织是自然进化的普遍的动力学原理，生态系统同个体生命一样，是一个自我组织自我调节的系统。自组织演化不仅赋予自然界以秩序，而且使自然进化呈现出类似主体的选择性、主动性、能动性和目的性。自组织演化过程及其规律是系统有机性、整体性的源泉。

生态文化是建设性后现代主义的主流。后现代文化思潮的形成与发展对生态文化的形成具有重要意义。后现代主义是二战之后出现，20世纪80年代震撼思想界的一种以批判否定"现代性"为主要特征的文化思潮。它包括解构性后现代主义与建设性后现代主义两类。解构性后现代主义的代表人物包括哈贝马斯、德里达等，解构性后现代主义以否定、反叛现代文化为特征，表现出消解、去中心、非同一性、多元论的思想精神，总起来看是批判有余而建设不足。建设性后现代主义以大卫·格里芬、小约翰·科布为代表，他们反对解构性后现代主义的"虚无主义"立场，组建了"后现代世界中心"和"过程研究中心"，主张通过对现代文化的修正，建构一种后现代文化，它批判机械论世界观和科学主义，但肯定现代世界取得的巨大进步和科学本身；它企图重新恢复有机论的世界观，但却不主张简单地回归传统。目的是在对近现代文化和古代文化辩证发展的基础上形成的一种超越工业文明，人—社会—自然有机统一的后现代世界观或文化观。

伴随后现代文化的兴起，还出现了向古代文化特别是向古老东方文明寻求思想文化资源的文化思潮。西方文化界、科学思想界许多有识之士如怀特海、汤因比、卡普拉、李约瑟、纳什等，对东方文化特别是对中国古代道家文化推崇备至。道家文化将世界看作一个有机的统一的自然大化过程，将人与自然万物看作一个统一整体，以及对自然存在状态和人与万物的自然本性价值的崇尚，对于生态文化的建立无疑具有重要参考价值。

2. 生态文化形成发展的主要阶段

生态文化的形成与发展主要体现为环境伦理学及环境哲学的形成与发展。它大体上经过了三个发展阶段：

环境伦理学产生之初，主要是运用传统伦理学理论来解决现实的生态环境问题，是传统伦理学面向环境的拓展。如从现代天赋权利思想出发，探讨后代或动物的道德权利［如彼得·辛格（Peter Singer）的动物解放论］，将伦理学面向环境的拓展类比于历史上对黑人、妇女的解放。早期环境伦理学并没有改变现代文化人类中心主义立场。人类中心主义环境伦理学坚持伦理只存在于人与人之间，而人与自然之间不存在任何伦理内涵，人类对于环境问题和生态危机负有道德责任，主要源于对人类自身生存及对子孙后代利益的关注，并非出于对自然事物本身的关怀。人类中心主义环境伦理学的代表有弱式人类中心主义创始人诺顿（B. G. Norton）、现代人类中心论倡导者墨迪（W. H. Murdy）以及帕斯莫尔（J. Passmore）等。

随着环境运动的深入和生态科学的发展，环境伦理学逐渐超越现代伦理学的人类中心主义局限，形成了生物中心论、生态中心论等非人类中心主义环境伦理学。生物中心论将伦理关怀的对象拓展到所有生命，认为所有生命均有自身的内在价值。如泰勒（Paul Taylor）认为，所有生命都是"生命的目的中心"，均有要求拥有自身生活的愿望，因而具有自身的内在价值。生物中心论肯定其他生命与人一样具有自身的内在价值，均应受到道德关注，超越了人类中心论的局限，属于非人类中心主义环境伦理学。不过其伦理关怀的对象仍然主要是生命个体，没有挣脱现代伦理学个体主义的樊篱。

大地伦理学、深层生态学和自然价值论是生态中心主义环境伦理的代表性理论。生态中心主义环境伦理源于利奥波德的大地伦理学。大地伦理学强调人类、动物、植物、气候、土壤之间相互联系、相互依存的关系，把生态群落、生态系统、生态圈之类的整体性存在作为道德关怀的对象。奈斯等的深层生态学和罗尔斯顿的自然价值论是生态中心论的两种基本形态。深层生态学认为目前生态危机有其深层的哲学根源。要解决生态危机，必须从哲学层面转变观念。深层生态学从生态学获得灵感，致力于形成自身形而上学的整体论，在哲学层面上确立了两个最高准则，即自我实现和生态中心主义平等。所谓自我实现，是指人不断扩大自我认同范围，通过认同、维护大地共同体，最终实现生态自我；所谓生态中心主义平等是肯定生物圈中的一切存在物都有生存、繁衍和充分体现个体自身以及在大地共同体中实现自身的权利。罗尔斯顿的自然价值论是针对现代西方人本主义的工具价值论提出的。罗尔斯顿认为，事物的价值是事物自身所具有的客观属性，价值属性最重要的特征在于其创造性。不仅自然物适应环境求得生存发展的创造性是价值的源泉，而且它们之间相互依赖、相互竞争的协同进化也会创造大自然本身的价值。罗尔斯顿特别强调生态系统所具有的价值，认为生态系统的进化总是倾向于增加和提高个体的种类和复杂性、数量和质量。在生态系统中，有机体不仅具有相互利用的工具价值，而且具有自身的内在价值，生态系统本身就是内在价值和工具价值相互交织构成的价值网络。由于自然万物及生态系统均具有自身的价值，因此，我们不仅对于动物和植物个体负有责任，而且对生态系统整体也负有义务。生态中心主义从生态学思想出发，对自然生态存在、人与自然的关系进行哲学思考，实际上超越了伦理学的范畴，而具有了"生态哲学"的意蕴。

与生态中心主义伦理注重对生态环境问题进行哲学层面的反思不同，社会生态学家、生态女权主义、生态马克思主义等则更进一步关注社会制度、社会文化观念，乃至社会生产生活方式等对生态环境问题的影响，主张从社会制度、社会文化观念、社会生产生活方式的转变谋求生态环境问题的解决。如默里·布克钦（Murray Bookchin）社会生态学认为人类对自然的统治来自社会等级制和统治模式，其理想的生态社会是一种"自由主义的无政府主义社会"；文化生态女权主义主张对女性特征重新进行评价，认为从传统的女性角色可以引申出一种新的关怀和关心自然的伦理。女权主义的第三次浪潮则认为人类社会对自然的支配和对妇女的支配之间存在着无法摆脱的联系，它们起源于共同的主客二分的二元论思维，主张取代以联系的、多元的、广泛的和整体性的思维方式，将人理解为人与自然群落的一部分；奥康纳（James O'conner）生态学马克思主义立足于马克思主义生产劳动范畴，将自然生态因素与政治、经济、文化因素相联系研究生态危机的根源及其现实解决途径。在人与自然关系上，奥康纳在肯定人与自然之间互动协作关系的同时，强调生产劳动对人与自然关系的主导作用，并将自然等作为生产条件，对资本主义生产进行分析。①

（二）生态文化对古代文化、现代文化的辩证发展

从思想来源来说，生态文化首先是在批判、反思近现代文化观念的基础上形成的，在批判的过程中，它回溯到古代文化中寻找可资利用的文化资源。其次，生态文化作为在近现代文化基础上发展起来的文化，必然要求继承其思想观念、思维方式中的合理因素。所以，生态文化从其开始产生的时候起，就预示了对前两阶段文化整合的文化特征。

古代文化具有自身的合理性：其一，古代文化对自然目的性的肯定，对于我们理解生态系统朝向生物多样性、复杂性、和谐有序的进化中包含的自然目的性和价值具有重要意义；其二，古代文化对整体性、整体价值的肯定，有助于我们从生态系统整体角度理解事物之间特别是人与自然万物之间的相互作用、相互依存、协调发展的关系，评价人与自然万物的价值，从人与自然、人与人有机联系的角度理解人的自然本性、社会本质，避免脱离自然、社会生态系统孤立地考察人的本质和价值；其三，古代有机论世界观将自然万物看作活生生的生命，对于我们重新认识生命系统、生态系统自组织演化过程中包含的有机性有参考价值。在目前的视阈内，我们可以将地球生物圈视作统一的生命自组织演化过程，罗尔斯顿《哲学走向荒野》便主张将自然生态系统看作统一的"生命之流"。

不过，古代文化也存在其局限性，如单纯强调整体的价值，对生命特别是人的自主性、生命主体之间的相互作用以及整体秩序的形成过程缺乏足够认识。古代文化将人与自然、社会的关系看作一种人依附自然、依附社会的关系，对于人内在本质力量的发展、人与自然内在本质联系的展现有明显的阻碍作用。如亚里士多德将自主性理解为对先天存在形式的实现，本质上是一种决定论的目的论；而中国古代道家对道德的和谐特征的把握，是一种直观整体的体悟，对具体事物自主性及相互之间的作用局限于直观的整体的认识，而缺乏实际的价值关注。

---

① 关于西方生态文化思潮历程及基本内容，可参阅［美］戴斯·贾丁斯（Des Jardins）《环境伦理学——环境哲学导论》（第三版），林官明、杨爱民译，北京大学出版社 2002 年版；［美］纳什（R. Nash）《大自然的权利》，杨通进译，青岛出版社 1999 年版；［美］霍尔姆斯·罗尔斯顿《环境伦理学》，杨通进译，中国社会科学出版社 2000 年版。

从文化发展的历史进程看，现代文化也存在其自身的客观合理性。现代文化从主客二分的认识论出发，以人为理性认识的主体，将自然万物包括人的肉体作为认识的对象。由此出发，进而将人的理性视为能动的、创造性的主体，将自然万物看作消极的被动的机械存在物。人与自然的分离揭开了自然神秘的面纱，充分发挥了人的理性认知能力，对自然因果必然规律有了较充分的认识；克服了自然对人的束缚，改变了人依附于自然的地位，使人获得了独立、自主、解放。不过，现代文化也存在其局限性甚至破坏性：其一，它过分强调人的认知理性，对世界的认识局限于因果必然规律，遮蔽了对世界万物的有机联系及有机运化过程的认识；其二，在价值取向上，它将人的理性凌驾于自然万物包括人的肉体之上，导致了对自然的掠夺和统治，促使了生态危机、人类生存困境的形成和发展；其三，认知理性、技术理性的片面发展以及理性统治肉体模式的形成，还导致了人性的异化。

生态文化是在对前两阶段文化的整合基础上形成的。对前两阶段文化的整合要求我们在对前两阶段文化充分认识的基础上，继承发展其合理性的一面，摒弃其消极的一面。对前两阶段文化合理性和消极性的剖析，一方面应根据现实文化建设的需要；另一方面还可以将两种文化资源进行比照。从相互比照中我们会发现，古代文化与近现代文化既相互排斥，又相互补充。古代文化的积极因素正可以补充近现代文化的不足，近现代文化的合理因素正可以克服古代文化消极性的一面。

归结起来，前两阶段文化的对立互补主要表现在：认识思维方式上的直觉体悟思维、整体性思维与分析理性思维、自主性思维的对立统一，与此相关又有"天人合一"与主客二分认识思维模式的不同；世界观方面整体性、有机性、过程性世界观与实体性、机械论世界观的对立统一，以及两种文化对有机运化规律与因果必然性规律的不同揭示；价值取向上整体性价值取向与自主性价值取向对立统一，以及在此基础上对自然价值、自然目的性与对人的目的、人的价值的不同态度。建设生态文化要求将这些方面有机地结合起来，形成自身完整的文化体系。

整合两种世界观、文化价值取向不是将两方面简单叠加，每种文化常常是积极性和消极性并存，积极性和消极性又往往是同一本质内涵的一体两面。我们认为，整合两种文化，一方面可以借鉴已有历史文化经验；另一方面应采纳当代科学文化发展的有益成果。在人类文化的历史发展过程中，人们也曾遇到两种世界观、文化价值取向的冲突，也曾试图对他们进行整合。如在中国古代，儒家和道家之间便存在强调主体性、社会文化价值与强调整体性（道）、自然价值的矛盾。荀子作为中国轴心时代文化的集大成者，他从"天人相分"肯定人与天地"三才并立"，天与人各有其作用和价值，以先天知性说与性伪论的统一对人的主体性与天人系统的整体性，人的自然本性与道德价值进行了整合，将两方面有机统一了起来。又如西方古代，古希腊哲学中始终缠绕着机械论与目的论的对立，柏拉图、亚里士多德对两方面进行了整合。如亚里士多德用"四因说"将机械性的物质（质料）与趋向目的的运动（形式）统一起来，将机械论的因素纳入到总体的目的论框架之中。显然，他们所作出的努力对于我们今天整合前两阶段文化，建设生态文化具有重要意义。

在借鉴历史经验的同时，还应充分吸收当代科学理论如系统科学、自组织演化理论、生态系统理论的成果，吸收当代哲学思想如怀特海过程哲学、海德格尔存在主义等，以新的理论形式对前两阶段文化的合理性进行整合，形成新的知识系统与文化价值体系。

（三）现代文化向生态文化的转型

我们这里仍从世界观和文化价值取向两方面概括现代文化向生态文化的转型。

一是从机械论世界观向自组织演化的世界观的转变。现代文化世界观从主客二分的认识论模式出发，将生命、价值等特征从自然万物中抽离出来，将自然万物看作消极、被动的机器，生态文化则从生态学和系统论、自组织理论等复杂性科学思想出发，将自然界看作有机的自组织演化过程。如果说从古代有机论世界观向近现代机械论世界观的转变，是对自然的"祛魅"的话，而今天，机械论世界观向自组织演化世界观的转变，则可以看作是自然的"复魅"，自然界被重新赋予了生命的特征；现代文化立足于具体事物（或个体）观察世界，将人与万物看作独立的实体，事物之间的联系被看作外在的机械因果联系。生态文化则从系统论、自组织演化理论出发，将自然万物看作不同层面的生态系统或生命系统，并将它们看作统一生态系统演化过程的不可分割的有机组成部分，从整体性、过程性角度理解具体事物的存在，将存在的整体性与个体性统一起来。机械论世界观还从还原论的思维范式出发，将自然万物还原成同质同构的基本粒子，试图从自然万物的构成要素解释自然万物的存在。自组织演化的世界观则立足于自然万物的本然性存在，肯定事物存在的多样性、复杂性、不可逆性。

二是从人本主义文化价值取向向生态文化价值取向的转变。生态文化反对现代文化单纯立足主体，只肯定人的价值，将人视作价值的源泉的观念，肯定自然生态系统及其他生命系统有自身的生存目的和内在价值，将人看作生态系统整体的有机组成部分，肯定人的价值必须建立在生态系统的价值基础上。不过，生态文化也反对古代文化过分强调自然、社会整体价值，将人置于从属依附地位的观念，肯定人是生态系统发展到高级阶段的产物，具有高于其他生命的价值，肯定人作为生态系统的调控者，对生态系统的未来发展具有主导作用。生态文化从系统论出发，将人的价值、其他生命存在的价值看作生态系统价值的有机组成部分，看作一个相互联系、协同发展的有机整体，要求文化价值取向不能单纯立足于自然或立足于人进行选择。

二、生态世界观的基本内涵

生态世界观反对在现实世界之外寻找存在的本质、依据，肯定生态存在是世界本然的存在状态、存在方式。但与海德格尔不同的是，生态哲学并不主张回复到古代直观的有机整体论，将存在看作混沌的存在状态，而主张结合古代直观整体论和当代生态科学、复杂性科学的理论成果，将存在理解为包含人、社会在内的整个大自然的存在。将整个世界看作人—社会—自然相互关联、协调发展形成的复合生态系统整体。在这里，我们试以自组织演化理论为中心对生态世界观作一简要描述。

自组织演化的世界观是在系统论基础上发展起来的，是复杂性科学中的代表性理论，它对于当代科学知识、科学思想体现出较强的整合能力，为新的世界观的形成提供了新的范式。

自组织世界观首先是一种系统论的世界观。它将世界万物看作系统的存在，而世界即是由人、社会、自然万物相互作用、协同发展形成的多层面有机系统整体，其中每一个事物都是特定层面的系统存在。生态哲学讨论的系统是相对稳定的开放系统，或者说耗散结构系统，一方面它存在于一定环境中，与其他事物相互作用，从环境中获得物质、能量、信息，维护自身的生存和发展；另一方面，系统又有自身的内在结构，是由内在不同要素相互关联、相互作用、变化发展形成的有机整体。

系统的自组织演化是自组织演化世界观的主要内容。所谓自组织，是指生命系统或生态系统在与环境相互作用过程中进行的自身结构、功能的调整以及行为方向、行为方式的选择。自组织演化体现了系统的生命特征，它与古代活力论世界观既相似又有所不同，古代活力论世界观将生命活力的来源归之于外在的神灵。自组织演化理论则从存在自身揭示生命活力的来源，将存在的生命特征或有机性归之于系统本身具有的自主性、能动性、创造性。

系统的自组织演化通过两个层面表现出来：一是任何系统都存在于特定的环境中，与环境系统（更高层面的系统）中的其他事物相互关联、相互作用，环境系统决定着系统演化的总的特征；二是系统的演化又具体表现为系统内在要素之间的相互作用、协调发展。系统的自组织演化具有进化特征，具体地说，就是生态系统作为耗散结构系统，其演化是一个由无序到有序，由简单到复杂的过程。在系统演化过程中，系统总是趋向于生成、保持、发展更多的生命和价值，趋向于和谐有序。生物之间相互竞争的结果并不总是你死我活，而更主要的是相互协调，形成各自在系统整体中相应的生态位。自组织演化过程是一个有规律有秩序的过程，系统内在结构的秩序以及系统的有序进化均是在自组织演化过程中生成。

自组织演化的世界观将世界万物理解为系统的自组织演化，也改变了近现代机械论世界观关于具体事物的认识。机械论世界观将具体事物看作消极被动的机械存在物，将具体事物当作实体性的存在，割断了事物之间的内在的有机联系。自组织演化的世界观则从事物之间的有机联系、从系统的自组织演化观察具体事物，首先将事物理解成关系性存在、过程性存在，从事物之间的关联、演化过程把握事物的性质特征。

人与自然的关系是世界观中的一个重要内容。古代文化由于社会生产力不发达，人主要是以个体的生命体验感受世界，人与自然的关系主要是个人与自然的生命联系，如道家自然观便试图摒弃人的社会属性，在人的自然生命体验基础上把握人—自然之间的关系。随着社会生产力特别是近现代科学技术的发展，社会群体成为越来越难以忽略的力量，以至社会—自然的技术关系逐渐取代人—自然的生命联系获得主导地位，人与自然本源性、本然性的生命关联成为近现代文化的盲点。生态危机的增强表明自然生态系统有自身不容忽视的内在调节机制，对人与社会的实践活动具有强大的制约力量，因此要求我们重新认识人与自然的关系。

生态文化将人—社会—自然看作相互关联、相互作用、协调发展的复合生态系统。人和人类社会是自然生态系统自组织进化的产物，人和人类社会产生以后又作为相对独立的主体，以自身适应和改造自然环境的活动，参与自然生态系统的自组织演化过程。人适应、改造自然的活动是一种社会实践活动。不仅物质财富的创造离不开社会的力量，而且人自身才智的提高也是社会群体协同发展的结果。每个人的才智都只是人类智能基因库的一部分，也只有在社会群体中才能获得、发展个人的才智，人与人之间才智的交流、协调、合作以及遗传才构成人类智能的总体进化。

社会是人与自然联系的中介环节，人类是作为社会群体通过社会实践活动与自然打交道的，是借助特定社会生产方式、社会文化与自然相联系的，社会生产力水平的高低直接决定着人与自然关系的水平，社会生产方式直接影响着人与自然关系的状况。人与自然之间的相互作用、相互转化即"自然的人化"与"人的自然化"是在社会实践过程中实现的。一方面，人只有借助社会实践活动，才能利用自然，改造自然，使自然打上人的烙印，实现"自然的人化"；另一方面，只有在认识自然、改造自然的社会实践活动中，人们才能真正认识自然，遵循自然，实现"人的自然化"。自然与人的相互转化过程是一个不断发展不断深化的过程，这是因为，自然生态系统是一个不断变化的系统，人为了自身的生存发展，必须适应环境，改变自身，不断调整自身的结构和功能（在当代，主要是个人智力结构与功能，以及社会文化的结构和功能），实现自身的进化；而人作为能动的生命主体，不仅能够适应环境，而且能够发挥自身的能动性、创造性，改变环境。因此，人、社会、自然之间的相互作用、相互转化是一个不断深入向前发展的过程。

从个人来看，人既是社会的存在物，又是自然的存在物。也就是说，人不仅具有社会本质，而且具有自然本性。人的社会本质是在人与人之间的相互作用、相互关系中形成的，同样，人的自然本性则是在人与自然万物的相互作用、相互联系中形成的。人的自然本性不仅表现在人的自然本能上，而且表现在人与自然万物的精神联系上。人的社会本质是建立在人的自然本性基础上的，人的社会本质必须与人的自然本性协调发展，否则，单纯发展人的社会本质，发展人的认知理性、工具理性，必然违背人的自然本性的要求，带来人性的片面发展。从这方面来说，道家文化关于人与自然关系的生命体验，在今天仍然具有现实价值。

生态世界观并不否定现代文化张扬的人的主体性，它同样肯定人的独立性、自主性、创造性，但生态文化理解的主体不再是脱离自然万物的主体，而是存在于自然生态环境中，受生态系统的制约，与其他生命有机体相互关联的主体。人作为主体，是生态系统的调控者，对生态系统的存在状况、质量、未来发展起着不容忽视的作用，应成为协调人、社会、自然关系的主体。而人创造的社会文化应成为涵盖人—社会—自然复合生态系统，协调生态系统内在关系，提高生态系统质量，主导生态系统未来发展趋势的"智慧圈"。只有这样，我们才能说"智慧圈"代表着地球生态系统的未来发展方向，而人作为生态系统的主体，才能真正发挥自身的作用和价值。

三、生态文化价值取向

近现代文化将生命、价值从自然万物中抽离出来，认为只有人才具有价值，人的心灵或理性是价值的源泉，自然万物乃至人的肉体是消极被动的机械存在物，不具有内在价值，只有当它能满足人的物质文化生活需要时才具有相对于人的工具价值。生态文化反对近现代文化将自然万物与价值分离开来的认识思维模式，认为存在与价值不可分离，人—社会—自然生态系统本身即是一个价值系统。不仅人具有自身的生存目的和内在价值，而且自然生态系统、其他生命同样具有自身的目的和内在价值。自然生态系统的演化总是趋向于生成、保持、发展更多的生命和价值，因此，生态系统的演化本身就是一个进化或价值增值的过程；生命在应对环境变化的过程中，同样趋向于维护自身的生存和发展，人的生存目的是从简单生命的生存本能进化而来的，其他生命具有同人一样的内在价值。

生态文化将人—社会—自然生态系统看作价值系统，因而要求文化价值取向应立足于人—社会—自然复合生态系统，从人、社会、自然的协同发展出发，选择文化发展方向，规范人的社会实践活动。

在生物与环境的关系上，生态哲学认为，任何生物都是在特定的系统环境中产生、生存、演化。外在环境的变化常常给生物带来不同程度的生存压力，为了维持自身的生存，生物必须适应环境的变化，一方面发挥自身生命的自组织、自调节、自选择功能，调节自身的功能结构，使自身合乎所处环境整体的"目的性"（合规律的发展趋势），朝着适应环境选择的方向发展；另一方面依靠自身所具有的功能，从环境中吸取物质、能量、信息，以维持自身生存发展的需要。因此，生物的生存活动始终合乎两种目的，一是合乎环境整体的目的；二是合乎自身生存的目的。相对说来，前者是更为基本的方面，离开特定的环境，生物就无法生存。人的生存活动及社会的存在发展同样必须合乎生态环境的自然目的性和自身生存的目的性。人与生态环境系统息息相关，人对环境自然目的性的遵从，并不仅仅是外在强制性的规范，同时也是人的内在本性的要求。生态哲学对人和社会实践活动的双重目的性——环境系统的自然目的性和人自身生存目的性的肯定，表明生态文化在生态系统理论的基础上，将古代文化的整体性价值取向与近现代文化的主体性价值取向有机地统一了起来。

生态系统作为价值系统，是内在价值与工具价值的统一，生态系统中的每一事物既具有维护自身生存发展的内在价值，又具有对其他事物对生态系统的工具价值。整个生态系统就是一个以内在价值为网结，以工具价值为网线构成的多层面价值网络系统。近现代文化单纯强调人的内在价值以及其他存在对人的工具价值，生态中心主义肯定其他生命以及生态系统的内在价值，但显然没有从工具价值的角度理解人对其他生命以及生态系统的责任和义务。我们认为，人对环境系统的责任、义务或者说生态伦理可以建立在人对环境系统的工具价值理论基础上。从内在价值与工具价值的内在联系来说，工具价值不仅仅是内在价值的损耗与牺牲，同时也是主体内在更深层面价值的开掘与实现。当人们领悟到自身与环境系统的生命关联时，个我工具价值的付出不过是"大我"内在价值的实现。

人—社会—自然作为复合生态系统，社会作为人与自然关系的中介环节，要求我们不能单纯从人与自然之间的价值关系抽象地谈生态文化的价值取向，而应从人—社会—自然复合生态系统的高度考察生态文化价值取向的复杂内涵。人对自然的利用和改造主要是一种社会活动，自然对人的制约如自然资源承载力对人的制约也不是对单个人的制约，而是对整个社会生产方式、社会文化的制约。人对自然的适应、人与自然的协调同样不是单纯个人观念、行为的转变，而要求整个社会生产方式、生活方式和文化体制的变革，要求人们在认识实践活动方面的协同合作。

个人与群体或人类共同体的关系是人—社会—自然复合生态系统中的一个重要层面，人与群体的价值关系同样是生态文化价值取向的重要内容。在个人与社会环境系统的关系上，同样存在个人的生存目的与社会系统总体趋势（包含目的与理想的内涵）的对立统一，要求我们既要肯定个体的主体性价值，肯定个人的物质文化生活需要，肯定个人能动性、创造性对推动社会发展的积极价值，又要避免个人主义倾向，将人纳入到社会群体中，维护社会整体的稳定和发展。同时将社会共同体的发展看作人的内在价值的一个层面，将个人的价值与社会价值有机统一起来；从人与人之间的关系来看，人与人之间的关系不是主客二分、主体统治客体的关系，而是主体之间平等共在的关系，它要求我们在维护自身权益的同时，尊重他人的存在和价值。

生态世界观是与生态文化价值取向相互联系、相互影响的。生态世界观将人—社会—自然看作相互关联、相互作用、协调发展的有机系统整体，其中每一方面的变化都会牵连到其他方面相应的变化，因此文化价值取向不能单纯考虑人的目的、利益，无视人的实践活动对环境系统的影响和环境系统对人的行为活动的制约作用。

自组织演化的世界观从生态科学、系统科学、自组织演化理论出发，发展了古代有机整体论的世界观。与此相关，生态文化继承了古代文化重视整体性、生命性价值的文化特征，对生态系统整体价值的强调，对其他生命价值的尊重，是生态伦理建设的核心内容。

自组织演化的世界观肯定任何存在均是自组织的生命系统，肯定生命的主体性。这从人与其他生命的关系看，导向对其他生命的尊重；从人与环境系统的关系看，决定了它并不否定人的主体性价值，而是将环境系统的整体性与人的主体性统一起来，将主体理解为系统整体中的主体，将人的价值不仅理解为人自身的价值，而且理解为人对环境系统的责任和义务。

生态文化价值取向在人与自然、社会、自身关系方面体现出的总体特征是人与自然、社会、自身的协调发展。这种协调一是人与其他生命的协调，二是人—社会—自然作为一个系统整体的协调；"协调发展"的另一层含义是协调与发展的辩证统一。也就是一方面肯定人与自然万物的和谐，强调系统的整体性，另一方面肯定生命、生态系统的发展与进化。按照中国古代哲学的说法就是"一阴一阳之谓道"，阳是指进取、发展的一面，阴是指协调、平衡的一面，只有两方面统一起来，才能保持生态系统的繁荣与稳定，才有生态系统的不断发展进化。

其一，人与自然关系的协调是生态文化的主要内容。生态文化兴起的直接原因，就是人与自然关系现状中存在的人对自然生态系统的破坏引起越来越严重的生态危机，以及由此导致的人类生存困境（包括资源瓶颈与人类生存质量的退化），生态文化关于人与自然关系的反思，对于协调人与自然关系的文化价值取向的探讨，目的就在于为解决生态危机、生存困境提供新的价值观念、行为准则与生存模式。

古代文化价值取向在人与自然的关系上，单纯强调自然整体性的价值，将维持自然和谐存在状态放在重要位置，将人置于依附从属地位，注重对人利用、改造自然活动的约束和规范；现代文化在人与自然的关系上则将人与自然当作不同性质的东西截然分开，以人为中心，否定自然的内在价值，将自然仅看作供人利用和改造的资源或工具。前两阶段文化在人与自然的关系上是有偏颇的，或者偏重于自然，忽略人的价值；或者偏重于人，要求自然服务于人。生态文化将人、自然置于统一的复合生态系统中进行观照，注意协调人的主体性价值和自然的整体性价值。

生态文化肯定自然生态系统有自身的无目的的合目的性。当生态系统内部某一要素发生变化或者生态系统受到外在环境的冲击时，生态系统能够调动自身内在调节机制，适应新的变化，维护系统整体的健康，使系统整体更协调更有活力，朝着适应环境选择的方向发展、进化。人作为自然生态系统的一部分，不能单纯考虑人自身眼前、局部的利益和需要，而应肯定自然生态系统对人的生存发展的基础作用和制约作用，肯定生态系统自组织演化的目的性和价值，将人自身的生存目的与自然生态系统的演化趋势及演化规律统一起来。

生态文化并不主张否定人的主体性价值，将人与其他生命等同起来，销归自然大化的洪流，它肯定人具有维护自身生存发展的需要和权利，肯定人作为自然界发展到高级阶段的产物，具有其他生命无法比拟的主体性。不过，生态文化认为，人的主体性不是脱离自然凌驾于自然之上的主体性，而是存在于自然生态系统之中、与自然万物内在相关的生态系统的调控者，人应发挥自身的能动性、创造性，协调人与自然的关系，促进人与自然的协同发展。

其二，人与社会的协调是生态文化的重要内容，由于人与自然的关系主要是社会与自然的关系，要实现人与自然的协调，社会自身人与人之间关系的协调是前提。

生态文化反对近现代文化将人与人之间的关系看作主客分离、主体统治客体的关系，认为人与人之间的关系是主体间平等共在的关系，因而要求人与人之间的相互尊重，并将它视为实现人与人之间相互协调的前提。人与人之间的协调不仅是社会实践的需要，而且还具有自然生命基础，也就是说人类作为同一种群，具有同声相应、同气相求的生命交流，同一民族生活在共同的自然生态环境中，往往形成共同的生活方式、思维方式和心理特征。儒家文化将人与人之间的社会关系建立在血缘亲族关系基础上，都说明自然生命的同质同构对于人与人之间关系的协调具有重要意义。

从人与社会群体的协调来说，首先要将个人的生存目的、价值与社会群体整体的理想、价值统一起来；从特定层面来讲，人的目的、价值与群体的目的、价值之间存在对立冲突，社会群体对个人利益、追求有制约作用，但从更深层面讲，社会整体的稳定与发展是个人生存发展的保障，社会是个人安身立命之所。同时，没有个人能动性、创造性的发挥，也就不存在社会的不断进步。其次，人与社会的协调发展不仅仅是外在物质利益的协调，还包含内在智能的协同发展。每个人都只是秉承人类智能基因库的一部分，只有相互交流、分享各自的才智，才能促进群体智能的整体进化。再次，人与人之间的协调还是人与自然关系协调进化的需要。人与自然关系主要是社会与自然的关系，要促使社会与自然的协调发展，必须调整社会内部人与人之间的利益分配，加强人与人之间思想认识的交流、实践活动方面的协调合作。

其三，人与自身的协调发展。人自身也是一个相对独立的生命系统、精神系统。既具有与自然系统相关的自然生命系统、精神系统，又具有与社会系统密切相关的社会意识系统。人体生命系统是一个与环境协调发展的开放系统，从人与环境系统的联系来说，人既具有自然本性又具有社会本质，人的社会本质是在自然本性基础上发展而来的，人自身的协调要求人的自然本性与社会本质的统一。人不仅有群体生活的需要，而且有与自然交流、与自然和谐相处的需要，因而要求不能局限于社会生活，以人的社会性遮蔽人的自然本性。

人的自然本性与社会本质的协调的另一方面含义是精神与肉体的协调。人的生活主要是一种社会文化生活，要求社会生活的节奏、强度不能超过生命系统本身的承载力，社会信息的接收不能超过大脑思维系统的承载能力。当然维护身心的和谐并不等于摒弃社会文化生活，没有社会文化生活的实践，既不利于生命本身的发展、活力，也不利于社会、自然的发展进化。

人自身的协调还是自主性活动（既包括社会生活，也包括自主性的学习活动）与人体自身自然生命系统自调节活动（身体与思维的自调节机制）的统一，片面强调自主性活动，会带来机体或思维的失衡，而片面强调自然生命系统的自调节或整体的和谐，容易陷于消极被动，缺乏活力，因而健全的人生同样应是自主性与整体性的统一。

人自身的发展同样是一个阴阳平衡发展的过程，是一个螺旋式上升的过程。人是在社会中生活的，不可避免地要与各种人各种事打交道，接受来自社会生活中的各种信息。但人的社会生活必须建立在人自身生命系统的自然调节能力基础上，必须关注人的生命系统的自然需求，增强生命系统的自我调节能力，将外在的社会活动与内在生命的自然调节活动结合起来，外在的社会活动不能超过自身生命调节能力，更不能遮蔽人的生命的自然本性，将身体当作实现社会目的的手段或工具。只有将两方面协调起来，才能在不断提高自身社会能力的基础上，健康地成长。

第三章　生态世界观对机械论世界观的转型

生态世界观是在当代物理科学、生态科学及复杂性科学理论发展基础上形成的哲学世界观，是对近现代机械论世界观的转型。就生态世界观的有机整体论性质而言，生态世界观与古代有机整体论世界观具有类似性，但是，与古代有机整体论建立在农业生产经验和生命体验的基础上不同，生态世界观是建立在当代科学发展的基础上，因此，生态世界观一方面可以从古代有机整体论中吸取营养；另一方面又是在当代科学的基础上对它的辩证发展。当代生态哲学诸流派对生态哲学世界观均作了自身的思考，其共同点是对近现代机械论世界观进行了批判反思，均强调自然生态系统的整体特征及其内在规律。不同点在于，生态中心主义世界观偏重于强调自然生态过程、生态存在的整体性、关系性，在人与自然的关系方面，主张将人、社会纳入到自然生态过程中考察，突出自然生态系统对人的制约作用；生态学马克思主义则仍然突出马克思主义从社会实践考察人与自然关系的维度，主张将自然观与历史观统一起来。本章首先阐述生态世界观的基本内涵，然后论述生态世界观对机械论世界观的转型。

第一节　生态文化世界观的基本内涵

关于生态文化世界观的内涵，不同哲学流派从不同的认识视角作出了不同的回答。古代哲学倾向于从自然造化整体阐述天地万物的根源以及人与万物的关系，现代哲学则注重从人自身的主体性角度阐释人与自然的关系。生态文化思潮中，生态中心主义主张从自然生态系统整体考察生物有机体之间的内在关联、人与万物的地位和作用，实际上是对古代有机整体世界观的继承和发展；生态学马克思主义则从马克思主义的立场观点出发，在社会实践的基础上考察人与自然的关系，坚持了现代哲学主体性的认识思维视角。生态文化应当如何认识自然生态系统及其内在要素的存在方式，如何认识人与自然之间的关系？我们认为，完整意义上的生态世界观应包含以上两方面内涵，具有整体性与主体性双重视角。因此，本节将首先论述生态世界观的双重视角，然后分别阐述自然生态存在、社会实践基础上人与自然的关系，并从"人—社会—自然"复合生态系统的角度对两方面内容进行综合认识。

一、生态世界观的双重视角

生态世界观的双重视角一是立足自然、社会的整体性视角；二是立足于人、个体的主体性视角。这两种视角是在对古代文化与近现代文化的继承和发展基础上形成的。古代哲学主要是一种立足自然、社会的整体性视角。道家文化将人纳入到自然大化过程中考察，强调自然大化的价值，将人和天地万物看作一个统一的生命整体。儒家文化强调社会整体秩序的建立和维护，其伦理原则是依对社会整体秩序的建设和维护而建立的；近现代文化是一种立足个体、立足人的主体性视角。这种文化视角与古希腊文化的主要致思方式相吻合，是一种典型的西方思维模式。主体性视角在近现代的充分发展，根源于近现代科学技术的高度发展以及人内在本质力量的充分发挥。主体性视角强调人的目的和价值，肯定人为了自身目的对自然的认识和改造。康德的"人为自然立法"、"人为自己立法"是这种文化视角的充分反映。这两种文化视角各有其优缺点。古代文化保持了人与自然、社会、自身的存在性联系，人与自然、社会、自身基本上处于和谐状态，但这种文化视角同时也限制了人自身的发展，它是以人对自然、社会的依附性为前提的；现代文化将人从这种依附性中解放出来，发展了人的内在本质力量，为人与自然的现实解放提供了可能，但它遮蔽了人与自然的内在有机联系，在人与社会、人与自身的关系上也存在同样的盲点，导致了自然生态、社会生态以及人自身的生命系统的失衡。

生态文化的发展要求将这两种视角有机结合起来。首先，它要求克服现代文化主体性视角片面发展（已经演变成人类中心主义）的偏颇，强调人与自然、社会的内在整体性联系，强调生态、社会的可持续发展对人的实践活动的制约，趋向于强调文化的整体性视角；其次，这种克服不是对古代文化整体性视角的简单回复。我们不可能抛弃现代文化中发展起来的文化成果以及人自身已发展起来的内在本质力量，而只能是将两方面结合起来，以整体性的协调约束主体性的片面发挥；以主体性的发展克服人对自然、社会整体的依赖，增强整体的活力，促进整体的发展。

整体性视角也可称之为存在论视角，生态文化的整体性视角是在当代生态科学、复杂性科学理论发展基础上，对古代文化整体性、存在性视角的继承和发展。所谓整体是人—社会—自然复合生态系统整体；所谓存在不是建立在个体生命体悟基础上的混沌性存在，而是直觉体悟与科学理性结合认识到的生态系统性存在。整体性视角揭示了人与自然、社会生态系统的存在性联系，揭示了人与自然、社会的本然性、本源性有机联系；认为整体的性质、存在状态、变化发展趋势对其构成部分的性质、存在状态和未来发展具有基础性意义。

在人与自然关系方面，整体性视角表现为立足自然考察人、社会与自然的关系，强调人、社会与自然的生命关联，认为人、社会从属于自然生态系统整体，要求人及其社会活动必须遵从自然规律，承担维护生态系统整体稳定和发展的责任和义务，并以此为基础确立生态伦理原则；在人与社会的关系方面，整体性视角表现为立足社会整体考察人与社会的关系，强调"类"整体意识，强调社会整体的发展、可持续发展对个人、团体行为活动的约束和规范。在人与自身的关系方面，整体性视角强调人的自然本性对社会本质的基础意义，主张在自然本性基础上实现人的自然本性与社会本质的统一，强调生命整体的协调发展。

主体性视角是在主客二分的认识论基础上建立起来的，因此也可以称之为认识论视角。生态文化的主体性视角是在生态科学以及一般系统论、自组织理论等复杂性科学理论发展的基础上，对现代文化主体性视角的继承和发展。一方面它肯定人与自然万物的区别，强调人的独立性、人的生存目的以及人的创造性的发挥，肯定人对自然、社会的认识和改造；另一方面，生态文化理解的主体性又与现代文化所理解的与自然分离对立的主体性不同，它强调主体存在于"人—社会—自然"复合生态系统之中，主张发挥主体对生态系统整体的协调作用，强调主体的伦理本性。这种伦理本性包括生态伦理和社会伦理两个方面。

在人与自然关系方面，主体性视角肯定人与自然万物的区别，强调人的主体能动性、创造性的发挥，肯定人为满足自身生存需要对自然的认识和改造。同时，生态文化认为，基于解决生态环境危机的时代需要，当前发挥人的主体性，应着重强调发挥主体的协调能力，以修复、优化自然生态环境；在人与社会关系方面，主体性视角同样肯定个人的生存需要，肯定个体能动性、创造性的发挥；在人与自身关系方面，主张发挥个体在自然生态和社会生态中的创造性和作用，强调个体的学习及自身能力的培养。

生态文化双重视角的结合并不是简单的重叠，而是两方面的有机整合。其中，整体性视角是基础，主体性视角必须建立在整体性视角基础上，主体性的发挥应以不破坏生态系统整体性为前提。在当代社会文化背景下，更应着重强调人与自然的存在性联系，主体性的发挥应强调对自然生态系统的修复和优化，强调人与自然关系的协调。但另一方面，我们也不应因噎废食，取消人的主体性，单纯强调人与自然的存在性联系，幼稚地企慕回复到人与自然原始的和谐状态，而应强调现有生存状态下人的主体性的充分发挥，创造性地解决人类当下面临的生态环境危机和人类生存困境。

二、自然生态存在

本部分主要阐述整体论视角下的生态世界观的内涵，古代有机论的世界观和生态中心主义世界观的相关内容能够为我们提供相关的思想资源。我们主要从生命有机体的存在、生态系统及生态圈的存在两方面论述。

与机械论世界观以基本粒子作为世界存在的基本单元的实体论不同，生态世界观以生命有机体作为世界存在的基本单元。应该说明的是，生态世界观考察的对象主要是生态系统及生态系统中的生命有机体，因此，我们大体上可以将生态世界观中存在的基本单元视作生命有机体。对此，大卫·格里芬说："后现代有机论坚持认为，所有原初的个体都是有机体，都具有哪怕是些许的目的因。但它却并不认为，一切的可视的物体，如石头和行星都是原初的个体，甚至类似于原初的个体。相反，它认为，原初的有机体可以被组织成为两种形式：1. 一个复合的个体，它产生一个无所不包的主体；2. 一个非个体化的客体，它不存在统一的主体性。动物属于第一类；石头属于第二类。换言之，不存在什么本体论的二元论，但存在着一种组织的二元性。"① 也就是说，在存在本体论意义上，我们可以将生命有机体视作存在的基本单元，但这并不等于说现实世界中存在的任何事物均是具有主体性的存在。

生命有机体首先是具有自身生存目的、能够创造性适应环境的主体性存在。生命有机体的主体性主要体现在其为维护自身生存发展需要，主动从环境中吸取物质、能量、信息和创造性适应环境变化两方面。任何生物都是生存在特定环境中，需要从环境中吸取物质、能量、信息，以维持自身生存发展的需要。同时，外在环境的变化常常给生物带来不同程度的生存压力。为了维持自身的生存，生物必须发挥自身生命的自组织、自调节、自选择功能，调节自身的功能结构，使自身合乎所处环境整体的"目的性"，朝着适应环境选择的方向发展，只有那些符合环境演化趋势的事物，最终被环境选中，得以生存和延续，实现自身与环境的协同进化。

生态世界观还从整体、关系、过程的角度考察生命有机体的存在，肯定生命有机体存在的整体性、关系性和过程性。所谓整体性，是说任何生命有机体都是其所处系统整体的产物，生态系统整体对生命有机体的存在及性质具有模塑作用，因而生命有机体具有生态系统整体的全息；所谓关系性，则是肯定生命有机体与环境事物之间存在着广泛的内在关联，生命有机体在与环境万物相互作用的关系既推动着生态系统的自组织演化，同时也形成了生命有机体的存在和性质。克里考特认为："生态关系决定着有机体的性质，而不是相反。一个物种之所以是它现在的样子，是由于它已经适应了生态系统中的小生境。因此，整体，即生态系统本身，完完全全地创造并模塑着它的组成部分。"② 所谓过程性，是说生命有机体的存在及性质始终处于变化

---

① ［美］大卫·格里芬：《引言：科学的返魅》，载大卫·格里芬编《后现代科学：科学魅力的再现》，马季方译，中央编译出版社 2004 年版，第 32 页。

② J. B. Callicott, "The Conceptual Foundation of the Land Ethic", in M. E. Zimmerman Et Al, ed., *Environmental Philosophy*, Prentice-Hall, 2001, pp. 110–134.

发展过程中，环境整体的变化以及生命有机体与环境事物持续不断的相互作用，不仅带来生命有机体存在状态的变化，而且从长远看也会导致其性质的发展变化。不过，生态世界观肯定生命有机体存在的整体性、关系性、过程性，并不否定生命有机体的独立性，生命有机体存在的整体性、关系性、过程性是与其主体性相互关联、辩证统一的。

关于生态系统以及地球生物圈的存在，我们可以从其存在的整体性、自组织演化过程、自然目的性、人与自然生态系统的关系等方面进行阐述。

生态哲学将自然视作由不同内在要素协同作用构成的生态系统整体，生态哲学讨论的生态系统是相对稳定的开放系统，一方面它存在于一定的环境中，与其他事物相互作用，从环境中获得物质、能量、信息，维护自身的生存和发展；另一方面，系统又有自身的内在结构，是由不同要素相互关联、相互作用构成的有机整体。地球生物圈是由岩石、大气、水、生物等物质圈层相互联系、相互渗透、相互作用组成的一个巨大的生态系统整体。系统内在各要素通过能量流、物质流、信息流的作用，结合成一个具有一定结构和功能的整体。生物圈存在的整体性体现在，其中任何一种要素对于生物圈及其内在要素均存在着整体性影响。如气候要素即参与地貌的塑造和陆地水文特征的形成，影响植物、动物的类型和分布，参与土壤的形成过程等。

耗散结构理论则进一步探讨生态系统及地球生物圈的自组织演化过程及规律。系统的自组织演化是自组织演化世界观的主要内容。所谓自组织，是指生命系统或生态系统在与环境相互作用过程中进行的自身结构、功能的调整以及行为方向、行为方式的选择。系统的自组织演化通过两个层面表现出来。一是任何系统都存在于特定的环境中，与环境系统（更高层面的系统）中的其他事物相互关联、相互作用，环境系统决定着系统演化的总的规律、趋势和特征；另一方面，系统的演化又具体表现为系统内在要素之间的相互作用、协调发展。系统的自组织演化具有进化特征，生态系统的演化是一个由无序到有序，由简单到复杂的过程。自组织演化过程是一个有规律有秩序的过程，系统内在结构的秩序以及系统的有序进化均是在自组织演化过程中生成。就地球生物圈而言，一方面它具有耗散结构的共同特征，与所处的太阳系环境、地球内在圈层之间具有物质、能量、信息的交流，太阳与地球长波辐射使得地球生物圈形成负熵流；另一方面，负熵流的传递、转化又促使生物圈内各要素紧密联系形成统一的整体，并不断地从简单到复杂、从低级到高级、从无机到有机、从相对无序到有序发展进化。地球生物圈正是这样从原始地理系统进化为天然生态系统，并进一步进化出人类生态系统的。

生态系统以及生物圈的自然目的性即体现在其进化发展趋势上。地球生物圈的目的性首先体现在生命的创生上，正是在其进化发展过程中，地球上的生命一步步从最原始的无细胞结构生物进化为有细胞结构的原核生物，从原核生物进化为真核单细胞生物，然后按照不同方向发展，出现了真菌界、植物界和动物界，并最终从动物界进化出人类；地球生物圈的目的性还体现在它总是试图保持生命的多样性。在其进化发展过程中，它进化出更复杂的生命，但并不取代原初的生命形式，而是让不同生命物种和谐共生。正如罗尔斯顿所说，地球生物圈的创造性体现在它总是朝"更加美丽、多样化、和谐、复杂"方向发展进化。① 同时，生态世界观在阐释生态系统及生物圈的目的性时，并没有借助于超自然的力量，而是从生物圈与环境的相互作用，从生物圈内在不同要素的协同作用，阐释其自组织演化进程，突出的是其自然目的性。值得指出的是，当代生态科学及复杂性科学理论所揭示的自组织演化过程与中国传统儒家、道家所阐发的自然造化过程非常类似，生态世界观所突出的地球生物圈的创生性和自然特征，与中国古代哲学所强调的自然造化的"生生之德"、"道法自然"异曲同工。所不同的是，生态自组织演化的世界观是建立在当代科学发展的基础上，对复杂系统的自组织演化过程及规律有更具体的科学阐释。

自然生态存在意义上的人与自然关系突出的主要是人的自然生命与自然生态系统的关系。人是自然界特殊的存在物。一方面，人是自然界长期发展的产物，是自然生态系统中的一员，其生存与发展离不开自然生态环境，时刻与自然生态系统进行物质、能量、信息的交换，是自然生态系统整体的有机组成部分。人的生存活动同样必须建立在适应生态环境变化发展规律、趋势的前提下，符合环境整体的目的性。从这方面来说，我们不能把人从自然生态系统中抽离出来，看作自然的异在物，而应将人和社会纳入到自然生态

---

① ［美］霍尔姆斯·罗尔斯顿：《环境伦理学：大自然的价值以及人对大自然的义务》，杨通进译，中国社会科学出版社 2000 年版，第 10 页。

系统的整体中，以自然生态规律规范人的生存发展活动；另一方面，人是自然界发展到高级阶段的产物，在人身上凝聚着生命物种共同起源和整个生命系统演化的基本信息，是宇宙的全息元，具有反映整个宇宙全部复杂性的潜能，是生态系统的潜在的调控者。近现代以来科学技术的发展、人类对地球生物圈表现的巨大地质力量，即是人内在本质力量的一方面体现。但是，近代科学技术和人类文明发展的是人的片面的力量，它单纯从人类自身生存发展需要出发，追求自身物质生活需要的满足，片面发展人的认知理性、工具理性，是一种缺乏价值理性范导的本质力量，或者说是人的本质力量的片面发展。在这方面，中国古代儒家哲学强调发挥人自身德性主体的作用，成己成物，"赞天地之化育"，对于我们今天重新认识人对自然生态系统的作用具有启迪意义。从生态文化意义上说，就是强调人的主体性的发挥必须建立在对生态规律的认识基础上，以人—社会—自然协同进化为目标。

三、人的自然化与自然的人化

马克思主义在社会实践基础上理解人与自然的关系。首先，正是在社会实践过程中，"人的自然化"和"自然的人化"得以实现。具体而言，只有通过社会实践，人才能现实地改造自然，在自然界打上人的烙印，自然才能成为人的本质力量的显现，实现"自然的人化"。也只有在社会实践中，人才能既从人的角度认识自然，又从自然本身的角度认识自然，理解人与自然界的内在的、动态的本质联系，实现"人的自然化"；其次，人的本质也同样是在社会实践过程中通过人的本质的对象化确证和实现的。所谓人的本质的对象化，就是通过现实社会实践，将人的本质对象化到人的生存环境中，在现实生存环境中确证、调节、实现自身。在人与自然的关系上，就是通过改造、利用自然的实践，使人的本质对象化到自然生态环境，通过自然的人化、人的自然化的双向互动，不断确证、调节、实现人的本质；再次，人与自然之间的矛盾也是通过消除异化劳动，最终在共产主义社会得到真正的解决："这种共产主义，作为完成了的自然主义＝人道主义。而作为完成了的人道主义＝自然主义。它是人和自然之间、人和人之间的矛盾的真正解决。"①

---

① 马克思：《1844 年经济学哲学手稿》，人民出版社 2000 年版，第 81 页。

　　生态文化思潮的发展也促进了人们关于社会实践基础上人与自然关系的认识，这主要体现在：从"自然的人化"来说，人类改造自然的活动，不仅应发挥和发展人的内在的科学理性、实践理性，还应展现和挖掘人类从自然界秉承的生命智慧或自然智慧，将两者统一起来，形成符合时代精神要求的"生态智慧"；从"自然的人化"来说，人类改造自然的认识实践活动，不仅要认识表层的因果必然性规律，而且要认识生态系统自组织演化的生态规律；在人的本质的认识上，不仅仅要认识到人的本质是"一切社会关系的总和"①，而且应进一步从人与自然相互作用的关系中考察人的本质，将其视作人—社会—自然关系的总和。不仅要从科学理性、工具理性认识人的本质，而且从价值理性、道德理性认识人的本质，将人视作协调人—社会—自然关系的德性主体。

　　由于人与自然的关系建立在社会实践基础上，因此，不同的社会生产方式对人与自然关系的存在状态及性质起着决定作用。也正是在这一认识基础上，生态学马克思主义将生态危机的根源归之于资本主义的社会制度和生产方式，主张通过变革社会制度和生产方式，实现人与自然之间的协调发展。如奥康纳认为，自然生态环境是生产条件的最重要方面，以追求利润为目的的资本主义生产必然会形成资本主义生产与自然环境之间不可克服的矛盾（奥康纳称之为"资本主义社会的第二重矛盾"），导致对自然资源的无节制利用和对环境的污染；而资本主义生产规模的不断扩大和日益集中趋势，也必然不断加剧生态环境危机。在变革资本主义制度和生产方式方面，生态学马克思主义提出以生态社会主义取代资本主义，主张以满足人的基本需要为目的的适度增长的经济，阻止建立在利润追求基础上的资本主义生产的扩张；打破资本主义高度集中的生产体制和管理体制，让工人阶级直接参与到生产的决策过程和管理过程中；改变现代社会庞大的工业经济制度结构，把现代技术分散运用于环境当中。

四、"人—社会—自然"复合生态系统

　　马世俊、王如松等提出的"社会—经济—自然"复合生态系统理论②对

---

　　① 《马克思恩格斯选集》第 1 卷，人民出版社 1995 年版，第 56 页。
　　② 马世俊、王如松：《社会—经济—自然复合生态系统》，《生态学报》1984 年第 1 期。

于我们综合考察生态哲学世界观的整体性视角和主体性视角，综合考察生态中心主义的自然生态存在思想和生态学马克思主义社会实践基础上的人与自然关系理论具有启迪意义。在这里，我们主要是从生态哲学角度，将社会、经济系统作为人与自然关系的中介，阐述人与自然的关系，因此我们使用"人—社会—自然"复合生态系统这一概念。

人、社会、自然作为一个整体性复合生态系统，它们是一种以社会为中介的既相互区别又相互联系的"和而不同"的存在。所谓"不同"，就是肯定人、社会、自然三个子系统及其内在构成要素各有其特质；所谓"和"，则是指人、社会、自然之间相互联系、相互依存、相互协调，构成统一的和谐的系统整体。

从人、社会、自然的相互关系来说，主要有人与自然的关系、人与社会的关系。在人—社会—自然复合生态系统中，人与自然、人与社会的关系交织在一起，形成以社会为中介的存在方式。正如生物是以种群的方式存在于自然界一样，人类也是以社会群体的方式生存于自然界。人区别于其他生物，不仅在于其生命本性具有优于其他生命的特质，符合自然生态系统进化发展的趋势，更在于人的社会生存方式，创造了其他生物所不能创造的人类文化。如马克思所说，人既是自然的存在物，又是社会的存在物，人是一种双重性的存在。在人—社会—自然的关系上，社会是作为人与自然联系的中介存在的，或者说，人是以一种社会群体的形式生存于自然界。

社会作为人与自然的中介，是通过特定的社会生产方式实现人与自然的联系的。这方面内容上文已有论述。在这里，我们主要阐述自然生态系统对社会生态系统的制约，社会生产方式的转变对协调人与自然关系的重要性等方面内容。

在"人—社会—自然"复合生态系统中，自然生态系统一般相对稳定或起着正向作用，对复合生态系统整体存在状态及发展趋势影响较大的因素主要是社会生态系统。

人类生态学在其发展过程中还将人类社会获取物质生活资料的方式即生产方式放在人与自然环境之间的关系中进行考察，探讨不同生产方式对自然生态环境的影响。如理查德·李对布须曼人原始狩猎、采集生产方式的研究表明，布须曼人一方面最大限度地利用周围环境中的动植物以满足自身物质生活需要，另一方面对环境资源的利用又控制在不破坏生态环境的范围内；之后灌溉农业的发展建立起的人工生态系统则一方面带来更充分的物质生活资源，另一方面也造成了土质退化等环境问题；工业化时代的生产方式对自然生态环境造成了更严重的破坏，大量使用化肥造成土地板结，土质退化；工业生产流出的废水倾泻到江河湖海之中，污染了水质，直接影响到人自身的饮食安全；工业废气导致日益严重的全球暖化趋势……具体就当前气候暖化趋势而言，气候变暖的主要原因是大气中温室气体的增加，而科学家发现，过去长期以来大气中 CO_2 含量一直比较稳定，大体是 280ppm 左右。但是从 18 世纪中叶工业革命前后开始稳定上升。从那时到现在，人类用 240 年时间，使大气中 CO_2 浓度从 280ppm 上升到 2005 年的 379ppm。就社会生产方式与复合生态系统整体的关系而言，如果社会生产对自然资源的利用控制在自然生态系统的承载力范围内，排出的废物能够被自然生态系统吸收、降解，则不会破坏自然生态系统本身的平衡，复合生态系统能够维持良性状态；如果社会生产对资源能源的利用超过自然生态系统本身的承载力，破坏自然生态系统本身的物质、能量循环过程，社会生态系统不能耦合到自然生态系统当中，则会带来自然生态系统平衡的失调，并进而影响复合生态系统整体存在状态和发展趋势，影响到人自身的生活质量和生存前景。从这方面来说，人类社会本身的可持续发展必须建立在社会系统、经济系统和自然生态系统协调发展的基础上，建立在"人—社会—自然"复合生态系统良性发展的基础上。

"人—社会—自然"复合生态系统的协调发展，关键是要将社会生产方式纳入到复合生态系统整体中考察，综合考察生产方式对社会—经济—自然生态系统各方面的影响，特别是应关注生产方式对资源的利用和废物的排放不应超过自然生态系统的承载力，维护复合生态系统整体物质、能量、信息的良性循环。而要做到这一点，需要社会多方面的共同努力：在科学认识方面，应关注复合生态系统内在不同子系统之间协同作用、自组织演化的机制及规律的研究；思想观念方面，应转变过去将人与自然分离开来，只关注人自身利益，将自然生态系统视作"公有地"，视作仅供人利用和改造的资源和工具的人类中心主义观念，注重人、社会、经济、自然协调发展的环境伦理建设；思维方式方面，不仅要发展人的科学理性、工具理性，更应注重人类对复合生态系统整体的协调能力和道德理性；社会经济生活方面，转变日益集中的生产方式和不断扩大的生产规模，转变消费主义的生活方式是解决生态环境危机的关键；社会政治方面，应加强人与自然之间关系的治理，特别是制定相应的制度、法律法规，为协调复合生态系统整体，对社会生产方式进行有效的规范和管理；此外，运用现代信息技术，建设完善的信息网络和信息处理中心，收集、处理复合生态系统各环节的相关信息，也是协调复合生态系统，维护系统健康发展的重要条件。在这方面，传统儒家比较注重主体的生态意识和社会管理的结合，一方面形成了"继善成性"、"赞天地之化育"、"天地万物一体之仁"的生态思想和生态意识；另一方面注重通过社会政治进行生态管理，形成了适应农业社会生产生活方式的生态管理措施。相对于农业社会生态环境治理而言，要解决我们今天面临的全球性生态环境危机，促进"人—社会—自然"复合生态系统的健康发展，无疑是更为复杂的系统工程。如何适应时代生态环境建设的需要，借鉴已有的生态智慧和社会治理经验，协调"人—社会—自然"复合生态系统的不同方面，依然是摆在我们面前的重大课题。

第二节　机械论世界观向生态世界观的转型

关于生态世界观对机械论世界观的转型，学术界已有不少相关论述。胡新和在《从分离走向融合——从关系论视野看自然观变革》一文中从现代物理学的最新理论出发，揭示机械论自然观存在的实体论悖谬、对象性悖谬和还原性悖谬，认为机械论自然观正在向新自然观转向，这种转向包含关系论转向、整体论转向、生成论转向、随机性转向和不可逆性转向几方面。[①]笔者认为，当代物理科学、生态科学以及复杂性科学中蕴含的世界观，我们可称之为生态世界观，生态世界观对近现代机械论世界观的转型主要体现在实体论向有机整体论的转型、机械决定论向自组织演化理论的转型，以及人与自然关系上由分离对立向协同发展的转型三个方面。

---

① 童天湘、林夏水主编：《新自然观》，中共中央党校出版社 1998 年版，第 435—446 页。

一、实体论向有机整体论的转型

机械论世界观是一种实体论世界观。实体论立足于个体，对自然万物作实体性理解，将实体看作存在的基元。近代世界观单纯强调事物的实体性存在，夸大事物存在的独立性、相对稳定性，把"实体"理解为孤立的、不变的、机械的个体存在物。机械论世界观立足于实体考察事物的构成、变化、事物之间的联系：关于事物的构成，机械论世界观倾向于将整体的性质还原为其构成要素性质的总和，认为只有通过对组成部分细节的认识才能认识整体；由于将事物理解成机械的、惰性的存在物，机械论世界观将运动变化的根源归之于外力的推动；把事物之间的联系理解为外在的机械的联系。

随着科学理论的发展，机械论世界观日益暴露出自身内在的局限性。机械论世界观将自然归约为物质化、单一化的实体或微粒，纳入一个机械性、无机性、空间性的思维框架。它关注的仅仅是无机的实体在空间所作的机械运动，是实体固有的力学性质和决定论的运动规律，难以解释和容纳复杂性科学所揭示的不可逆性演化、自主性、目的性等方面内容，更无法说明丰富多彩的有机生命的内在本质、运动形式及其在时间中的演化规律，因而必将为复杂性科学所揭示的系统的不可逆性演化、生命系统的自主选择、进化、繁衍、目的性、整体性和自由意志等观念所取代。

实体论是与近代科学还原论的思维方法相应的，近代科学试图以简单的力学模型说明纷繁复杂的自然现象，它倾向于把事物还原为单质的实体，把事物的存在、性质、变化还原为内在构成要素的性质及要素之间的力学相互作用。还原论试图通过一步步的还原，寻求本质的、固有的、不变的规定性，但还原的每一步，都是对存在整体、过程、复杂性的进一步抽象和切割，因此，在机械论的世界图景里，世界越来越丧失其丰富多彩的面貌。复杂性科学则以肯定世界万物的复杂性为前提，从事物之间的非线性相互作用理解事物的存在状态和整体性，从系统内外各种要素的协同作用、自组织演化把握世界本来的复杂性面貌。

复杂性科学建立在一般系统论基础上，将自然万物看作系统性存在。一般系统论揭示，系统具有整体性、关系性、有机性、层次性、过程性几方面特征。

　　整体性是系统存在的根本特征，与机械论世界观从事物构成要素的简单叠加说明整体的性质、存在方式不同，复杂性科学理论从系统内在要素之间、系统与环境事物之间的相互作用说明系统的存在及其变化，强调非线性相干、自组织演化对整体性的决定作用，强调系统整体具有其内在要素所不具有的性质，复杂性科学所理解的整体是关系性整体、有机整体、自组织演化的整体，与机械论世界观关于自然万物的实体性理解有本质差别。

　　关系性是与整体性密切相连的，关系性是整体内在的作用机制，是整体突现的条件。系统的关联有两个层面，一是系统内部要素之间的相互关联；二是系统与环境其他事物之间的相互关联。复杂性科学理解的关联不同于机械论世界观理解的外在的机械作用，而是内在的非线性相互作用，系统内在要素在系统适应环境变化过程中，是作为一个整体协同作用的。外在环境的变化会引起系统内在要素的复杂相互作用，带来系统整体的变化。系统内在某一要素的变化也会通过要素之间的非线性相干，引起系统整体的随机涨落。系统内在要素之间的非线性相干和协同作用，是系统自维生、自协调、自组织演化的内在机制。

　　复杂性科学理论将事物放在系统整体中、放在关系之中理解，认为事物的性质、存在状态、变化发展受事物之间以及事物内在要素之间的联系方式决定，整个世界是一个普遍联系的立体交叉的复杂关系网络，不存在独立于关系网络之外的实体性存在。

　　系统的存在又具有层次性，每一层次系统都是由一定内在要素及子系统组成的系统整体，同时，每一层次系统又都作为子系统，存在于更高层次的系统环境中。整个世界便是由不同层次系统存在相互关联、协同运化形成的巨系统。

　　复杂性科学理论不是将自然万物看作孤立的静止的机械性存在，而是将它们如实地理解为自组织演化的过程。从特定事物及其与环境的关系来看，事物与环境之间时刻进行着物质、能量、信息的交流。当环境压力保持在事物所能承受的范围内时，事物通过自协调保持自身相对稳定的性质和存在状态，当环境压力增强超过一定阈限（即临界点）时，事物内在要素便会适应环境的变化，产生新的自组织行为，形成新的功能结构方式，向新质演变。世界万物任何时候都处在变化发展过程中，绝对静止的事物是不存在的。

机械论世界观将具体事物单纯理解为实体性存在，否定事物内在有机联系，否定事物内在的自组织演化，将事物之间的联系看作外在的机械相互作用，将事物的变化看作基元粒子的结合和分散，否定事物内在的质的变化。生态世界观则不仅肯定事物作为相对独立的实体性存在，而且从关系性、过程性视角理解世界万物的存在，将事物如实理解为实体性存在、关系性存在、过程性存在的统一。在它看来，存在的实体性并不意味着事物是孤立、静止的机械存在物，任何事物都是存在于关系网络中、处于变化发展过程中相对独立的存在，外界环境的存在状态、变化直接影响着事物的性质、存在状态和存在方式，事物自身也时刻处于变化发展过程中。同时，将自然万物理解成关系性存在、过程性存在，也并不意味着否认自然万物存在的独立性、完整性和稳定性，或者说并不否认存在的基元性。复杂性科学承认具体事物的"实体性"，但这种"实体"不是孤立、不变的机械实体，而是具有相对独立性、稳定性的有机系统整体。系统的有机性表明，"实体性"存在是具有自身目的价值取向的自组织主体。因此，较之"实体性"，"主体性"更能概括事物存在的本质特征。

复杂性科学理论揭示，系统的主体性（也称自主性）表现为系统在与环境相互作用、相互交流过程中，具有自协调、自组织和自选择等生命特征。所谓自协调，是指在环境发生变化时，系统主体能够通过自组织调整自身功能结构，适应环境变化，维持自身的生存进化；所谓自组织是指在外界环境发生变化时，系统主体通过内在要素之间的非线性相干、协同作用，以及对系统本身随机涨落形成的多种可能性的选择，形成有序功能结构的过程；所谓自选择，是指系统主体能够适应环境变化，在系统本身随机涨落形成的多种可能性中选择新的发展方向，形成新的有序结构。

系统的主体性表明，系统在与环境相互作用的过程中，并不是单纯受环境支配的消极被动的存在物，而是具有自协调、自组织、自选择能力的功能主体。系统的自组织演化过程本身是系统内在因素与外在环境相互作用的结果。一方面，系统的生存与进化离不开与环境进行物质、能量和信息的交流，系统要维持自身的生存和发展，必须从环境吸取自身生存繁衍的物质和能量，同时，系统本身产生的熵增也必须及时排放到外界环境中，否则，系统无法遏制自身的熵增趋势，必然走向衰亡；另一方面，系统本身又是一个具有自身功能结构的自组织进化主体，它能根据自身生存发展需要，根据内外环境的存在状态和变化发展调整自身功能结构，从而更有效地利用环境，从环境中吸取自身生存发展必需的物质、能量和信息。从存在论意义上来说，任何事物都是环境整体的有机组成部分，因而，任何系统主体总是倾向于最大限度地利用环境资源，与环境协同并进。事物演化与发展的极值原理表明，事物总是在追求"最优生存方式和最高发展效率"。

系统的目的性、价值性是与系统的自主性相互关联的。系统的目的性表现为系统在自身存在过程中，总是倾向于维护自身的生存和进化，换句话说，生存和进化是系统主体行为、活动的目的。具体表现为，当系统主体与环境处于相对稳定状态时，环境变化在系统所能承受的范围内，此时，系统行为活动的目的是维持自身已获得的稳定性，保持自身的特征形态；当环境系统发生巨大变化，超过系统主体本身所能承受的阈限时，系统的目的性表现为它总是通过自身的自组织行为，趋向于适应环境，形成新的结构、功能秩序。协同学揭示，序参量在系统自组织演化过程中的形成和作用体现出系统的目的和意志。新序参量的形成即是系统内在诸要素重新自组织的过程，序参量形成以后，对系统诸要素有主导作用，支配着系统整体的未来发展方向。同时，系统主体的自选择、自调节、自组织，还蕴含着对系统价值选择的肯定。也就是说，系统的自选择是一个价值选择过程，它是按自身的目的、价值标准选择自身的理想存在状态和未来发展方向的，"最优生存方式和最高发展效率"实质上是自然进化过程中形成的价值标准。目的性、价值性的另一层面意义是从生态系统整体的优化与维持更多层面生命样式而言的，我们说生态系统的价值进化，一是指系统整体的优化、和谐和稳定；二是指系统在自组织演化过程中能够保存、进化出更丰富更多层面的生命样式，系统更具活力，具有更强的生命力。

二、机械决定论向自组织演化论的转型

机械决定论与自组织演化论是机械论世界观与生态世界观关于世界万物运动变化及其内在机制的不同认识。

机械决定论是与实体论密切相关的。近代世界观将事物理解成孤立静止

的实体，从事物之间外在的相互作用理解事物运动变化的根源，把世界看作受有限的力学规律支配的巨型机器。在牛顿—拉普拉斯机械决定论体系中，只要知道物体运动的规律和初始条件，就可以根据它当前的状态推知它以前的状态和预测它以后的状态。也就是说，过去、现在和未来是等价的，不存在任何生成与演化。

复杂性科学理论则反对以单一的因果决定论机制解释宇宙万物的变化。在它看来，因果决定论机制只适用于有限的范围，除此以外，世界万物的变化还受随机性机制、目的性机制作用；自然万物的演化是一个自组织演化过程，在具体演化过程中，不断有新质生成，自组织演化过程是一个不可逆过程。我们无法根据某一初始状态及有限几条因果决定性规律预测事物的变化发展趋势及其未来存在状态。

耗散结构理论、混沌理论等复杂性科学对系统的自组织演化机制作了具体揭示。在它看来，系统的自组织演化是因果决定论机制、随机盖然性机制和目的意向性机制共同作用形成的。在系统处于相对稳定阶段，或者说系统处于平衡态时，热力学系统的熵增处于最小状态，耗散处于最低状态，因果决定论机制起主导作用，系统的存在受因果规律支配，系统的目的指向维持自身的相对稳定状态；当系统受外在环境影响，朝远离平衡态方向演化时，系统熵增相当快，当非平衡演化超过一定的临界点时，系统开始产生新的自组织行为，产生新的有序，不过临界点之后，系统自组织具有多种选择路径，不再是决定论的；同时，系统的自组织演化是一种自主性、目的性的行为，在新序形成过程中，随机性机制与目的性机制同时发挥作用。受三种机制的共同作用，远离平衡态之后不断出现的临界点，使系统演化的分叉路径越来越多，自组织方式也越来越多，当自组织方式无限多时，系统便进入混沌状态。因而，复杂性科学的发展表明，系统的自组织演化是一个不可逆的过程。

自组织演化与机械决定论相比较，实现了四方面的转变，即生成论转向、随机论转向、目的性转向和不可逆性转向。

机械论世界观是一种构成论世界观，它将世界万物还原为单一的、无机的实体性元素（如原子、化学元素等），以实体性元素的结合与分离解释事物的存在与消亡。构成论世界观关注事物内在的同质要素及空间构成方式，而忽视事物的生成性、创造性。复杂性科学理论则继承和发展了古代有机生成论传统,将世界万物理解为一个自组织生成过程,复杂性科学以系统整体的突现阐释新质的创生。在它看来,新质的创生是系统主体适应环境变化,通过内在要素之间非线性相干、协同作用形成的,系统整体具有其内在要素所不具有的新质;整个世界的自组织演化本身是一个不断生成新质、不断进化的过程。构成论只注意静态的分析,生成论则注重动态的探究,构成论停留于已有要素的排列组合或分离分析,生成论则进一步关注事物的转化及新质的突现。

机械决定论否定随机性的存在,将随机性的存在看作受人的智力水平限制,尚未认识的因果必然性。复杂性科学则肯定随机性是客观存在的演化机制。耗散结构理论揭示,系统在远离平衡态的分叉点上具有对随机涨落的敏感性,随机涨落的放大会产生新序,因而,系统在分叉点上朝哪一路径演化具有较强的随机性;混沌理论也揭示,非线性确定论方程存在着内在随机性,或者说,必然性中存在偶然性,而且由于混沌具有对初始条件的敏感依赖性,使得对系统演化的未来状态的预测变得不可能。所以,混沌学家 J.福德说:"混沌消除了拉普拉斯关于决定论式可预测的幻想。"① 同时,混沌还具有分形特征,因而它在一个有限的区域里具备了无穷的可能性,因此,随着时间的推移,它会走一条永不重复的轨迹。这也揭示了,只要起点稍微不同,它们就会走入完全不同的分形路径中,永远分道扬镳。

在机械决定论框架中,过去、现在、未来是等价的,只要把握系统的初始状态及相应的线性因果规律,就能预知系统未来发展趋势和存在状态,复杂性科学则强调系统自组织演化的创生性、不可逆性。不可逆性与随机性、生成性是相互联系的,不可逆性源于系统的对称破缺,或系统内在的不平衡状态,对称破缺形成系统内在要素之间的非线性复杂相互作用,非线性相互作用形成系统自组织演化的随机性,形成系统演化路径的多样性、复杂性、不可逆性。

自组织演化的不可逆性揭示了时间的本质。在机械论世界观中,时间、空间是与事物存在及其变化无关的实体性存在。牛顿的绝对时空观认为,

---

① 卢侃、孙建华编译:《混沌学传奇》,上海翻译出版社 1991 年版,第 8 页。

"绝对时间"是指绝对的、数学意义上的时间，时间的流逝是与任何事物无关的均匀的"延续性"；"绝对空间"是与任何事物无关的"处所"。因此，机械论时空观实质上是以不变的时空模式作为物质运动的背景或舞台。在机械论世界观中，时间是可逆的。自组织演化理论则通过系统演化的不可逆性揭示了时间的方向性，将热力学第二定律与达尔文进化论相协调，将时间理解为宇宙总体熵增背景下的自组织进化，这样，它一方面能够揭示生命的易逝，另一方面也能揭示生命顽强生存和进化的本能，与人文科学对生命、时间本质的体验相一致，从而有可能实现自然科学与人文科学的协调。

三、人与自然的关系从分离对立走向协同发展

人与自然的关系可以从存在论、认识论和价值论三方面进行阐释。古代文化注重从存在论的视角考察人与自然的关系，注重人与自然的内在一体性有机联系，但由于当时技术水平不发达，人的内在本质力量的发挥受到限制，人与自然的存在性关系主要是一种人依附自然的关系；近现代文化建立在科学技术高度发展基础上，建立在人的主体性充分发展基础上，因此，它主要立足主体，从认识论的视角考察人与自然的关系，其关于人与自然关系的存在论、价值论理解都是建立在主客二分的认识论基础上的。

由于人的内在本质力量的充分发展，近现代文化意识到人与自然万物的区别，形成了主客二分的主体性意识，在认识实践活动中，它将人视为认识的主体，将自然万物视作认识实践活动的对象。不仅在认识论意义上，人与自然处于分离对立位置，而且在存在论意义上，近现代文化也将人与自然分离开来，它抛弃古代文化有机论的世界观，将自然万物描述为消极被动的无机实体（即所谓自然的"祛魅"），认为只有人才具有生命、意识、自主性、能动性；与此相联系，在价值论意义上，由于只有人才具有生命、意识，近现代文化认为只有人才是价值主体，只肯定人具有价值。而自然万物作为消极被动的无机实体，不可能作为价值主体，它们只有在被人利用时才具有相对于人的工具价值。由于单纯强调人自身的生存目的和价值，否定自然万物内在的自然目的性和存在价值，人与自然的关系成了对立的关系，自然成了人们随意利用的工具或资源，成了人们随意征服和改造的对象。总体而言，近现代文化割裂了人与自然的内在有机联系，人与自然的分离和对立是其人

与自然关系观念的基调。

生态世界观要求在古代文化与近现代文化的基础上实现存在论、认识论与价值论的统一。复杂性科学理论为此提供了科学基础。从系统论、自组织演化理论考察人与自然的关系，我们可以认识到，人与自然万物之间存在着内在的、复杂的有机联系，人类的产生是自然生态系统长期发展进化的结果。人类产生以后，人类社会以及人的生命作为存在于自然生态系统中的子系统，本身是一个开放系统，与自然万物之间时刻进行着复杂的物质、能量和信息交流，人类的生存和发展一刻也离不开自然生态环境。同时，复杂性科学揭示，复杂系统是具有自身内在目的性的自主系统。人作为自然生态系统进化到高级阶段的产物，具有最大的自主性。这种自主性在人现实的认识实践活动中，表现为人的生存活动是有意识、有目的的意向性活动。从存在论意义上，人的认识实践活动是自然生态系统自组织演化的有机组成部分。近现代文化从人的认识实践活动出发考察人与自然的关系，是一种认识论的视角。生态世界观并不一味地否定从认识论的视角考察人与自然的关系，而主张从存在论与认识论的双重视角考察人与自然的关联，并将两方面有机结合起来。从存在论的视角看，人的存在包括人的生存活动——认识实践活动都是自然生态系统的有机组成部分，参与自然生态系统的自组织运化，人的认识实践活动虽然是自然序列中高层次生命活动，但它并不能凌驾于自然万物之上，更不能超脱于自然生态系统整体演化过程之外。从认识论的视角看，人作为相对独立、完整、能动的生命主体，必然立足于自身的生存发展认识自然环境，将环境万物当作自身认识和利用的对象，而人作为自然发展到高级阶段的产物，也具有认识自然、改造自然的能动性和创造性，具有其他生物所不可比拟的"思维着的精神"。从这方面来看，主客二分的认识思维视角有其产生的必然性和存在的合理性。过分强调人与自然的浑融一体，抹煞人的主体性，试图将人纳入到自然大化的洪流中，人与自然便都成了无规定性的混沌存在，人类便难以摆脱原始状态下依附自然的命运，这也与复杂性科学所揭示的生态系统自组织演化规律相悖。

存在论与认识论两种意义上的人与自然关系的统一不是简单的叠加，其中，存在意义上人与自然的关系是基础，人对自然的认识实践活动必须建立在人与自然存在性联系基础上，必须遵守自然生态规律，将人自身的生存发展建立在维护自然生态系统的良性发展前提下。对自然的利用不能超过自然生态系统本身的承载力，不能超过一定阈限，破坏生态平衡。

古代文化将价值论建立在直观的有机整体论（存在论）基础上，单纯强调自然运化趋势、规律的价值，对人自身的价值重视不够，因而在人与自然关系上着重强调人对自然规律的遵循以及对人与万物自然本性的保持；近现代文化将价值论建立在主客二分的认识论基础上，片面强调人自身的价值，自然万物的目的和价值被遮蔽。在人与自然的关系上，片面强调人自身理性的价值和人的物质利益，人与自然的关系是单向的利用与被利用、征服和被征服的工具性关系。新世界观建立在复杂性科学理论基础上，将立足自然的存在论与立足主体的认识论统一起来，将价值论建立在存在论与认识论的统一基础上，因而它既肯定人自身的生存目的和价值，也肯定自然万物的自然目的性和内在价值。复杂性科学从系统的自组织演化揭示自然万物的目的和价值，认为任何事物都存在维护自身生存发展的目的，整个世界在其自组织演化过程中，趋向于保持、进化出更高层次、更多层次的生命形式，也就是说趋向于保持和进化出更多更高的价值。因此，在人与自然的关系上，它要求人的认识实践活动既要考虑到人自身的生存发展目的和价值，又要考虑到自然万物生存和发展的自然目的性和内在价值，在维护自然生态系统完整性和进化发展的基础上考察人自身的价值，界定人自身的地位和作用，认识人类应承担的责任和义务，规范自身的行为活动，确立人和社会的发展方向，促进人和自然的协同发展。具体而言，关于人类认识实践活动，我们不能单纯从满足自身物质生活需要的视角理解，还应从人与自然的相互交流、相互对话（即普里高津所说的"对话"和"通信"）来理解。也就是说，人的认识实践活动是实现"人的自然化"和"自然的人化"的桥梁，通过认识实践活动，不仅满足人的物质生活需要，而且不断从新的层面认识人与自然的内在的本质联系，展发人的内在本质力量；同时，从人—社会—自然复合生态系统的高度观照人的认识实践活动，能够克服单纯立足人自身的局限性，避免无视生态系统整体的妄自尊大和胡作妄为，真正认识人自然层面和社会层面的道德本性。比如，按照生态学的认识，人是生态系统的调控者，人类能够根据自身的生存发展需要，根据生态系统存在的状况和变化发展趋势，调整自身的行为活动，调整生态系统的状况和变化发展方向。人在生态系统中的地位和作用要求我们改变人类中心主义价值观，以人与自然的协调发展作为文明发展的根本理念。从这方面来说，生态世界观关于人与自然关系、关于人在自然生态整体中的作用，有可能突出人的德性主体特性，从而在新的社会层面、新的科学认识基础上发挥人"赞天地之化育"的作用，是对儒家人与自然关系思想的辩证发展。

生态世界观是生态文化的重要组成部分，是生态文化的理论基础。就其理论主题而言，生态文化应包含生态世界观、生态价值观、生态思维方式、生态实践观等方面。生态世界观的基础地位主要体现在，生态文化的其他方面均是建立在生态世界观对生态存在、人与自然关系等的基本认识基础上。就生态世界观与生态价值观的关系而言，生态世界观关于生态存在生命特征的观念要求我们尊重其他生命存在的价值，生态世界观对生态系统整体性的强调，则要求我们突出系统整体的价值，转变现代哲学将人凌驾于自然之上的人类中心主义价值观念，而"人—社会—自然"复合生态系统理论则要求我们将复合生态系统整体的良性运行状态作为人类生存的根基，作为理想的生存境界；就生态世界观与生态思维方式的关系而言，生态世界观的阐述方式中本身即蕴涵了生态思维方式区别于现代思维方式的独特内容。如生态系统存在的整体性、"人—社会—自然"复合生态系统理论本身蕴涵的整体论的、综合的认识思维方式。就生态世界观与生态实践的关系而言，"人—社会—自然"复合生态系统理论本身界定了社会生产实践应遵循的原则。

第四章　生态价值观对人类中心主义的转型

生态价值观的形成一方面是建立在生态科学和复杂性科学认识基础上，另一方面也是生态环境危机迫使人们重新认识自然生态存在的价值，调整自身的文化价值取向的产物。生态价值观是对现代人本主义价值观的批判反思，是对人类中心主义价值观的转型。生态价值观在肯定自然生态存在的价值、突出生态系统整体价值方面，与古代顺任自然的价值观具有类似性。生态中心主义价值观从某种意义上说是对古代文化价值观的复归，但科学的生态价值观则是对古代文化价值观和现代人本主义价值观的辩证发展。它要求在社会实践的基础上，建立一种"人—社会—自然"协调发展的生态价值观。本章将在阐述生态价值观的基本内涵的基础上，阐明生态价值观对人类中心主义价值观的转型。

第一节　生态文化价值观的基本内涵

第三章我们在论述生态世界观时曾论及生态文化的整体性和主体性双重视角。实际上，生态哲学的双重视角同样适用于生态价值观。大体而言，古代有机整体论价值观和生态中心主义价值观主要关注的是自然生态系统整体的价值，在人与自然的价值关系上，将自然生态系统整体的价值置于人的价值之上，要求人顺任自然生态系统的过程及规律，是一种整体性价值观；近现代人本主义价值观和生态学马克思主义价值观主要关注的则是人自身的价值和生存利益，属于一种主体性价值观。不过，近现代人本主义价值观片面强调人自身的物质利益，生态学马克思主义价值观则强调人的全面发展，主张在社会实践发展的基础上实现人与自然的共同解放。

　　生态价值观是对现代文化单纯强调人类自身的利益和价值之人类中心主义价值观的批判反思。当代生态文化思潮关于生态价值观比较有代表性的观念有罗尔斯顿的自然价值论和生态学马克思主义建立在人本主义基础上的生态价值观。在这里，我们将在吸收融合自然价值论和生态学马克思主义价值观的基础上，分别阐述自然生态存在价值和"人—社会—自然"协同发展的生态价值取向。

一、自然生态存在的价值

　　关于自然生态存在的价值，我们主要从两个大的方面阐述：一是自然生态系统本身存在的价值，其中又包含生物有机体的内在价值，自然生态系统内在的价值关系，自然生态系统的价值，以及从自然生态过程整体角度考察的人对于自然生态系统的价值等方面内容。二是自然生态存在对于人的效用价值的多层次内涵。现代人类中心主义价值观片面强调自然生态存在对于人的经济价值，但随着生态科学的发展和人们生态意识的提高，人们逐渐认识到自然生态存在对于人的多层面的效用价值。如自然生态存在对于人的生命支撑价值、精神价值，精神价值本身又包括审美价值、宗教价值、文化象征价值、科学研究价值等方面。以下我们分四个方面具体阐述。

（一）生物有机体的内在价值

　　生态文化思潮关于自然内在价值的认识本身存在一个发展过程。动物权利论代表雷根主张把道德权利赋予作为生命主体的动物，认为动物拥有值得我们尊重的天赋价值，首先肯定了动物的内在价值；生物中心论代表泰勒则进一步认为所有生物均是生命目的的中心，拥有自身的"善"，因而都具有自身的内在价值；罗尔斯顿则系统地论述了生物有机体、生态系统的内在价值。

　　生态文化思潮中所说的"内在价值"实际上包含三方面的内涵：一是相对于工具价值而言，生物有机体具有自身内在的目的性。也就是说，生物有机体作为生命主体，具有自身的生存目的，具有从自身生存目的出发评价环境事物工具价值的能力。如罗尔斯顿一再肯定"有机体拥有某种属于它自己的善，某种内在的善"①。二是指生物有机体的内在属性，也就是说"某个事物是否拥有这种价值和在什么程度上拥有这种价值，完全依赖这一事物的内在本性"②。三是强调生物有机体的内在价值是其本身具有的客观属性。这是相对于将价值视作人的价值评价的主观价值观而言的。罗尔斯顿非常强调自然生态存在内在价值的客观性。

国内外学术界对生物有机体的内在价值进行了多方面的论证，余谋昌教授在《自然价值论》一书中从生命和自然界的目的性、主体性、主动性、价值能力和智慧五个方面做了系统论证。所谓"目的性"主要是说生命和自然界均有自身的生存目的，具有自身的生存目的即表明具有自身的内在价值；所谓"主体性"是说生命和自然界具有生存和发展的自主性，同人一样是生存主体；所谓"主动性"是说生命和自然界在自身的生存活动中，能够积极主动地与环境事物进行物质、能量、信息的交换，能够创造性地适应环境的变化，具有自身的主动性、积极性和创造性；所谓"价值能力"是说生命和自然界从自身生存发展出发，"知道"什么是对自己"好"的。如植物生长在适宜的土地上，它的枝干、叶片和根系有利于吸收阳光、水分和其他营养元素；所有生物都"知道"如何寻找食物、修补创伤、抵御死亡和维护自己的生存；所谓"智慧"是说在生命和自然界那里存在解决自身面临问题的"智力"，如当植物感觉到缺水时，会关闭气孔并采取其他控制细胞内水分的措施，被捕食者如雪兔会通过伪装避开狐狸的注意等等。因此，地球上不同层次的生命同人一样是生存主体，它们像人一样追求自身的生存，具有"价值评价能力"，具有智慧，具有主动性、积极性和创造性。我们承认人的内在价值，同样也应承认其他生命存在的内在价值。③

肯定生物有机体的内在价值，对于只承认人的内在价值，将人视作价值源泉的人类中心主义价值观具有消解意义。同时，肯定生物有机体是价值主体，也要求人们将道德关怀的范围拓展到其他生命，树立尊重生命的价值

---

① ［美］霍尔姆斯·罗尔斯顿：《哲学走向荒野》，刘耳、叶平译，吉林人民出版社 2000 年版，第 144 页。

② G. E. Moore, *Philosophical Studies*, London, 1922, p. 260.

③ 参见余谋昌《自然价值论》，陕西人民教育出版社 2003 年版，第 117—139 页。

观、伦理观。

（二）自然生态系统的价值

中国古代儒家哲学肯定天地"生生之德"，实际上从形而上的角度肯定了自然生态整体的价值。当代生态中心主义思想家则在生态科学认识的基础上肯定自然生态系统整体的价值，如利奥波德的大地伦理学将"生态区系金字塔"理解为一个能量流动结构整体，并在此基础上，将生物共同体整体的"和谐、稳定和美丽"视作最高价值准则；深层生态学也在人与自然生态系统的一体性认识基础上，肯定"在某种意义上，我的重要性与地球的重要性就是密不可分的"[①]，主张尊重生物圈及其自然存在物的内在价值。罗尔斯顿则明确提出并论证了生态系统的价值。在他看来，生态系统是独立的价值单元，它虽然不像生物有机体一样具有自为的目的性，但是生态系统具有创生生命、保持生物多样性、维持自身完整和不断进化的特征，因而具有自身的价值。

生态系统的价值首先是通过生物之间的价值关系构成的。生物从自身的生存出发，与环境事物形成内在价值和工具价值的关系。就每一生物而言，一方面，它具有自身的生存目的，以一定的方式从环境吸收物质、能量和信息，是从自身生存发展出发评价环境事物的价值主体；另一方面，它同时也为其他事物提供生存的资源，具有对其他生命存在的工具价值。生态系统中的物种之间从自身生存出发，通过相互之间的合作或竞争，构成不同的生态关系，每一种生物的生存对它们自身具有内在价值，对于其他生物则具有工具价值。如自然界的植物作为生存的主体，它们能够通过光合作用，把水和二氧化碳转变为自身生存的资源，就此而言，植物均具有自身的内在价值。同时，植物又给动物和人提供食物和氧气，对人和动物具有工具价值；又如动物捕食者通过捕食获得自身的生存资源，具有内在价值。被捕食者为捕食者提供生存资源，则具有工具价值。生态系统的价值是由生物物种的价值以及生物物种之间的价值关系构成的。不同物种在生态系统中占据一定的生态位，在生态系统中担负着特定的功能，自然生态系统实际上即是由不同物种

---

① J. Seed, "Deep Ecology Down Under", in C. Plant and J. Plant eds. *Turtle Talk: Voice from a Sustainable Future*, New Society, Philadelphia (Pa.), 1990, pp. 68-75.

构成的网状结构。生态系统的存在与演进体现为物种之间的相互作用、协同进化。同时，任何生命均产生于自然生态系统，其生存发展离不开生态系统。生物物种及其相互之间的相互作用在生态系统中构成统一整体。关于生物物种与生态系统之间的这种价值关系，罗尔斯顿说："当延龄草为捕食者所捕食，或枯死被吸收进土壤腐殖质，延龄草的内在价值被毁灭，转变为工具价值。系统是价值的转换器。在那里，形式、本质、过程和真实性，事实与价值，它们不可分割地联系着，内在价值和工具价值穿梭般来回在整体中的部分和部分中做整体运动。局部具体的价值嵌入全球结构。这是环境中的珍宝，与它们适应的环境的某种结合。那里的价值不能单独存在，每一个善都是在共同体中的善。"①

同时，生态系统又具有自身独立的价值，生态系统的价值并不等于系统内在要素的内在价值及相互之间工具价值之和。生态系统的价值首先体现在其对生命的创造和维持上，离开自然生态系统，生命不会产生；离开自然生态系统，生命无法生存进化。生态系统价值还体现在对生物多样性的保持上。也就是说，生态系统在进化的不同阶段进化出不同的物种，但是这些物种不是新物种取代旧物种，而是在生态圈中共生共荣；生态系统的价值还体现在生态系统整体的进化上，根据余谋昌教授的观点，进化意味着有序性程度的提高，意味着信息量的更加丰富。从这方面来说，生态系统的进化意味着价值的增加，意味着为生物提供稳定、和谐的生存环境。生态系统的进化通过生物物种的进化体现出来。而生态系统的进化本身存在两方面原因，一是生态系统与环境的相互作用，也就是地球生态系统受到外在环境的冲击，产生灾变，在灾变过程中产生进化形成新的物种；二是在生态系统相对稳定时期，生物物种本身的基因变异，其中适应环境的变异被保留下来，形成物种的进化。罗尔斯顿肯定自然趋向价值进化的过程："在自然形成过程中，作为整体自然的产物是价值的源泉。辉煌的地球并不仅仅在于作为人类资源支持文化，或刺激着人的经验，而最有道理的解释，将发现一些'有计划的'朝向价值的进化……在一些生态系统中，某种平衡的选择占上风，倾

---

① ［美］霍尔姆斯·罗尔斯顿：《环境伦理学：自然界的价值和对自然界的义务》，载《国外自然科学哲学问题》，中国社会科学出版社 1994 年版，第 293 页。

向于生产更高的价值，至少存在着沿着这种趋势的运动。"①

生态中心主义对生态系统价值的肯定使人们进一步认识到自然生态系统才是价值的源泉，自然生态系统不仅产生、维护着众多生物物种的生存发展，而且产生了人和人类群体本身，人类的生存发展同样离不开地球生态系统。人们对自然生态系统价值的重新认识对于消解人类中心主义价值观，拓展人类道德关怀范围具有重要意义。

（三）人在自然生态系统中的价值

在这里，我们主要是从整体性视角，即从自然生态系统整体及其演进的角度考察人在自然生态系统中的价值。中国传统道家、儒家思想即是从自然造化整体过程考察人在天地万物中的地位和价值。但道家和儒家又略有不同。道家主要是将人纳入到自然造化整体中考察，认为人与天地万物一样，不过是自然造化过程的产物，"以道观之，物无贵贱"，人与其他事物具有平等的价值。自然造化过程则具有超越于人与万物的价值；儒家则一方面将人纳入到自然造化整体过程中考察，另一方面又肯定人的主体性价值，所以儒家说天地人三才并立。不过，儒家并没有脱离自然造化整体过程阐述人的地位和价值，在肯定人的价值时，也没有无视自然造化过程的价值。关于人与自然的价值关系，儒家说，"天生人成"，也就是说，天地生育万物，人"赞天地之化育"，即参与天地的生成化育，成就万物。可见，儒家所说的人的价值的实现是在肯定自然造化整体价值基础上进行的。中国传统道家和儒家关于人与自然的价值关系、关于人的价值的认识对于我们今天重新认识人在自然生态系统整体中的地位和价值具有启迪意义。

生态中心主义同样将人纳入到自然生态系统整体中考察，如利奥波德大地伦理学认为"个人是一个由相互依赖的部分组成的共同体的一名成员"。而大地伦理"要把人类的角色从大地共同体的征服者改造成大地共同体的普通成员与公民。它不仅暗含着对每一个成员的尊重，还暗含着对这个共同体本身的尊重"②。深层生态学也认为，"人不是在自然之上或之外……而是

---

① ［美］霍尔姆斯·罗尔斯顿：《环境伦理学：自然界的价值和对自然界的义务》，载《国外自然科学哲学问题》，中国社会科学出版社 1994 年版，第 290 页。

② ［美］纳什：《大自然的权利》，杨通进译，青岛出版社 1999 年版，第 84 页。

创造活动的组成部分"①。罗尔斯顿也认为，在自然与文化的关系上，我们不能仅仅突出文化超越于自然的东西，还应强调自然与文化的关系的另一半真理："真正的（真实的）人需要栖身于某个环境中。人需要一个居住地，一个进行价值创造的基地……无论是从生物学的还是从物质需要的角度看，没有一个充满资源的世界，没有生态系统，就不可能有人的生命。"② 他们共同的看法是人是自然生态系统当中的一员，人的生存发展离不开其所栖居的自然生态环境，不能将人的价值凌驾于自然生态系统之上。生态中心主义在突出人从属于自然生态系统整体的基础上，也肯定人具有高于其他生物的内在价值，是自然生态系统进化出来的佼佼者。如罗尔斯顿肯定"从生态学的角度看，他（指人）位居食物链和生命金字塔的顶端"③。也正是基于此，他肯定人应当成为地球上的道德监督者。

生态中心主义还从生态伦理的角度考察了人在自然生态系统中具有的地位和应尽的责任。如罗尔斯顿在肯定人优越的内在价值基础上，认为人不应停留于如同其他生物物种一样只考虑自身生存的层面。他说："在地球上，只有人类……才能够客观地（至少在某种程度上）评价非人类存在物（从有机体到生态系统）的技能、成就、生活和价值；而这种客观评价（欣赏自然中的客体）的主观能力（主体的能力），是一种值得格外加以赞赏的高级价值。这种能力应该得到实现——饱含仁爱地，毫无傲慢之气地。那既是一种特权，也是一种责任，既是赞天地之化育，也是超越一己之得失。"④关于人的生存方式，罗尔斯顿采取了海德格尔"诗意地栖居"的思想。从其关于人在自然生态系统中的地位、作用和价值的观念看，罗尔斯顿与中国传统儒家"赞天地之化育"思想非常契合。不过，相对而言，生态中心主义主要是从道德伦理的角度考察人在自然生态系统的地位和应尽的责任，较少将其与社会生产方式结合起来。

---

① ［澳］W. 福克斯：《深层生态学：是我们时代的一种新哲学吗?》，肖俊明译，载《国外社会科学动态》1985 年第 7 期。
② ［美］霍尔姆斯·罗尔斯顿：《环境伦理学：大自然的价值以及人对大自然的义务》，杨通进译，中国社会科学出版社 2000 年版，第 454 页。
③ 同上书，第 458 页。
④ 同上书，第 465 页。

生态学马克思主义价值观和"人—社会—自然"协调发展的生态价值观在考察人与自然的价值关系问题上，具有不同于生态中心主义的思路，它不是将人纳入到自然生态系统整体中，而是将人、社会、自然视作相互作用、协同发展的复合生态系统。因而它对人的价值和地位的考察，是与社会生产方式相结合，强调人类的生产方式以及建立在此基础上的社会文化应促进"人—社会—自然"的协调发展。与此相关，它没有将人的价值和作用的发挥停留在道德伦理的应当上，而是探讨如何通过社会制度、生产方式的变革，实现"人—社会—自然"的协调发展。这方面内容我们在下文再作具体阐述。

（四）自然生态存在的效用价值

人类中心主义价值观在对自然生态存在价值的认识上，片面突出其对于人的工具价值，并且随着社会生产和科学技术的不断发展，越来越片面地将自然生态存在的工具价值归之于其对于社会生产生活的经济价值。实际上，即便是以人为生存主体考察自然生态存在的价值，人类中心主义的认识也是非常片面的。生态科学的发展以及生态环境危机的严峻也使人们逐渐认识到自然生态存在对于人的多方面多层面的效用价值。

关于自然生态存在的效用价值，罗尔斯顿也作了具体论述。他在《环境伦理学》一书中专门论述了"大自然所承载的价值"，认为自然生态存在具有生命支撑价值、经济价值、消遣价值、科学价值、审美价值、使基因多样化的价值、历史价值、文化象征价值、塑造性格价值、多样性与统一性的价值、稳定性和自发性的价值、辩证的价值、生命价值、宗教价值等 14 个方面。[①] 具体而言：

（1）所谓"生命支撑价值"，是指自然生态系统对众多生命以及人类生存发展的支撑作用。大自然本身是一个进化着的生态系统，它先于人而存在，在人类产生之前生态系统的主要价值已经生成。大自然养育了众多的生命，不同的物种在自然生态系统中都找到了适宜于自身生存的环境。人类的生存发展同样离不开自然生态系统，人类文化的形成发展也必须依赖于适宜

---

① ［美］霍尔姆斯·罗尔斯顿：《环境伦理学：大自然的价值以及人对大自然的义务》，杨通进译，中国社会科学出版社 2000 年版，第 3—35 页。

其生长的环境。（2）所谓"经济价值"，是说我们通常所谓的"经济价值"并不仅仅是人在劳动过程中创造的，自然生态系统是经济价值的基础，人所创造的经济价值必须建立在自然生态系统创造的价值基础上。大自然本身具有经济价值，是可供人类劳作的富饶之地，人类劳动所做的不过是转化自然事物，使自然生态存在的性能发挥作用。（3）所谓"消遣价值"是说大自然能为人们提供惬意的、休闲的、具有创造性的愉悦。人们在大自然中爬山、搭帐篷……能够享受到城市生活中所没有的闲暇、自然、简朴，获得相应的满足。（4）所谓"科学价值"是指大自然本身具有的纯科学价值。这里所说的"科学价值"不是从科学研究的实用价值或经济价值考察的，而是指大自然本身所具有的迷人的复杂性或规律，吸引着人们去探究。如连接爬行动物和飞鸟的侏罗系化石始祖鸟有很大的科学价值，它能为我们理解生命的发展和延续提供线索，但并无经济的或生命支撑的价值。（5）所谓"审美价值"是说大自然的景观、奇特的物种、动植物形态等都能为人们带来独特的审美体验。（6）所谓"使基因多样化的价值"是指生态系统中的有机体身上保存着丰富的基因，"基因物种是自然选择的结果，它有利于有机体的生存……在某种千载难逢的机遇下，一小点基因信息就能使人类受益匪浅，满足他们的生物需要或其他利益"[1]。（7）"历史价值"包含两方面内容，一是指作为文化的历史背景存在的价值，如"欧洲人也对大自然有着某种刻骨铭心的记忆：英国人与酸沼地、德国人与黑森林、俄国人与干旷的草原、希腊人与海洋都密不可分。所有的文化都生存于某种环境中"[2]；二是指自然本身的历史对于我们了解我们在大自然中的位置的价值。（8）"文化象征价值"是指某种自然存在物被作为文化象征的价值。如"秃鹰象征着美国人的自我形象和向往（自由、力量、美丽）……狮子是英国的象征，熊是俄国的象征"[3]。（9）"塑造性格的价值"是指人在大自然当中能够培养和塑造自身的性格。如人能够在荒野之地有计划地进行冒险，"学会根据气候的变化行事，能够迷途然后知返，回味成功的喜悦和失败的痛苦。

---

① ［美］霍尔姆斯·罗尔斯顿：《环境伦理学：大自然的价值以及人对大自然的义务》，杨通进译，中国社会科学出版社 2000 年版，第 17、16 页。

② 同上书，第 17 页。

③ 同上书，第 19 页。

荒野之地教会人们如何去关心他或她周围的自然环境"①。自然能够培养人的谦卑心和分寸感。（10）"多样性与统一性的价值"则将大自然的多样性和统一性与人的心灵统一起来。罗尔斯顿认为，人类复杂的心灵之所以产生，本身是为了应付这个既具有多样性又具有统一性的世界，因此，"在某种意义上，以大脑的复杂性和整合功能为基础的心灵，不过是大自然追求多样性和统一性的产物"②。（11）"稳定性和自发性价值"一方面从大自然本身的规律、秩序、稳定性肯定其对生命和心灵的支撑价值；另一方面从大自然的自发现象说明生物的有机性、能动性、创造性。大自然本身的稳定性和自发性的统一是人类精神有意识的自由产生的前提。（12）"辩证的价值"强调不仅大自然当中的顺境对人类的生存发展具有价值，而且从辩证的意义上讲，大自然当中的逆境对于人类的进化同样具有价值。罗尔斯顿说："一个完全充满敌意的环境会扼杀我们，在这样的环境中不可能产生生命；一个完全和顺的环境则会使我们迟钝退化，在这样的环境中同样不可能出现人类的生命。所有的文化和所有的科学都是在与大自然的对抗中产生的。"③（13）"生命价值"一方面肯定人的生命与其他生命存在之间的内在关联，是在统一的生命进化过程中产生的；另一方面强调生命本身是一个活跃的信息系统，生命之间的内在关联、生命的进化都是通过信息方式进行的。生命内在的复杂性规律、生命与环境的内在关联等对于我们具有科学价值。（14）"宗教价值"则是指大自然的宏大、深邃、神奇……能够激发我们的宗教情感和宗教体验。"荒野自然变成了某种类似于神圣的经文的存在物。对于那些纯正的荒野追求者而言，荒野是一座教堂；对大多数普通人而言，荒野偶尔也具有教堂的功能。"④

罗尔斯顿关于自然14个方面价值的阐述，实际上涉及大自然对于人类物质、意识、文化、精神等不同层次的价值。其中，生命支撑价值、经济价值、消遣价值主要是对于人的物质生活的价值；科学价值、审美价值主要是

---

① ［美］霍尔姆斯·罗尔斯顿：《环境伦理学：大自然的价值以及人对大自然的义务》，杨通进译，中国社会科学出版社2000年版，第21页。

② 同上书，第25页。

③ 同上书，第29页。

④ 同上书，第33页。

对于人的意识价值，因为科学、审美主要是作为一种意识形式存在；历史价值、文化象征价值则主要是对于人的文化价值；塑造性格的价值、多样性与统一性的价值、稳定性和自发性的价值、生命价值、辩证的价值、宗教价值则着重揭示的是大自然与人的生命内在的精神联系，属于对于人的精神价值。当然这样的划分略显粗略，有的价值实际上可能涵摄不同层面，如"使基因多样化的价值"对于人既具有科学价值，又具有物质层面的价值。"历史价值"既具有文化价值，同时对于人认识自身在自然界中的位置和价值又具有科学价值。

揭示自然生态存在对于人的多层面多方面价值，对于我们全面深刻地认识自然价值，纠正现代文化中片面强调大自然对于人的工具价值、经济价值的观念，重新认识大自然本身的重要性，形成人与自然协调发展的文化价值观念具有重要意义。同时，罗尔斯顿对于大自然的精神价值的肯定，与中国古代道家突出自然造化对于人的归宿价值、儒家"天命之谓性"中蕴含的天人之间的德性关联等思想观念具有一致性，这对于我们认识人类与自然之间的内在生命关联，突出大自然对于人的终极存在价值具有深远的意义。

二、"人—社会—自然"协同发展的价值目标

本部分我们主要在社会实践基础上探讨生态价值观的内涵，主要是从马克思主义的立场观点出发，探讨生态价值观的价值目标、人本主义特征及其对现代文化价值观的转型等方面内涵。

（一）与现代文化价值观的差别

在生态价值理想上，生态学马克思主义及学术界"科学的生态价值观"等与生态中心主义的一个重要区别就是，生态中心主义偏重于肯定自然生态系统本身的作用和存在状态，突出自然生态系统对人的社会实践的约束作用。生态学马克思主义及"科学的生态价值观"等则将建立在社会实践基础上的"人—社会—自然"的协同发展视作生态价值目标，相对突出人的社会实践的作用。

"人—社会—自然"协同发展的价值目标是对现代文化征服自然、改造自然的价值观念的重大变革。现代文化是建立在人与自然分离对立基础上的，它只考虑人对自然生态存在的利用和改造。在经济、社会发展方面，片

面强调经济的增长，而忽视社会的全面发展以及社会经济与自然生态系统之间的协调。在发展目标上，只看到眼前利益和局部利益，而忽视社会可持续发展的长远利益和整体利益；"人—社会—自然"协同发展则肯定社会、经济活动与自然生态系统之间的复杂相互作用，肯定自然生态系统对社会实践活动的制约。在人与自然关系上，由过去片面强调人与自然的分离对立，人类对自然的征服和改造，转变为突出社会、经济与自然生态的协调发展，突出人对"人—社会—自然"的协调作用。在社会发展方面，由过去片面强调经济发展，转变为社会、经济、自然生态系统的协调发展。在发展目标上，由过去只关注眼前利益和局部利益，转变为关注社会可持续发展的整体利益和长远利益，强调在"人—社会—自然"复合生态系统整体协调的基础上，实现人类社会的全面、协调和可持续的发展。

（二）人本主义的生态价值观

"人—社会—自然"协调发展的生态价值观是一种人本主义的生态价值观。它一方面区别于生态中心主义强调其他生命物种与人的平等价值，将自然生态系统整体的价值置于人的价值之上，生态价值观从人自身的生存与发展出发，考察社会、经济与自然生态系统之间的价值关系，坚持人本主义的立场。但人本主义生态价值观又区别于现代文化的人类中心主义价值立场，是建立在生态科学、复杂性科学理论基础和生态文化思潮发展基础上的。其所谓人本，不是个人主义意义上的人本，而是突出人类整体利益的人本。具体而言，它强调个人乃至不同国家、地区和社会群体，在人口增长、利用资源和环境时，不应危及他人、其他国家和社会群体的生存和发展的需要；其所谓人本，也不是单纯强调人的物质利益的人本，而是人自身物质、文化、精神全面发展意义上的人本。具体而言，它要求个人通过社会实践，在与他人的社会交往过程中，使自身内在的个性和能力得到充分的发展。物质需要的满足是人自身全面发展的基础，但是人本身还存在文化、精神等多层面的需要。因此人本主义价值观要求创造相应的社会文化环境，使每一个人能够接受全面系统的教育，形成系统的知识结构和健全的人格，并能够在现实社会生活中充分发挥自身的才干，最大限度地实现自身的潜能和价值；其所谓人本，不是只考虑人类当前利益的人本，而是考虑到后代长远利益的人本。具体而言就是，当代人应保护自然生态环境，维护子孙后代生存发展的条件；其所谓人本，也不是只看到人自身生存发展的人本，而是肯定人与自然一体相关，尊重自然的价值和自然的生存合理性，"人—社会—经济"相互作用、相互依存的人本。人的全面发展、社会经济的可持续发展是通过"人—社会—经济"复合生态系统的协调发展实现的。

生态价值观从生态科学思想出发，在人与自然的关系上，不仅看到人自身的生存和发展的目的，而且肯定自然生态系统本身的内在目的性。自然生态系统本身是一个开放的进化的过程，存在一定意义上的合目的性，它倾向于创造、保持更多的生命物种，倾向于维护生态系统的整体繁荣和进化。人和人类社会作为自然生态系统的有机组成部分，必然受到宏观层次的生态规律和趋势的约束，必须遵从自然生态系统本身的目的性。同时，人类作为自然生态系统进化到高级阶段的产物，又具有自身的独特性、优越性，人不仅具有同其他生命物种一样的生存目的，而且具有其他物种所没有的力量、自由意志和道德责任。工业文明以来的科技发展和对自然界的开发改造，显示了人类巨大的本质力量，而生态环境危机的出现和发展则昭示着人类应发展自身的道德责任感和道德理性，肯定人自身的生存和发展与自然生态系统演化两种目的性，实现两种目的的相互协同，在此基础上实现自然生态系统的进化和人类社会本身的可持续发展。

（三）建立在社会实践基础上的生态价值观

社会实践在"人—社会—自然"的存在和发展过程中起着主导作用。特别是随着近现代科学技术的发展，人的本质力量的不断提高，人的社会实践已逐渐成为生态系统中起支配、控制、调节作用的重要因素，由此导致的生态系统内部诸要素之间非线性相互作用比之前任何时候都更加突出。关于社会实践与自然界之间的关系，马克思曾说："人们在生产中不仅仅影响自然界，而且也相互影响。他们只有以一定的方式共同劳动和相互交换其活动，才能进行生产。为了进行生产，人们相互之间便发生一定的联系和关系；只有在这些社会联系和社会关系的范围内，才会有他们对自然界的影响，才会有生产。"[1] 在马克思看来，人与自然的关系建立在社会实践基础上，由是，人与自然之间的矛盾也伴随着社会实践产生，人与自然之间矛盾

---

[1] 《马克思恩格斯选集》第 1 卷，人民出版社 1995 年版，第 344 页。

的解决同样离不开社会实践。在实践过程中，通过人的自然化和自然的人化，到共产主义社会，人与自然之间的矛盾得到最终的解决。

人的社会实践总是与一定的价值观相互关联的，由此社会实践在"人—社会—自然"复合生态系统中的作用也存在正反两方面的性质。当人的社会实践建立在物质贪欲基础上，社会生产方式呈现出日益扩大的趋势，消费主义价值观流行，社会实践对生态系统的协调起着破坏作用；当人的社会实践建立在道德理性基础上，社会通过相应的道德规范、法律法规、社会制度约束生产方式，社会经济系统能够实现与自然生态系统的协调。正是在此思想基础上，生态学马克思主义从资本主义社会制度、生产生活方式的角度，分析反思生态环境危机的社会根源，认为生态环境危机根源于资本主义社会日益集中的生产方式和日益扩大的生产规模，资本主义生产日益集中的趋势与科学技术的发展直接相关。而资本主义社会生产不断扩大的趋势和对科学技术的运用，则与"资本的逻辑"相互关联，是与资本主义对利润的贪欲相联系的。卢风认为，在资本主义社会，物质主义的价值观念以及与此相关联的经济主义和消费主义的流行，与"自由主义和现代社会制度的庇护"密切相关，经济学、现代媒体的推波助澜也难辞其咎。自由主义是经过现代无数思想家论证的精致的政治思想体系，但其倡导的自由、民主却使社会大多数人认同的物质主义、拜金主义"大化流行"；现代经济学宣称经济学可以解释一切人类行为，认为经济学是使人幸福的学问，是关于人生最高目标的学问，因此能够全面指导人们的价值追求。物质主义经过现代媒体的"包装"，又体现为经济主义与消费主义。同时，科学技术的日益发展也激发了人们对"难得之货"的无限贪求。正是资本主义制度和文化对物质主义、经济主义、消费主义等价值导向的激励，才造成了"大量生产——大量消费——大量废弃"的生产生活方式，使人类深陷生态环境危机。①

当代日益严重的生态环境危机要求变革资本主义社会制度、生产生活方式以及与此相连的价值观念。从生产生活方式而言，转变生产日益集中和扩大的趋势，发展小型技术、绿色技术，转变消费主义价值观，树立适度的消

① 参见杜维明、卢风《现代性与物欲的释放——杜维明先生访谈录》，中国人民大学出版社2009年版，《前言》第2—7页。

费观念。生态学马克思主义在这方面进行了许多有益的探索，上文已有阐述。而在价值观方面则要求变革资本主义社会中流行的个人主义、物质主义、人类中心主义、科学主义价值观念。具体而言，转变个人主义片面强调个人权利的观念，突出人对他人、社会和生态环境的责任；转变物质主义的价值观念，突出精神追求对于人生的意义；转变人类中心主义价值观念，肯定自然生态系统本身的目的性和价值以及人与自然生态系统的内在关联，从自然生态系统本身的规律、趋势、承载力约束人的社会实践活动；转变科学主义价值观念，消解人们建立在科学理性基础上的狂妄自大，树立人对自然生态的家园意识和对宇宙自然的敬畏之心。①

　　生态价值观是实现现代文化向生态文化转型的重要内容，也是生态文化思潮诸流派关注的理论主题，在生态文化理论体系中处于重要位置。在这里，我们主要从生态价值观与生态世界观、生态实践的关系两方面加以说明。

　　首先，生态价值观是建立在生态世界观基础上的。生态价值观关于自然生态存在的价值、"人—社会—自然"协调发展的价值目标的认识，是建立在生态世界观关于自然生态存在、"人—社会—自然"复合生态系统的认识基础上。两者均是从生态文化的双重视角展开论述的。生态世界观从生态科学、复杂性科学理论出发，对自然生态存在的有机性、主体性、关联性、整体性的认识，是生态价值观确立自然生态存在内在价值、生态系统价值的思想基础。因为肯定生物有机体的生命特征、目的性、主体性，所以肯定生物有机体的内在价值；因为肯定生态系统的自组织进化，所以肯定生态系统的目的和价值；生态世界观将"人—社会—自然"视作经济、社会、自然生态系统之间复杂相互作用的复合生态系统，所以生态价值观确立"人—社会—自然"协同发展的价值目标；生态世界观突出社会生产方式、社会制度在"人—社会—自然"生态系统中的主导地位，所以生态价值观要求将价值观与不同社会生产方式、社会制度结合起来探讨生态危机的根源和生态价值目标的实现。

　　其次，生态价值观为生态实践提供了理论前提。生态价值观肯定生物有

---

① 卢风：《论生态文化与生态价值观》，《清华大学学报》2008年第1期。

机体的内在价值。生态系统的价值，要求我们在生态实践中转变现代文化中将自然生态存在仅仅视作供人利用和改造的资源的观念，树立尊重生命、尊重自然的伦理准则；生态价值观将"人—社会—自然"的协调发展作为价值目标，并将价值观与社会制度、生产生活方式相结合的认识，要求我们将生态实践与社会制度、生产生活方式的变革联系起来，转变生产方式日益集中、不断扩大的趋势，发展与生态相协调的小型技术、绿色技术，转变消费主义的生活方式，形成适度消费的生活观念。通过思想宣传、制定相应的法律法规、政策措施，将生产生活方式导向与生态协调的轨道上来，促进"人—社会—自然"的协调发展。

第二节　从人类中心价值观到生态价值观

生态文化价值观是在生态科学、复杂性科学发展的基础上，批判反思现代文化价值观的产物。在批判反思现代文化价值观的过程中，生态思想家也自觉地向古代文化价值观中吸取思想资源。尽管在生态文化思潮中不同流派思想家对自然生态存在的价值、人与自然之间的价值关系等方面存在不同的认识，但在肯定生态价值观与现代人类中心主义价值观的本质差异上，大家的认识则具有共同性。第二章我们简要介绍了古代文化、近现代文化、生态文化价值观的基本内涵和特征，在这里，我们首先阐述生态文化价值观产生发展的三个阶段，然后在此基础上阐明生态价值观对现代人类中心主义价值观的转型。

一、生态价值观发展的三个阶段

现代文化价值观向生态价值观的演变本身存在一个过程，并在时下呈现出多元发展的状态。大体而言，生态文化价值观的形成发展可以划分为现代人类中心主义生态价值观、非人类中心主义价值观和"人—社会—自然"协调发展的生态价值观三个阶段。

现代人类中心主义生态价值观主张对片面的人类中心主义价值立场进行修正，但它仍是在人类中心主义价值观的范围内考察人与自然的关系。现代人类中心主义生态价值观的代表有诺顿（B. G. Norton）的弱式人类中心主义和墨迪（W. H. Murdy）的现代人类中心主义。诺顿一方面强调人类保护自然生态环境是为了人自身的利益，离开人自身并不存在所谓价值；另一方面又对人类中心主义进行了修正。他将人类中心主义区分为"强式"和"弱式"两种，所谓"强式"人类中心主义就是把满足人类个体的任何感性偏好作为价值标准，而不考虑个体感性偏好是否合理的问题。所谓"弱式"人类中心主义则是把人类个体的理性偏好的满足作为价值标准，要求关注人的偏好是否合理的问题。诺顿认为，弱式人类中心主义能够有效避免生态问题的产生。墨迪一方面明确承认每一物种均有其内在价值，认为"人并非一切事物的衡量尺度。他不是宇宙的中心，不是一切价值的源泉，也并非地球进化的终点"；但是另一方面，墨迪又强调人作为一个物种，同蜘蛛一样，不可能超越自身物种的界限评价其他事物的价值，而只能以自身这个物种为中心，其所谓人类中心主义"就是要高度评价使我们成为人类的那些因素，保护并强化这些因素，抵制那些反人类的因素，它们威胁要削弱或毁灭前一种因素。人之外的自然不会采取行动保护人的价值：这只能是我们自己的责任。"①

非人类中心主义又分为生物中心主义和生态中心主义两种形式。生物中心主义的代表是保尔·泰勒（P. Taylor）。泰勒肯定所有生物均是生命目的的中心，拥有自身的"善"，但是无机物和人造机器却不具备这样的"善"，只有那些拥有自身"善"的存在具有天赋价值，应该获得相应的道德关怀。生物中心主义认为，人与其他生物一样，是地球生物共同体的成员，因此并不具有优越于其他生物的价值；大地伦理学、深层生态学和自然价值论的价值观则是生态中心主义价值观，如利奥波德确立了"当一个事物有助于保护生物共同体的和谐、稳定和美丽的时候，它就是正确的，当它走向反面时，就是错误的"② 整体主义价值原则；深层生态学肯定"生物圈中的所有事物都拥有生存和繁荣的平等权利，都拥有在较宽广的大我的范围内使自己的个体存在得到展现和自我实现的权利"③。罗尔斯顿肯定生态系统作为价

---

① W. H. 墨迪：《一种现代的人类中心主义》，《哲学译丛》1999 年第 2 期。

② 奥尔多·利奥波德：《沙乡年鉴》，侯文蕙译，吉林人民出版社 2000 年版，第 213 页。

③ Bill Devall and George Sessions, *Deep Ecology: Living as if Nature Mattered*, Salt Lake City: peregrine Smith Books, 1985, pp. 66-70.

值存在的一个单元，具有比人更高的价值等等。生态中心主义价值观的共同观点是肯定地球生物圈整体的价值，肯定生命有机体具有自身的内在价值，人只是生物圈整体中的一员。人虽然在生物有机体当中拥有最大的内在价值，但是并不具有凌驾于生物圈整体之上的价值。生态中心主义突出生物共同体整体的价值和生命有机体的内在价值，相对削弱了人自身的价值，因此受到人类中心主义的批评，甚至被指斥为"生态法西斯主义"，具有自身的思想局限性。

近年来，西方生态学马克思主义和国内一些学者从马克思主义的实践观点出发，阐述生态价值观的内涵。如生态学马克思主义主张通过转变资本主义生产生活方式，转变资本主义建立在利润驱动基础上的生产生活方式，建立一种人本主义或人道主义的价值观。国内一些学者提出"科学的生态价值观"或"生态人文主义的价值观"，将建立在社会实践基础上的"人—社会—自然"生态系统的协调发展作为生态价值理想。两者均强调将生态价值观建立在人本主义基础上，并具体探讨不同利益集团、发达国家与发展中国家、当代与后代之间的价值平等之类的现实社会伦理问题。

相对而言，生态中心主义价值观在国内外生态文化思潮中影响较大，它对于我们认识生物有机体、自然生态系统的价值，树立尊重生命、尊重自然的伦理观具有重要意义。生态学马克思主义在 20 世纪 90 年代以来越来越引人注目，其从生产方式、社会制度角度探讨生态环境危机根源及解决方式的立场、观点，使它成为能与生态中心主义相抗衡的重要流派。生态学马克思主义对于我们确立和实现"人—社会—自然"协调发展的生态价值目标，具有重要意义。

二、生态价值观对人类中心价值观的转型

生态文化价值观虽然本身存在不同的发展阶段和流派，但它们在肯定自然价值，改变人与自然之间的价值关系等问题上也存在着许多共同点，与现代文化人类中心主义价值观有着本质的差别。同时，从对时下生态文化思潮的影响来看，生态中心主义价值观和"人—社会—自然"协调发展的生态价值观更有代表性，因此，在这里，我们试以这两种价值观为主体，简要说明生态价值观对人类中心主义价值观的转型。关于生态价值观对人类中心主

义价值观的转型，我们大体上可以从自然的价值、人的价值和人与自然之间的价值关系三方面说明。

（一）自然的价值：工具价值向内在价值的转型

人类中心主义价值观只承认自然生态存在对于人的工具价值，由于片面强调经济发展在社会发展中的基础和核心地位，实际上，现代文化价值观主要是从经济生产和人的物质生活需要角度考察自然生态存在对于人的经济价值。在人的眼里，自然生态存在只是满足人们物质生活需要的资源或工具。同时，由于片面强调自然的经济价值，自然对人的效用价值本身也被单一化，自然作为人的生存环境所具有的生命支撑价值、对人的精神价值如审美价值、宗教价值等多层次价值被忽略。生态价值观则大多肯定自然生态存在的内在价值。如泰勒从所有生物均是生命目的的中心、拥有自身的"善"肯定生物有机体的内在价值。罗尔斯顿《环境伦理学》一书则系统论述了自然生态存在的内在价值、工具价值和生态系统的价值。在他看来，生物和生态系统均是价值创造的主体，任何生物都会从自身生存的目的出发从工具价值的角度考察环境事物，能够创造性地适应环境实现自身的进化。自然生态存在不仅具有相对于人的工具价值，而且具有相对于所有生物有机体的工具价值。在生态系统内部，生物之间的协同进化能够带来生态系统本身的进化发展。生态系统虽然不具有生物那样的主体性，但是它倾向于创造更复杂的生命，保持生物多样性，维持系统本身的和谐有序，本身具有无目的的目的性，因而同样具有自身的内在价值。生态学马克思主义虽然宣称"复归人类中心主义"，但它从马克思所说"动物只是按照它所属的那个种的尺度和需要来建造，而人却懂得按照任何一个种的尺度来进行生产，并且懂得怎样处处都把内在的尺度运用到对象上去；因此，人也按照美的规律来建造"① 的观点出发，同样肯定其他生物物种的内在尺度、内在价值的存在。

（二）人的价值：价值中心向德性主体的转型

中国古代儒家哲学在人与自然造化的关系上，一方面肯定人是自然造化的产物，人的本性是由天命赋予的，所谓"天命之谓性"；另一方面又突出人的德性主体地位，肯定人能够"继善成性"，继承天地"生生之德"，扩

---

① 马克思：《1844 年经济学哲学手稿》，人民出版社 1985 年版，第 53—54 页。

展自然赋予的"仁"性，实现"天地万物一体之仁"，"赞天地之化育"，使人与天地万物的价值均得到实现。但是，到现代人类中心主义那里，由于人的本质被片面理解为认知理性和工具理性，人将自身置于自然万物的价值中心，自然万物成了满足自身物质利欲的工具。随着科学技术的进一步发展，人的科技理性片面发展，又导致了人的本性的异化，人被异化为"理性人"。在市场经济条件下，出于对物质财富的片面追求，"理性人"进一步异化成"理性经济人"。生态价值观在对人的价值的看法上，一方面肯定人是自然生态系统中平等的一员，肯定所有生物均是自身生命的中心，突出人的存在与自然生态系统的有机联系，以消解现代文化价值观中片面的人类中心观念；另一方面又肯定，较其他生物而言，人类具有更大的内在价值，在人身上凝聚着生命物种共同起源和整个生命系统演化的基本信息，具有反映整个宇宙全部复杂性的潜能，是生态系统的潜在的调控者。同时，伴随现代文化带来的现代科技的发展和人的内在本质力量的片面发展，人类及其社会实践活动逐渐成为自然生态系统中起支配、控制、调节作用的重要因素。因此，生态价值观突出人对自然生态存在的道德责任和义务，要求人进一步思考"人究竟应当怎样去实现自己的价值才是真正承担起了对整个自然生态系统应有的责任和义务，从而成为真正超越了其他生命形态的存在"，要求"人类在自然生态系统的演化历程中承担起促使自然生态系统优化发展、不断进化的责任和义务，更要求人类在不断发展的实践活动中发挥好实践对自然生态系统演化的调控作用"[①]。这实际上是在新的历史条件下重新突出人在自然生态系统中的德性主体地位，要求人成为"人—社会—自然"复合生态系统的协调者。

（三）价值关系：从征服改造到协同发展

在古代社会，由于人的本质力量尚未得到相应的发展，人在与自然的关系上处于依附和从属地位，因此其价值观主要强调自然造化过程及规律的价值，在人与自然的价值关系上，要求人顺任自然造化，遵循自然规律，保持人与自然万物的自然本性。现代社会，随着科学技术的发展，人们对自然规律的认识日益丰富，逐渐揭开了蒙在自然脸上的神秘面纱，人们逐渐形成了

---

① 康兰波、王伟民：《生态价值观与人类现有生存方式的改变》，《青海社会科学》2003 年第 6 期。

关于自然界的机械论认识，将自然万物的存在理解为机械的、消极的、被动的存在物。在人与自然的关系上，强调人的能动性、主体性，而将自然万物视作任由人类改造利用的资源或工具。同时，科学技术也增强了人改造利用自然的力量，科技理性作为人的本质力量受到片面夸大，改造自然、征服自然的观念甚嚣尘上。现代科学技术和生产方式对自然的利用和改造导致日益严重的生态环境危机，使人们逐渐意识到人类实践活动对自然生态系统的消极作用，意识到自然生态系统承载力的有限。因此，在人与自然的价值关系上，生态价值观开始强调人对自然生态规律的认识和遵循，生态中心主义甚至主张将人作为自然生态系统中的普通一员，将自然生态系统整体的价值置于人的价值之上，体现了回复古代有机整体论自然观的趋势。生态学马克思主义价值观以及"人—社会—自然"协调发展的生态价值观则强调以人为本，在社会实践的基础上促进社会、经济和自然生态系统的协调发展。文化价值观整体呈现出由征服改造向协同发展的转型。

本章我们主要从两方面探讨了生态文化价值观的内涵及其对人类中心主义价值观的转变：一是在生态科学、复杂性科学理论基础上，转变现代文化只承认自然生态存在对于人的工具价值、经济价值的观念，重新认识自然生态存在的价值，肯定生物有机体作为生命存在的主体，具有自身的内在价值，自然生态系统的自组织演化具有自身的目的性，它倾向于创造更多的生命，保持生物物种的多样性，维护生态系统的和谐有序，因而具有系统价值。由此要求人类改变现代文化否定自然生态价值的观念，树立尊重生命、尊重自然的价值观、伦理观。当代生态中心主义价值观对于我们重新认识自然生态存在的价值、人与自然生态环境的一体性关联具有重要意义。二是在价值理想或价值目标上，转变现代文化从人类中心主义价值观出发，只看到人自身的利益、眼前利益、经济利益，盲目征服自然、改造自然的价值观念，树立"人—社会—自然"协调发展的价值目标。"人—社会—自然"的协调发展是建立在科学的人本主义基础上的，它是从人自身的全面发展、人类整体的长远的生存发展出发，强调经济利益、社会利益、生态利益的共同实现。生态学马克思主义将价值观与社会制度、生产方式相结合探讨生态危机的根源及其解决方式的相关认识，对于我们认识"人—社会—自然"协调发展的内涵具有启迪意义。

第五章　生态思维方式对现代思维方式的转型

　　人类思维是从生命有机体适应环境的本能发展而来的，是生物与环境相互作用过程中自组织进化的产物。自然环境处于不断的变化过程中，生物必须通过自身的自组织活动适应环境的变化。生物的自组织活动包括两个方面：一是调整自身机体结构、功能以适应环境，这是最基本的；二是改造环境以满足自身的需要。生物机体适应环境的内在机制可视作思维的雏形，本身存在一个由简单的机体反应机制→中枢神经系统内在调节机制→大脑调节机制的发展过程。人的思维器官大脑正是在这一进化过程中形成的。"从宏观的历史尺度讲，我们的脑本身就是对生物进化的浩瀚的历史跨度和无情的自然选择与生存竞争留下的记忆"①，包含生命智慧的全部信息；除了思维器官上的进化之外，思维的进化还表现在思维内容上，人所处的环境主要是自身营造的社会环境，其思维内容主要是社会内容，包含文化知识的学习，以及不同专业人们之间的思想交流。在当代，人类思维的进化不再是通过机体结构的改变或脑量的增加，而是通过对自然、社会信息的整合，提高大脑接受、存储、整合信息的能力。人的思维又是与社会实践相联系的。在实践过程中，主客体相互作用，一方面改变认识对象，另一方面也改变自身，形

---

　　① 郭爱克：《关于生命与思维的新自然观》，载童天湘、林夏水《新自然观》，中共中央党校出版社 1998 年版，第 180 页。

成关于自然、社会的知识和智慧，人的思维能力（智慧）随着社会实践的发展而发展。[①]

　　思维方式是与一定历史时期社会实践和思想观念相关联的思考问题的方式。思维方式本身又包含思想观念、知识经验、思维方法和思维习惯等要素。王国聘教授认为，任何一种社会思维方式，都是由关于对象世界的认知结构、价值结构、思维方法三个方面有机构成的。[②] 思维方式在社会实践中产生，伴随社会实践的发展而发展。同时，思维方式又对社会实践具有制约作用。

　　生态文化思维方式是在对现代思维方式批判反思过程中形成的，是对古代有机整体论思维方式和现代主体论思维方式的继承和发展。生态文化思维方式是在当代生态科学与复杂性科学理论基础上形成的，主要包括系统整体论的认知结构、人与自然协调发展的价值取向和生态综合的思维方法三方面内涵。本章首先从这三方面论述生态思维方式的基本内涵，然后论述生态思维方式对现代思维方式的转型及其对古代、现代思维方式的继承和发展。

第一节　生态思维方式的基本内涵

　　关于生态思维方式的内涵，我国学术界相关论述颇多。余谋昌教授将生态思维概括为系统整体性思维，并从整体系统性、综合性和创新性三方面概括生态思维的主要特点；刘湘溶教授将生态思维的基本原理概括为整体性原理、多样性原理、开放性原理（边缘优势效应原理）和未来优先原理；王治河则从建设性后现代主义的立场出发，从有机思维、过程思维、和谐思维和多元思维四方面概括生态思维的内容；王如松教授则着重论述了生态整合的思维方法。[③] 以上相关论述虽然各有侧重点，但大多是从生态思维的系统整体论的认知结构、人与自然协调发展的价值取向、生态综合的思维方法三

　　[①] 王晓华、陈红兵：《何为"生态思维"》，《东岳论丛》2005 年第 6 期。
　　[②] 王国聘：《论现代思维方式与城市观的更新》，《南京林业大学学报》2003 年第 1 期。
　　[③] 刘湘溶：《生态化思维及其基本原理》，《江苏社会科学》2009 年第 4 期；王治河：《生态文明呼唤一种后现代思维》，《中国浦东干部学院学报》2010 年第 3 期；王如松、欧阳志云：《生态整合——人类可持续发展的科学方法》，《科学通报》1996 年 5 月。

方面展开论述。

一、系统整体论的认知结构

认知结构是与主体关于认识对象、认识内容的认识和界定相关的，不同思维方式关注客观事物的不同方面。生态思维是建立在生态科学、复杂性科学理论关于世界万物的认识基础上的，生态科学、复杂性科学关于世界存在、人与自然万物关系的基本观念及认知方式，直接影响着生态思维的认知结构。

生态科学主要以生物与环境的关系以及生态系统为认识对象，复杂性科学与生态科学密切相关，生命系统、生态系统内部要素之间的复杂相互作用，以及系统自组织演化规律是复杂性科学关注的主要内容。生态科学、复杂性科学理论突出的系统存在的复杂性、整体性、关系性、过程性等，规定了生态思维认知结构的基本内容。

第一，生态思维的复杂性。与现代思维将复杂多样的世界归结为简单的本质和规律不同，复杂性科学主张如实地反映世界复杂多样的样貌和过程。现代思维突出事物存在的共性，事物之间的线性因果关联，复杂性科学则肯定事物存在及事物之间关联的复杂多样性，并强调事物存在的复杂多样是世界存在活力的源泉、系统稳定的基础；关于事物演化机制及规律，现代思维片面强调因果决定性机制的作用，复杂性科学则强调复杂系统自组织演化的随机性、不可逆性。在它看来，线性因果规律只是系统处于平衡状态时起主导作用的机制和规律。当系统处于远离平衡态时，随机性开始起主导作用，系统行为难以预测，系统演化呈不可逆性。因此，在复杂性科学看来，系统的自组织演化是因果决定性机制、随机性机制和目的意向性机制共同作用的结果。[①]

第二，生态思维的整体性。与现代思维突出事物的构成部分不同，生态思维突出存在的整体性。在它看来，客观世界不存在孤立的事件，任何一件事情的发生都会影响到其他事件及过程的变化，并进而影响到整体存在状态及发展趋势。事物的构成要素不能完全说明事物整体的存在状态、性质和发

---

① 参见张志林、张华夏《系统观念与哲学探索》，中山大学出版社 2003 年版，第 136—184 页。

展变化，事物要素之间的复杂相互作用及自组织演化机制对整体存在起着重要作用，同时，也是存在整体性的重要方面。

第三，生态思维的关系性。与现代思维突出存在的实体性不同，生态思维强调事物之间关系对事物存在状态、性质的作用。在它看来，"每一事物都以这种或那种方式与世界上的其他事物联系着"。具体事物并不存在固定不变的性质，同一事物处于不同的关系或环境中，具有不同的存在状态和性质。建设性后现代主义思想家苏哈克认为，一事物的健康发展在某种意义上有赖于与它相关联的所有事物的健康，"相互依赖是生命的内容"①。同时，现代思维将事物之间的关系简单理解为线性因果关系，生态思维则强调事物内部诸要素之间、事物之间非线性复杂关联，强调它们之间的复杂相互作用、协同运作，是系统整体性的源泉和系统自组织演化的内在动力。

第四，生态思维的过程性。与中国古代将世界存在视作统一的造化过程相类似，复杂性科学将生命及生态等复杂系统视作统一的自组织演化过程。与现代思维从外在寻找事物变化的动力不同，复杂性科学从内在认识事物变化发展的动力，认为复杂系统自组织进化的动力来源于自然界自身的相互作用。生物在适应环境变化的过程中调节自身结构功能，实现自身的生存和进化；自然生态系统则通过对内在构成要素的选择，使那些适应环境变化发展趋势的要素得以进化发展。生态思维认为，生态系统与生命系统的变化发展在时间上是一个不可逆的过程，其内在要素之间的非线性协同作用、自组织演化机制是其内在动力和机制。

生态思维还从整体性的视角认识人类社会与自然生态系统之间的关系。在它看来，一方面，人和人类社会来自自然界，并时刻与自然界进行物质、能量、信息的交换，是自然生态系统的有机组成部分。人类社会实践受自然生态环境制约，必须遵守自然生态规律，不能超过自然生态环境的阈限。另一方面，人和人类社会又是自然生态系统中重要的能动要素。人的智慧是自然生态系统长期进化的最高产物，本身具有自然生态系统及其演化的全息，因此具有认识自然生态系统运化规律的潜能。同时，人类社会科学技术的发展、社会实践深度广度的拓展，本身又对经济系统、社会系统及自然生态系

---

① Suchocki, *The Fall to Violence*. New York: The Continuum Publishing Company, 1999, p. 69.

统存在广泛的整体效应。在人类社会和自然生态系统的关系上，人类的社会实践起着主导作用。人们在利用和改造自然生态系统的实践过程中，一方面实现自然的人化，使自然界打上人的烙印；另一方面也逐渐深化自身关于自然生态系统的认识，改进人类社会利用改造自然的方式，实现人的自然化。随着人类社会实践的发展，人类社会与自然生态系统之间相互作用、相互影响的关系日益密切，越来越要求人们将经济—社会—自然作为一个复合生态系统整体进行考察。

二、人与自然协调发展的价值取向

首先，生态思维的人与自然协调发展的价值取向是与现代思维人与自然对立，单纯从人自身物质利益出发的功利型价值取向相对而言的。

人与自然协调发展的价值取向是建立在生态思维系统整体性认知结构基础上的，正因为生态思维将社会—经济—自然视作复合生态系统整体，所以人自身需要的满足必须考虑社会利益、经济利益与自然生态利益之间的协调发展。

生态思维的人与自然协调发展的价值取向，其一，超越了在人与自然万物关系上单纯强调人的价值的观念，它肯定自然万物的内在价值，肯定人与自然万物价值的平等性，将人与自然万物的共生共荣作为自身价值取向的重要方面。生态思维对人与自然万物平等价值的肯定，首先根源于人自身利益的实现离不开自然万物本身的多样性与繁荣。生态环境危机已使人们认识到，人类社会的可持续发展，必须建立在生态系统本身的稳定和繁荣基础上。生物多样性的保持是生态系统稳定和持续繁荣的基础。而生物多样性的消失以及生态系统本身平衡的破坏，必然破坏人类自身生存的根基，直接影响到人类社会当下的生活质量和未来生存发展的可能；其二，生态思维关于人与自然万物平等价值的肯定，源于对自然生态系统中万物平等共生关系的体认。在自然生态系统中，生物与生物之间的关系并不单纯是捕食、寄生、类寄生等相互排斥的关系，它们之间同样存在着互生、互惠、共栖等相互吸引、和谐共生的关系，生态系统总是趋向于逐步增加和提高生物的种类和复杂性、数量和质量，并使新物种和老物种和睦相处，实现自身的稳定和进化。也正是不同生命的共同创造，才有地球生态系统的产生、稳定和繁荣。

因此，从自然生态系统的角度言，不同生物具有平等的生存权利，人类社会的发展，不应将自身的生存发展建立在剥夺其他生命存在权利和破坏生态系统本身的繁荣基础上，而应建立在维护和促进自然生态系统本身的稳定和繁荣基础上。

其次，生态思维人与自然协调发展的价值取向，是建立在社会—经济—自然复合生态系统本身的整体性认识基础上的。随着生态环境危机的出现以及生态科学的发展，人们逐渐认识到社会、经济与自然生态本身是一个生态系统整体，在这一系统整体中，人类利益和生态利益相互依存。从一定意义上讲，人类对自然生态利益的维护，实际上就是对自身利益的维护；对自然生态利益的损害，本身就是对自身利益的损害。人类社会—经济—自然复合生态系统中各子系统之间的相依共存、相互作用，决定了我们不能离开复合生态系统整体，单纯追求社会、经济系统本身的发展。只有在追求复合生态系统本身的最优化前提下，才能实现社会、经济的可持续发展。在这方面，罗尔斯顿关于经济与生态关系的最大化思维和最优化思维的辨析对我们具有启发意义。罗尔斯顿主张"要用生态分析对经济分析做补充"，"在思考经济与生态妥协时，要确定发展的程度"；在论及"森林伦理"时，他说："森林的经济利用与生态利用二者是对立的，采用砍伐则输掉了生态效益，得到经济效益。但采用在一定生态限度内的砍伐，森林的经济与生态二者兼顾，既赢得生态效益，也赢得经济效益，这里关键是决策应当能使对立面妥协。"① 从根本上说，将社会—经济—自然视作相互关联、相互作用、协调发展的复合生态系统，是从复合生态系统整体的高度认识人类社会的生存发展。这一思维视角是对现代思维只看到人自身的生存利益，将人的利益与自然对立起来的观念的转变和拓展。

第三，生态思维人与自然协调发展的价值取向还体现了"未来优先"的价值原则。刘湘溶教授认为："所谓'未来优先'，就是我们在进行变革自然的实践时，一定要虑及其长远的生态后果、环境后果，奉行谨慎原则，切忌急功近利。我们应该牢牢记住'坏作为比不作为更糟，盲目的发展比

---

① 叶平：《关于环境伦理学的一些问题——访霍尔姆斯·罗尔斯顿教授》，《哲学动态》1999年第9期。

不发展为祸更烈'这一道理。"① 可见，所谓"未来优先"，就是不仅考虑当下人的共同利益，而且考虑子孙后代生存发展的可能。而只顾当代人物质利益的满足，不顾人类社会实践活动对生态环境的破坏，必然破坏人类未来发展的根基。因此，生态思维要求在文化价值取向上，不能单纯考虑当代人眼前的经济利益，而要从生态规律出发，立足于复合生态系统整体的协调，以经济—社会—自然复合生态系统的可持续发展作为社会发展的价值目标。

第四，生态思维人与自然协调发展的价值取向是建立在新型人本思维基础上的。其一，生态思维仍应坚持人本主义立场。生态思维的人本主义立场是与生态中心立场相对而言的。所谓生态中心立场，是片面强调自然生态整体的价值，否定人的主体能动性发挥，将人等同于其他生物，作为自然生态系统普通成员的观念。当代生态哲学诸流派中，生态中心主义观念存在重要影响。生态思维的人本主义立场则肯定人的目的与需求，肯定主体能动性的发挥，认为协调人与自然关系，本身仍是从社会可持续发展的目的出发；而人与自然的协调同样需要发挥人的主体能动性，认识社会—经济—自然复合生态系统的规律，协调复合生态系统内在不同子系统之间的关系。其二，我们之所以称生态思维是一种新型的人本主义立场，在于它区别于现代文明单纯从人自身物质利益出发，人与自然分离对立，强调征服自然、改造自然的人本主义立场。生态思维所理解的人本，不是个人主义意义上的人本，而是突出人类整体利益的人本；不是单纯强调人的物质利益的人本，而是人自身物质、精神、文化全面发展的人本；不是只考虑人类当前利益的人本，而是考虑子孙后代利益的人本；不是只看到人类自身生存发展的人本，而是社会—经济—自然协调发展的人本。

生态意识是生态思维人与自然协调发展的价值取向的重要内容。邱耕田将其概括为如下三个方面："第一，人和自然的整体相关意识——打破了人与自然割裂的观念；第二，人和自然的整体利益意识或人类大利益观——宣告了人类以往单一、片面的利益观的破灭；第三，人和自然的协调发展意识——标志着人类面对生态危机的挑战所应采取的科学态度。"②

---

① 刘湘溶：《生态化思维及其基本原理》，《江苏社会科学》2009 年第 4 期。
② 邱耕田：《生态危机与思维方式的革命》，《北京大学学报》1996 年第 2 期。

三、生态综合的思维方法

首先，生态综合的思维方法是与现代思维的分析还原思维方法相对而言的。分析还原的思维方法将事物整体拆分为零散的部分进行分析研究，用简单的线性因果分析研究事物之间的复杂关联和自组织演化过程。生态综合的思维方法则一方面继承古代有机整体论思维关注存在整体性的思维方式，另一方面又吸收融合了现代思维的分析方法，是古代整体论与现代分析还原论的结合。正如王如松教授所说："生态综合不同于传统科学分析方法之处在于：它将整体论与还原论、定量分析与定性分析、理性与悟性、客观评价与主观感受、纵向的链式调控与横向的网状协调、内禀的竞争潜力和系统的共生能力、硬方法与软方法相结合，强调物质、能量和信息三类关系的综合；竞争、共生和自生能力的综合；生产、消费与还原功能的协调；社会、经济与环境目标的耦合；时、空、量与序的统筹；科学、哲学与工程学方法的联姻。"① 生态综合方法与分析还原方法的一个突出差异体现在，分析还原方法关注线性因果关系的分析研究。生态综合方法则突出网络因果分析。具体而言，生态思维肯定事物之间因果联系的复杂性，认为事物之间的因果关系是一种一因多果、一果多因、多因多果、互为因果的因果关系网络，要求从多方面把握事物之间的复杂关联。

其次，生态综合的方法是建立在复杂性科学理论基础上的思维方法，它要求遵从生态规律研究存在的自组织演化过程及其内在机制。前面说过，不同的复杂性科学理论采用的研究方法各不相同，如系统论多采用系统分析综合的方法，控制论采用控制、反馈、功能模拟等方法，混沌理论采用物理数学方法，超循环理论采用应用化学动力学和量子力学的理论和方法等。但复杂性科学理论中也存在一些共同的研究方法，如模型化研究方法。所谓模型化研究方法，即通过建立放大或缩小了的实物模型、理论概念模型、数学模型、符号系统模型或其他形式化的模型等模拟真实的系统进行研究的方法。建立相应的模型后，通过模拟实验，或运用电子计算机进行系统仿真，以获得关于系统结构、功能及其演化过程及机制的新认识。当代复杂性科学研究

① 王如松、欧阳志云：《生态整合——人类可持续发展的科学方法》，《科学通报》1996 年 5 月。

方法还存在回复古代思维方法中的类比、隐喻的研究方法的趋势。如复杂性科学中蝴蝶效应、分形、人工生命、混沌边缘、自组织临界性、复杂适应系统、涌现、自相似、奇怪吸引子等概念便是通过隐喻的方式界定的。圣塔菲研究所霍兰很注重类比、隐喻的研究方式。他在为《隐秩序》一书所写的中文版序言中，对隐喻方法作了极高评价，指出："真正综合两种传统——欧美科学的逻辑、数学方法与中国传统的隐喻类比相结合——可能会有效地打破现存的两种传统截然分离的种种限制。在人类历史上，我们正面临着复杂问题的研究，综合两种传统或许能够使我们做得更好。"① 王国聘教授认为，复杂论的思维方法与现代思维方法相比较具有如下几方面特征："一是从线性因果分析过渡到网络因果关系分析。二是从整体的永恒变化过程去探求秩序。三是从追求数学推理的解析性、严谨性和完美性转向生态思维的灵活性、模糊性和模型化。四是研究的最终目的不是寻求系统的某种最终发现或解决问题的最优方案，而是着眼于对系统过程的学习、了解和探索合理发展的途径。"②

第三，生态综合的方法本身要求多学科的结合研究。斯普诺（Spooner）曾指出，每一种方法只能从某一方面认识系统存在，均有自身的优势和局限，因而，对系统存在的研究，要求自然科学家、社会科学家、规划人员、政治家、教育家以及民主人士之间的对话，使各自的研究方法相互补充和融合。国外一些学者一直致力于运用社会科学和自然科学综合的方法研究生命及生态系统，试图建立进行综合定量分析的一般系统理论框架的方法论基础。米勒（Miller）将细胞、器官、个体、群体、组织、国家及跨国家系统等不同层次的生命系统，按物质、能量、信息的输入、输出、转换、贮藏的不同功能分解成 19 个子系统，通过对大量研究结果的分析，提出了一系列有关其组织和演替机制的假说；奥德姆（Odum）分析了从以自然为主到以人类活动为主的生态系统中的各种相互作用的基本关系、自催化作用、环关系、并联、串联关系及网络关系等，发展了一套以符号及流图形式分析生态

---

① ［美］霍兰：《隐秩序——适应性造就复杂性》，周晓牧等译，上海科技教育出版社 2000 年版，中文版序。

② 王国聘：《现代生态思维方式的哲学价值》，《南京工业大学学报》2002 年第 1 期。

系统的方法论。① 我国著名科学家钱学森教授提出的综合集成方法，也是一种生态综合的思维方法。他于 1989 年提出从定性到定量的综合集成法，主张在社会、地理、人体、军事等复杂巨系统的研究中，将科学理论、经验知识和专家判断力相结合形成和提出的经验性假设，与严密的逻辑推理和精确的物理、化学、生物实验方法相结合。而现代计算机技术以及基于计算机的知识工程、专家系统、人工智能和信息技术等的进展，则为这种结合提供了新的路径，即人机结合的路径。综合集成方法的实质是专家体系、统计数据和信息资料、计算机技术三者有机结合。②

第二节　生态思维对传统思维的继承发展

思维方式的发展大体上经历了三种类型：古代以直观和经验为基础的有机整体论思维、近现代以经典自然科学为典型模式的机械性思维和 20 世纪中叶开始兴起的建立在生态科学与复杂性科学理论基础上的生态思维。③

生态思维是在批判反思近现代思维方式基础上形成的，是对现代思维方式的转型，生态思维在批判反思现代思维过程中，又吸收融合了古代有机整体论思维和近现代科学理性思维的合理要素，是对之前人类思维方式的继承和发展。

人类思维方式的产生与发展是与社会生产实践密切相关的。古代社会，由于生产力水平低下，人们对自然规律的认识有限，因而一般将人纳入到自然、社会整体当中考察，其思维方式是突出自然、社会整体的有机整体论思维；进入近现代社会，随着科学技术的发展，人类改造自然能力的增强，人的主体性得到极大的张扬，因而在思维方式上，形成了突出人的本质力量的主客二分的思维方式；20 世纪中叶，由于人类改造自然力量的增强和对自然资源肆无忌惮的掠夺，生态环境危机日益严重，人们开始意识到社会、经济与自然生态环境之间的密切关联，因而主张整体认识人与自然之间的关

---

① 参见王如松、欧阳志云《生态整合——人类可持续发展的科学方法》，《科学通报》1996 年 5 月。

② 参见黄欣荣《复杂性科学研究方法论纲》，《科学技术与辩证法》2006 年第 1 期。

③ 佘正荣：《以复杂性思维审视生态伦理学》，《鄱阳湖学刊》2010 年第 1 期。

联，突出经济—社会—自然协调发展的生态思维逐渐形成。以下，我们大体上从认知结构、价值取向和思维方法三方面，简要阐述古代有机整体论思维、近现代主客二分机械论思维的基本内涵，以及生态思维方式对这两种思维方式的继承和发展。

一、古代有机整体论思维

当代西方许多思想家如海德格尔、怀特海、卡普拉等对东方古代智慧特别是道家思想格外推崇，主张吸取东方古代智慧，以纠正西方近现代文化的偏颇。本书第二章我们从中国古代道家、儒家、古希腊思想文化的角度论述了古代生态文化世界观、价值观方面的内容。在这里，我们主要以传统道家、儒家思想为例简要阐述古代思维方式的内涵和特征。

古代社会，由于人们力量的弱小，因而在人与自然、人与社会的关系上，偏重强调自然、社会整体的方面，对于人或个人乃至具体事物的认识，偏重于将其纳入到自然、社会整体当中考察，由是形成了古代有机整体论的思维方式。

古代有机整体论思维体现在整体与局部的关系上，主张超越单纯关注具体事物、关注局部的认识思维方法，强调从整体高度考察事物的存在、地位及相互关系。先秦时期，道家儒家集大成者庄子、荀子均有相关文章从整体与局部角度，批评当时各家思维的片面性。如庄子批评各家"道隐于小成，言隐于荣华"。也就是说，如果将注意力集中在对具体事物的认识上，对于整体性的观照就被遮蔽了；荀子专门撰写《解蔽》篇，批评各家"蔽于一曲而暗于大理"，也是批评当时各家从某一方面认识事物，结果不能整体把握存在的真理。在思维方式上，庄子、荀子均主张整体论的思维立场。如庄子主张"以道观之"。"以道观之"是区别于"以物观之"的思维方式。所谓"以道观之，物无贵贱；以物观之，自贵而相贱。"①"道"是道家思想的核心范畴，从存在论意义上讲，是指宇宙造化的整体过程及其基本规律。因此，"以道观之"本质上即是从整体的高度认识整体的存在状态、具体事物的存在及其相互关联："物固有所然，物固有所可。无物不然，无物不可，

---

① 《庄子·秋水》。

故为是举莛与楹，厉与西施，恢诡憰怪，道通为一。其分也，成也；其成也，毁也。凡物无成与毁，复通为一。"① 从整体的高度看，事物之间并没有明确的界限，是相互联系的统一整体，不同事物表面不同，但从根本上说均有其存在的合理性。荀子则主张"兼陈万物而中悬衡"，其中所说的"万物"是指关于万物的认识，而所谓"兼陈万物而中悬衡"，即将关于万物的不同认识放在一起进行整体性考察。荀子也主张以"道"作为权衡各种认识的标准，实际上强调的也是思维的整体性，是从整体高度把握不同认识的位置，使"众异不得相蔽"，通过不同方面的认识进一步把握事物内在的规律（"伦"、"大理"）。相对而言，道家所谓"以道观之"，主要是从自然造化整体高度考察世界万物的存在及其相互关联，是与道家将人与社会纳入到自然造化整体中考察人的观念相关联的。同时，由于道家主要关注的是自然生命的存在，追求心灵的自由，因而其所关注的整体也往往是指个体生命、精神存在的整体性，而缺少现实社会生活的内容。儒家从治理天下的主题出发，其所关注的整体则包含自然、社会的诸多内容。如荀子所说："虚壹而静，谓之大清明。万物莫形而不见，莫见而不论，莫论而失位。坐于室而见四海，处于今而论久远，疏观万物而知其情，参稽治乱而通其度，经纬天地而材官万物，制割大理而宇宙里矣。"② 其中既包括自然万物，也包括社会治乱。相对而言，儒家思维方式关注的内容偏重于社会整体的秩序与规律。

在思维价值取向方面，古代思维方式一般强调自然及社会整体的价值，对于个人价值也是将其纳入到自然社会整体中考察。老庄道家偏重于强调自然造化过程本身的价值。其所谓"尊道贵德"强调的即是自然造化过程本身及自然万物本性的价值。对自然整体性价值的强调，体现在庄子对理想社会状态的描述上。《庄子·马蹄》中说："至德之世……山无蹊隧，泽无舟梁；万物群生，连属其乡；禽兽成群，草木遂长。是故禽兽可系羁而游，鸟鹊之巢可攀援而窥。夫至德之世，同与禽兽居，族与万物并。"可见，其所谓理想的社会状态是一种人与自然和谐一体的自然存在状态。儒家不像道家那样突出自然无为，而肯定人具有自身的作用和价值。如荀子说："天有其

---

① 《庄子·齐物论》。
② 《荀子·解蔽》。

时，地有其材，人有其治，夫是之谓能参。"① 认为人具有治理天下，成就万物的能力和作用。但儒家肯定人自身的作用和价值，并没有将人与自然万物对立起来，它肯定人的善性源于天地，认为人应"继善成性"，继承天地生生之德，培养自身"天地万物一体之仁"，"赞天地之化育"。所谓"天地万物一体之仁"，是指"以天地万物为一体"，将仁爱之心遍及鸟兽、草木，乃至瓦石。所谓"赞天地之化育"，则一方面肯定人的作用和价值，另一方面又强调人的价值主要是参与、辅助天地的化育，达到的目的是"致中和，天地位焉，万物育焉"的整体和谐状态。

在思维方法方面，古代思维方式主要是建立在农业生产经验基础上的观察、类比、取象思维和建立在个体生命体验基础上的直观思维。（1）中国古代所获得的农业生产经验以及与此相联系的天文、气象、物候、中医等的认识，均是建立在长期的观察、取象、类比基础上。如《老子》说"道"是"大象"，是"无状之状，无物之象"；《易传》说"易者象也"，"圣人立象以尽意"，"观物取象"。《周易》中常根据卦象类比所占事项的吉凶，如"枯杨生华，老夫得其女妻，无不利"。"枯杨生华，老妇得其士夫，无咎无誉。"以枯杨生华类比年老的人与年轻的人婚配，以此占卜吉凶，采取的即是一种类比思维。传统思维的具象性特征是与农业生产实践注重对天文、地理、气象、物候的观察相联系的。如《易传》中说《周易》起源于古代圣人"仰观于天，俯察于地，近以观鸟兽之文"。取象思维从根本上说是一种整体性思维，而类比以事物内在共同的结构、功能作用作为思维的基础，同样带有整体性特征，能够有效避免线性思维的单一性、抽象性。传统哲学思维的具象性与其源于生产生活实践中的观察密切相关。（2）直观思维在道家思想中体现得更为明显。道家由于关注人的生命和精神现象，因而形成了重视直观的思维方法。如老子所说"涤除玄览"，庄子所谓"照之于天"、稷下道家所谓"虚壹而静"均突出的是"去知与故"的直觉观照。直观思维是区别于具体认知活动的整体性思维。在稷下道家那里，虚静是与思虑相对而言的："去知则奚求矣，无藏则奚设矣。无求无设则无虑，无虑则

---

① 《荀子·天论》。

反复虚矣。"[①] 荀子继承了稷下道家的相关思想，但他主张将"虚壹而静"与具体的认知活动结合起来，认为"虚壹而静"并不是不要知识积累，否定认识的多样性和具体的认识活动，而是从整体性的高度使不同的认识和谐有序，不相互干扰，发挥自身的不同作用。从这里可以看出，直观思维是相对于单纯关注事物局部的知性思维而言的，目的是为了避免认识的片面性，获得关于对象的整体性认识。

二、近现代主客二分的机械论思维

近现代思维的形成是与人的觉醒相联系的，人的觉醒是对古代社会以自然上帝压抑人的欲求、人的力量的反动。人的觉醒一方面表现为对自身物质欲求、世俗利益的肯定，另一方面体现为对人自身智慧、力量的自信。人的觉醒促进了近现代肯定人的利益、肯定人的智慧的主体性思维的发展。

主体性思维是一种从人自身物质利益、生存目的出发，认识人与自然、人与社会关系的认识思维视角。它是一种区别于古代社会突出自然、社会整体性价值的思维方式。整体性思维从整体出发，偏向于消解人自身和具体事物的价值，主体性思维则从人自身的利益和生存目的出发，强调人自身的价值。这种思维立场发展到极端，便是片面强调人自身价值，从人自身的角度考察自然万物，忽视自然万物价值的人类中心主义观念，以及片面强调个人价值，忽视他人、社会价值的个人中心主义观念。

主体性思维由于片面强调人自身的价值，在认识思维过程中形成主客二分的对象性思维。这种思维将人与世界万物看作性质不同的存在，突出强调人自身心灵、理性、主观能动性的价值，而将世界万物视作无生命的机械存在物。主客二分思维不仅形成了人与自然的对立，而且形成了个人与社会、感性与理性、男性与女性、经济发展与环境保护之间的分离与对立。表现在人与自然的关系上就是强调人对自然的征服与改造，表现在男女关系上就是男权统治，体现在国际关系上就是强权政治……

近现代思维还是一种实体性思维，它倾向于将世界万物视作相互独立的实体性存在，忽视事物之间的内在生命关联。体现在科学研究和认识上，倾

[①] 《管子·心术上》。

向于将认识对象从其周围环境中分离出来，进行孤立的研究。这种思维特征在现代科学实验方法中有突出的体现。与实体性思维相关，近现代思维又是一种本质性思维，它认为事物内在存在不变的本质和规律，并将其作为认识的主要内容，将复杂世界简化为抽象的本质和规律。本质性思维追求整齐划一，漠视和排斥差异，因而也被人称之为"同一性思维"、"齐一性思维"。

在整体与部分的关系上，近现代思维关注的是部分，倾向于将整体拆分为不同层次的实体性存在，将对象从其所处的环境、整体中抽离出来进行孤立地分析，把事物存在的整体性质归结为最低层次的基本实体的性质，把事物拆分为零散的各个部分（托夫勒称之为"拆零"），用低层次的性质来解释较高层次和整体的性质。其所走的主要是从局部到整体的认识思维路线，消解了人类关于世界的整体性认识。

受其思维方法影响，近现代思维方式在认知结构上，关注的不再是整体的存在状态与价值，而是具体的个别事物以及事物内在确定不变的本质和规律。在近现代认识思维视阈中，世界万物不存在根本性质的变化，事物之间的联系也不再是有机的生命关联，而是线性的机械的因果关联，"所有事件都可以被还原为机械事件"[1]，整个世界不过是一架遵循有限的几条物理规律运行的巨型机器。其所关注的认识内容主要是如下三个方面：一是实体性存在物内在不变的本质；二是事物之间的因果必然性联系；三是线性因果规律。因而现代思维又是一种机械性思维。这种思维由于不能从事物内在寻找事物变化发展的动因，往往从事物外在寻找事物变化发展的动力，因而又是一种结构性思维、一种线性因果思维。现代机械性思维内在蕴含的一个危险就是，它会导致人们责任感的迷失。正如弗雷德里克·费雷所说："现代科学将世界描绘成一架机器，使现代意识背离了目的、责任和整体。"[2] 波兰尼也说："如果我们推崇蕴含在完美机器这一形象中的性质——规律性、预测性、控制性——那么我们就会丧失自发创造性和责任感等有价值的东西，而这些正是人性的价值所在。""在完美机器中的一切事物都是以机器在前一刻的状态为先决条件的，以此类推直至无穷。个人的责任就成了规律性和

---

[1]　Charles Birch, "Scientific Dilemma", In *Christianity and Crisis* (December 25, 1967), p306.

[2]　[美] 大卫·格里芬：《后现代科学——科学魅力的再现》，马季方译，中央编译出版社 1995 年版，第 135 页。

预测性这种决定论理想的牺牲品。"①

近现代思维方式一方面不利于如实认识世界万物复杂多样的本来存在状态及规律，另一方面由于片面强调人自身的生存利益和物质需要，片面发展人自身的认知理性和科技理性，导致人自身力量的膨胀和对自然生态系统的破坏，是今天日益严重的生态环境危机的认识论根源。

三、生态思维对现代思维的转型

关于现代思维向生态思维的转型，罗尔斯顿曾提出以"最优化思维"替代"最大化思维"。"最大化思维"考虑的只是人的经济利益的最大化，"最优化思维"则要求"既赢得生态效益，也赢得经济效益"，是一种经济与生态协调发展的互利性思维。②

我国学者关于生态思维对现代思维的转型有较多的论述。如舒远招在论述"思维方式的生态化"主题时，将现代思维向生态思维的转型概括为由机械的思维方式转向有机的思维方式，由封闭片面的"人本思维"转向"天人合一"的开放整体思维，由强调人与自然相互冲突的"冲突思维"转向注重人与自然相互和谐的"和谐思维"，由短视功利的经济思维转向远视平衡、注重全局和可持续发展的全局思维。邱耕田从多方面具体论述了现代思维的功利型思维的内涵、特征及其与生态危机的关联，功利型思维向"人与自然"互利型思维的转型，以及互利型思维的内涵与特征。余谋昌教授从还原论分析思维到生态整体论思维概括现代生态思维的转型，并将生态整体论思维的特征概括为系统性思维、综合性思维与非线性思维三个方面。王国聘教授从其关于思维方式内涵的理解出发，将现代思维向生态思维的转型概括为：从机器论到有机论的本体论转换，从还原论到复杂论的方法论超越，从支配论到协同论的价值更新。彭新武主要从复杂性科学的角度阐述了复杂性思维对现代思维的转型，即从线性思维到非线性思维、从还原论思维到整体性思维、从实体性思维到关系思维、从静态逻辑分析到过程思维

---

① ［美］大卫·格里芬：《后现代科学——科学魅力的再现》，马季方译，中央编译出版社1995年版，第125页。

② 叶平：《关于环境伦理学的一些问题——访霍尔姆斯·罗尔斯顿教授》，《哲学动态》1999年第9期。

等。[①]——国内学者的相关论述虽各有侧重，在词语表述上也各不相同，但总而言之，主要是从认知结构、价值取向和思维方法三方面论述现代思维向生态思维的转型：在认知结构方面，现代思维是一种机械性、实体性、线性思维，生态思维则是一种有机的、关系的、过程的、非线性的系统整体论思维；从价值取向而言，现代思维是仅关注人的经济利益的人与自然相对立的功利型思维，而生态思维则是关注长远利益，追求人与自然协调发展的互利型思维；从思维方法而言，现代思维主要是一种分析的、还原的思维方法，生态思维则是一种综合的复杂性思维方法。

前文我们已具体论述了生态思维的基本内涵，在这里我们关于现代思维向生态思维转型的论述将侧重于论述现代思维的局限以及现代思维与生态思维的简要比较。

（一）机械性思维向系统整体性思维的转型

现代思维从实体性角度理解人与万物的存在，倾向于将整体还原为简单的、孤立的实体性存在，对事物之间的联系局限于线性的因果必然性联系，因而将整个世界理解为一架巨型的机器："世界是一部钟表机器，行星在其轨道上永不休止地运转，所有系统在平衡中按决定论而运行，所有这一切都服从于外部观察者能够发现的普适规律。"[②] 机械性思维将所有存在乃至生命视作无生命的机械性存在，相信通过掌握简单的动力学规律，即能精确预测任何事物在未来任意时间点的存在状态。现代机械论思维方式将复杂世界的存在简化为机械性存在，不仅不能如实地认识客观世界的本来面目，而且抹杀了世界万物内在的目的性和价值，从而在人与自然的关系上，片面强调人自身的价值，助长了现代社会对自然肆无忌惮的利用与掠夺，导致日益严重的生态环境危机。系统心理学家多尔诺（Dietrich Dorner）曾将机械性思维的缺陷及其消极影响概括为六个方面："（1）对系统发展的目标认识不够（如追求最大利润而不是最大活力）。（2）重点放在孤立组分或系统的部分

---

① 舒远招：《何谓思维方式生态化》，《湖湘论坛》2010 年第 3 期；邱耕田：《生态危机与思维方式的革命》，《北京大学学报》1996 年第 2 期；黄承梁、余谋昌：《生态文明：人类社会全面转型》，中共中央党校出版社 2010 年版，第 49—51 页；王国聘：《现代生态思维方式的哲学价值》，《南京工业大学学报》2002 年第 1 期；彭新武：《复杂性科学：一场思维方式的变革》，《河北学刊》2003 年第 3 期。

② 丁·布里格斯、大卫·皮特：《湍鉴》，刘华杰、潘涛译，商务印书馆 1999 年版，第 22 页。

结构上，对系统的动力学机制不清楚。（3）重点放在眼前直接发生的问题上，而忽视了在其他领域可能引起的一系列问题后果。（4）被线性的单目标的发展模式所主导，很少分析副作用。（5）'见习司机'的行为，如果没发生任何事情，则胆子越来越大，但一旦发生预想不到的情况，则手忙脚乱急刹车。（6）由于自信已经了解了系统的组成以及如何去控制系统的各个部分，而常常持人定胜天的傲慢态度，这对于需要自我调节的复杂系统是不适合的。"①

生态思维则将自身关于世界万物的认识建立在生态科学与复杂性科学理论基础上。它改变机械性思维的实体性观念，转而突出存在的关系性、过程性、整体性；改变线性因果的认识思维，将自然万物视作复杂要素相互作用、协同运作的自组织演化过程；改变将世界万物视作无生命的机械观念，将自然万物视作相互关联的有机系统整体。生态思维由于突出事物之间以及人与自然万物之间的生命关联，因而它改变了人与自然关系上的人类中心观念，转而突出人与自然的协调发展。

（二）功利型思维向互利型思维的转型

功利型思维首先是一种人类中心主义思维，在人与自然关系上将人凌驾于自然之上，单纯考虑人自身的价值和利益，否定自然万物的内在价值，认为自然万物只有在被人利用的意义上具有相对于人的工具价值，将自然万物视作供人征服和利用的对象。其次，功利型思维又是一种片面关注人的物质利益的思维。邱耕田认为："所谓功利型思维方式，是指以人为中心、以最大限度地谋取和占有人的眼前物质利益为关注和思考对象的一种思维方式……功利型思维方式的出发点和落脚点，基本上是人的物质利益，而且主要是人眼前的物质利益。"② 人们在功利型思维方式支配下，趋向于无止境地追求物质利益或物质财富，趋向于征服自然、改造自然，向自然无止境地索取和掠夺资源。从这方面来说，功利型思维是生态环境危机的深层思想根源。

互利型思维则从人与环境万物平等共生的角度出发，既肯定人的价值与

---

① Prederic Vester：《"生物控制论"城市规划的方法论基础》，载《现代生态学热点问题研究》，中国科学技术出版社 1996 年版，第 56 页。
② 邱耕田：《生态危机与思维方式的革命》，《北京大学学报》1996 年第 2 期。

利益，也肯定其他生命存在的内在价值与利益。如在生态系统中，植物均本能地倾向于更充分地利用阳光、水分和营养；动物也有自身生存的需要和目的；互利型思维还从人与自然息息相关的系统整体观念出发，要求人们改变单纯从人自身物质利益出发的思维取向，认识到自然生态对人及人类社会经济活动的制约作用，认识到人的社会经济利益与自然生态的相互依存，生态系统本身的和谐与繁荣直接关系到人类社会的生存质量和未来的可持续发展。要求人类社会实践既关注人类眼前需要，也关注人类的可持续发展；既关注人类，又关注自然。既维护人类的利益，又维护自然生态平衡，以实现经济—社会—自然复合生态系统的共生共荣、协调发展为最终目标。

（三）分析还原性思维向综合复杂性思维的转型

分析还原性思维将对象拆分为零散的部分，追求对对象细部的明晰认识。由于关注事物的细部，又将事物之间的联系简化为线性的因果关联，将事物整体视作部分借由因果关联构成的机器性存在。因此，分析还原性思维难以认识事物内在要素之间、事物之间复杂的整体性关联，在人与自然的关系上，只看到人的目的和对简单因果规律的运用，而看不到人的活动对环境事物、对生态系统整体的复杂影响，以及生态系统整体对人和社会的制约作用。

综合复杂性思维是建立在生态科学和复杂性科学理论基础上的思维方法。它要求考察事物之间、人与环境整体之间的非线性复杂关联，要求从整体把握人与环境万物之间的关联，将社会—经济系统与自然生态系统，按照系统规律整合到复合生态系统中进行考察。在具体思维方法上强调生态综合，注重社会科学与自然科学多学科的交叉研究，注重通过计算机模型等方法考察多种要素复杂相互作用及整体效应。其研究目的不是单纯从人自身目的出发的利益最大化，而是从人与环境协调出发寻求解决问题的最优化方案。

生态思维是在古代有机整体论思维与现代主体性思维基础上发展而来的，是在当代生态科学与复杂性科学理论基础上，对古代有机整体论思维和现代科学理性思维的辩证发展。一方面，生态思维对现代思维的批判反思，并没有对现代思维采取简单否定的态度，而是肯定其中包含的主体性思维和科学理性内涵；另一方面，生态思维在批判反思现代思维的过程中，存在回复到古代有机整体论思维的趋向。作为一种有机整体论思维，生态思维与古代思维具有许多共同的内容和特征。不过，生态思维并不是对古代思维的简单回复，而是对古代有机整体论思维和现代科学理性思维的辩证发展。具体而言，生态思维是在生态科学与复杂性科学理论基础上，对直觉体悟的思维与科学理性思维的统一，是立足整体的存在性思维与立足于人的主体性思维的统一。现代文化过分强调人理性思维的作用，遮蔽了对人与自然一体性联系的认识。直觉体悟则能够超越理性思维的局限，认识人与自然的本源性、本然性有机联系。直觉体悟是建立在人与自然万物一体性关系、人脑反映能力与反映对象的内在相应基础上的思维活动，是建立在人脑自组织运化基础上的思维活动，是一种存在性思维，它与海德格尔的"存在之思"具有相同的本质。但我们认为，存在性思维并不单纯是一种"诗性思维"，而对理性思维同样具有很强的涵容性、整合性。理性思维或人的自主性思维应在直觉体悟思维的观照下、在一定的范围内发挥作用。同时，主体性思维也只有在整体性思维的观照下，才能认识到自身局限，在具体认识实践活动中得到合理运用，不致破坏思维的平衡，遮蔽人与环境的有机联系。同时，理性思维也只有在整体直观的观照下，才能回复到其本质，并得到进一步发展。我们认为，理性思维并不单纯是机械的分析、"拆零"，其实质应是使事物内在规律澄明显现，并通过语言表达出来，传达给其他认识主体的生存方式，是一种思维的自明性。

作为直觉体悟与科学理性的统一、存在性思维与主体性思维的统一，生态思维既要求从系统整体性立场体悟人与自然、人与社会的一体性关系，又要求从人的需求和目的出发，对人与自然、人与社会的关系进行理性分析，肯定主客二分的认识实践意义。作为两方面思维的结合，生态思维呈现出立体性、透视性特征，在生态思维视界内，世界既不是机械的物理世界，也不是直观的混沌世界，而是动态的、有机的、立体的网络世界。

在生态文化理论体系中，生态思维属于认识论、方法论范畴，因此，从一定意义上讲，是生态文化世界观、价值观与现实的生态实践的中介环节。一方面，生态思维建立在生态文化世界观、价值观基础上，与生态世界观、价值观密切相关。具体而言，生态思维的认知结构与生态世界观相互关联。生态世界观关于世界存在的整体性观念，关于事物之间非线性相互作用以及复杂系统自组织演化机制和规律的认识，直接影响着生态思维的思维视角和内容；生态思维的价值取向则与生态价值观密切相连。生态价值观关于自然生态存在的价值观念，社会—经济—自然复合生态系统协同发展的价值取向，为生态思维提供了思维的出发点和立足点。另一方面，生态思维作为一种方法论，又与现实的生态实践相互关联，为现实的可持续发展实践提供方法论的指导。上文阐述的生态思维方法不仅是具体科学的研究方法，而且本身也为现实的可持续发展实践提供方法论原则。如钱学森提出的综合集成研究方法，本身即是现实工程建设的宏观指导原则。而我国新时期相继提出和倡导的可持续发展观、科学发展观、循环经济、低碳经济等发展战略，从一定意义上讲，均是以生态思维为准则提出的。

第六章　生产生活方式转型与可持续发展

生产生活方式是人类社会最基本的实践活动，任何一种文明形态都是建立在一种占主导地位的生产生活方式基础上的。生产生活方式是人与自然生态环境联系的中介，而当前的生态环境问题本质上根源于现代生产生活方式。联合国环境与发展大会通过的《21世纪议程》指出："地球所面临的最严重的问题之一，就是不适当的生产和消费模式，导致环境恶化，贫困加剧和各国的发展失衡。"因此，要解决当前的生态环境问题，必须实现现代生产生活方式向生态生产生活方式的转型。本章将从生产方式和生活方式两方面，分别论述现代生产生活方式对生态环境的破坏，当代思想家对现代生产生活方式的批判反思，以及生态生产生活方式的基本内涵。

第一节　生产方式的转型与可持续发展

生产方式是指社会生活所必需的物质资料的谋得方式，是在生产过程中形成的人与自然之间、人与人之间相互关系的体系。生产方式的物质内容是生产力。随着社会生产力的发展，科学技术在生产力发展、生产组织形式方面起着越来越重要的作用。生产方式是人类社会赖以存在和发展的决定性因素，同时也是人与自然相互作用的中介，直接影响着人与自然的相互关系。当代生态环境危机从根本上说源于对物质利益的贪求、科学技术迅猛发展主导下的现代生产方式。因此，批判反思现代生产方式，实现现代生产方式向生态生产方式的转型尤为必要。

一、现代生产方式对生态环境的破坏

伴随生产力水平的提高特别是科学技术的进步，社会生产方式的发展大体上经历了原始社会自由联合劳动的集群式生产方式、奴隶社会的大集体生产方式、封建社会的一家一户为主体的个体小生产方式、资本主义社会以企业为主体的机器化生产方式四种形式。前工业社会虽然也因为不断的垦荒、统治阶级的奢靡生活，而砍伐森林、大兴土木，导致生态环境的破坏，但这种破坏还主要限于局部地区。而现代生产方式则大幅度提高了人类改造自然的力量，刺激了人们追求物质满足的贪欲和征服自然的雄心，也因此导致了资源枯竭、生态平衡失调、环境污染等日益严重的生态环境问题。

现代生产方式之所以会导致人与生态环境的对立，带来日益严重的生态环境危机，其原因主要体现在如下方面：其一，近现代科学技术的进步，带来生产方式的极大变革，这一方面提高了人类社会改造自然的力量，另一方面机器化大生产造成生产规模的不断扩大和集中，也增强了人类社会改造自然、掠夺自然的力度，从而破坏了自然生态系统的平衡；其二，农业生产技术的进步，使粮食生产能够维持更多人的生存，而医疗技术的进步则降低了人口死亡率。这两方面的结合导致世界人口激增，因而给地球生态系统带来沉重的压力；其三，资本主义生产对利润的追求，以及与此相关的对物质主义、消费主义的倡导，也加剧了对自然资源的开发利用和对生态环境的污染。

这几方面因素的结合，给生态环境带来极大破坏。这主要体现在，首先，当前全球主要的生态环境问题都直接或间接地与现代生产方式相关，如当前最突出的气候暖化问题的主要原因就是现代生产方式主要建立在石化能源基础上，二氧化碳等温室气体的排放与此直接相关；工业化生产还是空气污染、水质污染、固体污染的主要源头；而臭氧层破坏、酸雨也均与工业生产的排放物直接相关。此外，森林锐减、土地荒漠化和生物多样性减少也与现代生产方式不断拓展人类的生存空间密切相关。其次，现代生产方式对自然资源的过度开采，是当前资源短缺的直接原因。整个 20 世纪，人类消耗了 1420 亿吨石油、2650 亿吨煤、380 亿吨铁、7.6 亿吨铝、4.8 亿吨铜。而这些资源均是不可再生资源。目前，全球石油剩余可采储量仅为 1400 多亿吨，按目前产量，静态保障年限仅 40 年；天然气的剩余可采储量为 150 亿立方米，静态保障年限仅为 60 年。第三，现代生产方式对人类生存空间的大幅拓展，以及对自然资源的肆意掠夺，致使众多物种灭绝。根据联合国环境署的报告，动植物灭绝的速度已经达到警戒线。科学家指出，现存物种与业已灭绝的物种之比已达 1∶6000。如果按当前的趋势继续下去，在今后 10 年中将丧失世界物种的 20%，这样的速度是恐龙时代物种大量灭绝以来最高的。由于人类对环境的破坏，到本世纪末，人类已知道的 160 万种动植物中的 30% 将会被灭绝，如果环境遭受破坏的速度不变，40 年后，这些物种将丧失一半以上。而生物多样性的消失直接影响生态系统的正常运行机制和稳定性。

现代农业生产方式同样给自然生态环境带来巨大破坏。首先，现代农业的集约化、专业化，由于在一定的区域进行单一化生产经营，这不仅加剧了农业生态系统物种、生态、遗传基因等多样性的消失，不利于农业生态系统的稳定，而且由于物种的单一性，物种之间原有的相生相克关系被破坏，也容易引起重大病虫害的频发和大流行。据 FAO 估计，20 世纪全球范围约有 3/4 的农作物的遗传性已经丧失。而现代农业高度发达的美国，迄今已有 97% 的蔬菜栽培品种消失。智利，曾大规模从国外引进马铃薯高产新品种和栽培管理方式，替代和摒弃传统地方品种及多样化种植模式，一度使全国马铃薯产业几乎遭遇自然灾害毁灭性的打击。其次，现代农业生产对化肥、农药、农膜、人工激素、饲料添加剂等的大量使用，以及大量禽畜粪便，破坏了土壤环境，导致土壤质量下降，加剧农业生态环境的污染。如化肥、农药、农膜、人工激素等化学品的长期、广泛、不合理使用，导致土壤遭受各类重金属、放射性物质、亚硝酸盐、农药残留、有机物、残膜等有毒有害物质的污染，土壤板结、酸化、退化现象严重，有机质下降、营养失衡等，最终影响农产品产量、产值、品质的提高和农业的持续发展。再次，现代农业生产方式是一种高能耗的生产方式，这本身也加剧了资源和能源危机。如美国每人一年中消费的食物，是用 1 吨石油生产的，照此推算，如果世界各国都使用这种能源集约的生产方式，那么，占目前全球消耗量 50% 的汽油，都要用来生产食物，全球的石油储备在 15 年内就会枯竭。

二、现代生产方式的批判反思

生产方式与世界观、价值观等思想观念密切相关。一方面，世界观、价值观等作为上层建筑，是建立在一定的经济基础上的，是特定生产力水平和生产关系的反映；另一方面，世界观、价值观形成后，又对生产方式具有导向作用。因此，要实现生产方式的转型，对其内在蕴含的思想观念进行批判反思非常必要。同时，科学技术在现代生产方式中占据着越来越重要的地位，因此，科技观也成为现代生产方式反思的重要内容。本部分我们主要论述当代思想家特别是生态学马克思主义思想家对现代生产方式的批判反思。

思想界关于现代生态环境问题根源的认识本身存在一个发展过程。20世纪60年代，人们一般把环境问题视作技术问题，70年代一般将其视作经济问题，80年代则将其视作政治问题。晚近，人们开始将生态环境问题与生活方式联系起来。生态学马克思主义一般反对囿于现代生产方式反思生态环境问题的解决，也不主张将问题解决的希望寄托于科技的发展之上，而注重从生产方式角度反思当代生态环境问题的思想根源，主张对资本主义制度和生产方式进行根本变革。

美国生态学马克思主义思想家福斯特认为生态环境问题的根源是资本主义制度和生产方式。在资本主义制度下，社会财富控制在少数资本家手里，这些资本家为了积累财富，倾向于不断进行技术革新，扩大生产规模，而为了维持生产规模的不断扩大，政府和资本家在公众中倡导物质主义和消费主义价值观，鼓励公众更多地消费。资本主义生产和消费不断扩大的特征和趋势，必然要求投入大量的资源和能源，由此导致自然资源的快速消耗，并向生态环境中倾倒更多废料，生态环境问题由此产生。

基于以上认识，福斯特批判了环境问题上的技术路径、生态中心主义路径和传统经济学路径。首先，环境问题上的技术路径将解决环境问题的希望寄托于技术的进步和引导技术朝有利于环境的方向发展。福斯特则认为在资本主义生产方式下，每一次技术革新都导致生产规模的扩大和对自然资源需求的增长，技术只会促进生产规模的进一步扩大，加剧人与环境的冲突。要解决生态环境危机，必须对资本主义制度及生产方式进行改造。其次，生态中心主义者单纯强调生态环境的价值和利益，而忽视资本主义制度下阶级之间的不平等和社会不公。福斯特认为："忽视阶级和其他社会不公而独立开展的生态运动，充其量也只能是成功地转移环境问题，而与此同时，资本主义制度以其无限度地将人类生产性能源、土地、定型的环境和地球本身建立的生态予以商品化的倾向，进一步加强了全球资本主义的主要权力关系。"[1]再次，传统经济学路径囿于资本主义生产方式，希望通过将自然、环境纳入传统经济学的理论视阈，通过"环境资源商品化"、"自然资本化"，赋予自然以经济价值，解决生态环境问题。福斯特将这种路径称为"简化主义"方法，认为它虽然能一定程度缓解生态环境问题，但并不能改变资本主义生产方式不断扩张的本性，因此不能从根本上解决资本主义生态环境问题。

生态学马克思主义还着重从科技的角度对资本主义制度及生产方式进行批判反思，较全面地阐发了自身的科技观。科学技术是生产力的重要构成要素，是生产力发展的重要力量，同时，现代科学技术的发展增强了人们改造自然的力量，是影响人与自然关系，导致生态环境问题的重要因素，科学技术也因此成为人们反思生态环境危机难以回避的主题。生态学马克思主义思想家并没有局限于科学技术本身探讨科学技术的环境影响，而是将科学技术与资本主义制度、资本主义生产目的、生产方式等联系起来思考。

关于生态危机的根源，早期生态学马克思主义思想家马尔库塞即认为，科学技术本身是一种中立的力量，导致人与自然关系异化的根源不是科学技术，而是科学技术的资本主义运用。正是资本家在追求利润最大化过程中，使大自然屈从于商业组织，迫使自然界成为商品化了的自然，造成了环境灾难和生态危机。[2] 大卫·佩珀亦认为资本主义生态危机的根源是资本主义制度和生产方式，是资本主义生产方式对利润的无限追求，而不是科学技术。他指出，只要以追求利润为目的的资本存在，资本主义生产和消费必然以服务资本增值的需要为目的，必然将科学技术和生产发展引导到错误的方向，从而给生态环境造成巨大破坏。威廉·莱斯认为，科学技术不过是人们控制自然的工具，环境问题最深刻的根源是"控制自然"的观念。在资本主义社会，人类改造自然、征服自然的观念，以及利用科学技术对自然的控制，

---

① ［美］约翰·贝拉米·福斯特：《生态危机与资本主义》，耿建新译，上海译文出版社 2006 年版，第 123 页。

② ［美］马尔库塞：《单向度的人》，张峰、吕世平译，重庆出版社 1988 年版，第 3—9 页。

达到了登峰造极的程度。

关于生态危机的解决方式和途径，生态学马克思主义思想家一般强调将技术改造与资本主义制度的变革联系起来思考。克沃尔、福斯特均将变革资本主义生产方式放在首要位置。如克沃尔认为，只要不变革资本主义生产方式，任何科学技术都无法阻止人类面临的环境灾难。莱斯则强调转变资本主义"控制自然"的观念，将"控制自然"定位于控制人与自然之间的关系，重新评价人的物质需求，通过控制人的欲求，实现人与自然的和谐。高兹认为，在资本主义社会，资本家出于对垄断利润的追求，倾向于发展核能等垄断技术，而不愿意发展太阳能、潮汐、风力、生物能等可再生能源技术，因此主张将技术改造与资本主义制度的变革联系起来，选择和发展太阳能、潮汐等分散技术、可再生能源技术。认为这些技术具有潜在的民主倾向，属于人性化技术，不仅有利于保护生态环境，而且能够限制权力，解决失业问题。在技术发展方向上，本·阿格尔也倡导选择和发展适用技术或小规模技术，通过技术的分散化、非官僚化克服生态环境危机。

概而言之，思想界关于生产方式与生态危机的反思主要集中在如下方面：一是揭示现代生产方式内在蕴含的机械论世界观。这种世界观将人的经济活动、生产实践与自然生态系统割裂开来，忽视社会生产实践对自然生态系统的影响，以及自然生态系统本身承载力对社会生产实践的制约作用。这种世界观还将自然生态存在视为无生命的惰性存在物，看不到自然生态存在本身的生命特征。这种观念助长了人类对自然界的肆意改造和掠夺。如将土壤看作惰性的无生命的存在，才会毫无顾忌地滥施化肥、农药取代土壤生物，才会给土壤及生态环境造成危害。二是现代生产方式内在蕴含的人类中心主义价值观。这种价值观在确立生产的目的上，只考虑人自身短期的经济效益，只考虑利益集团自身利润的增长，而不考虑生产活动对生态环境的消极影响，不能将人自身的利益与自然生态利益协调起来。三是将科学技术与生产目的、生产方式联系起来，揭示生态危机的根源及其解决途径，认为资本主义制度、生产方式以及科学技术的资本主义运用才是生态危机最深刻的根源，主张将科学技术的改造与资本主义制度变革联系起来，发展太阳能、生物能等小型技术、分散技术。而这些技术不仅是生态的，同时也是民主的、非官僚的。思想界关于生态危机的生产方式反思，对于我国当前的现代化建设同样具有借鉴意义。

三、生态生产方式的内涵

生态生产方式是相对于现代生产方式而言的。生态生产方式区别于现代生产方式的主要内涵在于，现代生产方式只关注人自身短期的物质利益或经济效益，而忽视社会生产活动对生态系统的影响及生态系统本身的承载力；生态生产方式则在生产、社会发展与自然生态的关系上，始终强调自然作为社会生产与发展的前提和基础，要求社会生产活动遵循生态规律，在生产过程中，不仅关注人自身的物质利益，而且关注自然生态系统的和谐、稳定和繁荣，关注人与自然的协调发展，关注社会的和谐、公平及可持续发展。

（一）生态发展理念作为生态生产方式的目标与准则

从一定意义上说，近三四十年来，国内外提出和倡导的可持续发展观、科学发展观、循环经济、低碳经济等生态发展理念，均与生态生产方式存在一定的关联，为生态生产方式确立了发展方向及准则。

可持续发展概念是 1987 年联合国世界与环境发展委员会发表的《我们共同的未来》中正式提出的。该报告将"可持续发展"定义为"既能满足我们现今的需求，又不损害子孙后代，能满足他们需求的发展模式"。可持续发展观首先关注的是人与自然环境的协调，强调经济发展离不开自然环境和资源的支持，生态可持续发展是社会经济可持续发展的前提；可持续发展观还提出了"代际公平"观念，认为我们不仅要关注当代人的利益，而且应关注后代人的生存发展权利，不能剥夺后代人生存和发展所需的必要条件。可持续发展观从人类的可持续发展的角度，突出了自然环境和资源对经济发展和社会生产的基础作用。

科学发展观是以胡锦涛同志为首的中共中央领导集体提出的新时期社会发展战略。2003 年 10 月，中共十六届三中全会明确提出了"坚持以人为本，树立全面、协调、可持续的发展观，促进经济社会和人的全面发展"；强调"按照统筹城乡发展、统筹区域发展、统筹经济社会发展、统筹人与自然和谐发展、统筹国内发展和对外开放的要求"，推进改革和发展。科学发展观改变了传统发展观单纯关注经济增长的观念，突出了人、社会、自然生态的协调、整体的发展，是对可持续发展观的进一步阐发。可持续发展观和科学发展观为生态生产方式提供了理论基础和思想指导，为生态生产方式指明了发展的方向。

"循环经济"概念最初是美国经济学家肯尼斯·鲍尔丁首先提出的。学术界一般采用国家发改委关于"循环经济"的定义："循环经济是一种以资源的高效利用和循环利用为核心，以'减量化、再利用、资源化'为原则，以低消耗、低排放、高效率为基本特征，符合可持续发展理念的经济增长模式，是对'大量生产、大量消费、大量废弃'的传统增长模式的根本变革。""减量化、再利用、资源化"即通常所说的"3R"原则，这是循环经济的基本要求。所谓"减量化原则"是指用较少的原料和能源投入达到既定的生产目的或消费目的，是从经济活动的源头节约资源和减少污染；所谓"再使用原则"，是指产品及其包装应作为一种日常生活器具来设计和制造，以便再三利用；所谓"再循环原则"，是指生产出来的物品在完成其使用功能后能重新变成可以利用的资源，而不是不可恢复的垃圾。"3R"原则要求：在资源开采环节，大力提高资源综合开发；在资源消耗环节，大力提高资源利用效率；在废弃物产生环节，大力开展资源综合利用；在再生资源产生环节，大力回收和循环利用各种废旧资源；在社会消费环节，大力提倡绿色消费。循环经济运用生态系统的循环再生原理，改变了传统经济"资源—产品—废弃物"物质单向流动的方式，而采取"资源—产品—再生资源"物质能源反复循环利用的经济形态，能够充分有效地利用资源，减少对生态环境的污染，促进人类社会与自然环境之间的协调发展。循环经济不仅为生态生产提出了具体的生产原则，而且其物质循环利用方式为建构生态化生产方式提供了方法论。

"低碳经济"理念源于2003年英国能源白皮书《我们能源的未来：创建低碳经济》。低碳经济是应对当前气候暖化趋势提出的生态理念。关于低碳经济，较完整的定义是：它是一种从生产、流通到消费和废物回收等一系列社会活动中实现低碳化发展的经济模式。具体而言，就是指可持续发展理念指导下，通过理念创新、技术创新、制度创新、产业结构创新、经营创新、新能源开发利用等多种手段，提高能源生产和使用的效率以及增加低碳或非碳燃料的生产和利用的比例，尽可能地减少对于煤炭石油等高碳能源的消耗，同时积极探索碳封存技术的研发和利用途径，从而实现缓解气候暖化趋势目标，最终实现社会经济与生态环境协调发展的经济发展模式。低碳经济建设的内容主要是指构建以低碳能源系统、低碳技术和低碳产业为主体的经济发展体系。（1）低碳能源系统是指通过发展清洁能源，包括风能、太阳能、核能、地热能和生物质能等替代煤、石油等化石能源以减少二氧化碳排放；（2）低碳技术包括清洁煤技术和二氧化碳捕捉及储存技术等等；（3）低碳产业体系包括火电减排、新能源汽车、节能建筑、工业节能与减排、循环经济、资源回收、环保设备、节能材料等等。从本质上讲，低碳经济就是一种生态生产方式，它不仅从应对气候暖化的角度为生态生产方式提出了基本要求，而且从能源利用、技术开发和应用、产业转型等方面为生态生产方式的构建提出了具体的目标。

（二）生态生产方式对生产活动的基本要求

生态生产方式对生产活动、科技发展和应用、产品设计和生产等均有相应的要求。

生态生产方式要求生产活动必须是一种节约性、清洁性的生产活动。所谓节约性，主要是强调社会生产对资源和能源的节约；而所谓清洁性，则是强调社会生产减少废物的排放，减少对生态环境的污染。具体而言，第一，要求社会生产必须考虑对生态环境的不良影响，考虑生态环境的承载力，以及自然资源的再生能力；第二，对于自然资源的利用，应控制在自然资源的持续利用基础上。对于进入生产过程中的自然资源，应延长其生产链，多次重复利用，以达到节约自然资源的目的；第三，要求减少生产过程中废物的排放，或者对生产过程中产生的废物进行无害化处理，避免或减少生产过程对生态环境的污染；第四，应通过加强信息服务，实行严格的市场准入制度等措施，加强对社会生产的宏观调控，以克服市场经济条件下企业生产的盲目性。

生态生产方式对于科学技术，一方面应肯定生态生产方式必须建立在科学技术的进一步发展基础上；另一方面又应转变科学技术发展方向，使其朝有利于人与生态环境的协调方向发展。马克思主义认为科学技术作为生产方式的重要方面，本身是实现人与自然和谐的中介。人与自然的协调发展离不开科学技术的不断进步。而生态生产方式作为一种超越现代工业化生产方式的先进的生产方式，也必然要求建立在科学技术的进一步发展基础上。同时，科学技术的发展也能为加深人们对自然的理解，解决生态环境问题，调整人与自然的关系等提供认识基础。从生态生产方式的实际发展来看，当代科学技术发展本身也呈现出生态化发展的趋势，发达国家的新科学技术革命已出现生态化趋向。而要促进科学技术朝有利于人与自然协调发展的方向发展，则要求：第一，科学技术的发展应适应时代的要求，从解决生态环境问题出发，以生态价值观、生态伦理观规范科学技术的发展方向。第二，在科学研究的内容方面，加强自然生态系统、社会—经济—自然复合生态系统内在复杂相互作用及生态规律的研究。第三，具体到技术的开发应用方面，则要求技术的开发和应用不仅体现人自身的物质利益或经济目的，还应考虑到技术开发的社会影响和自然环境影响，力图实现经济效益、社会效益、生态效益的协调发展。这就要求在技术的开发和应用之先，应建立科学的技术评价体系，从经济价值、社会价值、生态价值等方面进行综合考察和筛选。第四，在技术开发应用的内容上，要求对现代工业技术进行生态化改造，广泛开发和应用绿色技术、清洁技术，从生产的源头上解决生态环境问题。

在产品的设计和生产方面，生态生产方式要求同时考虑人的需要和对自然生态环境的影响两方面，考虑到产品消费后的回收利用或垃圾处理，避免产品的过度包装，减少奢侈品的生产，避免产品消费后对生态环境的污染或毒害，或者建立恰当的回收利用或无害化处理机制。

（三）生态产业建设——生态生产方式建设的主要内容

生态产业建设是生态生产方式建设的主要内容。黄顺基《建设生态文明的战略思考——论生态化生产方式》一文认为："所谓生态产业，就是以生态学基本原理为指导，以生态系统中物质循环、能量转化与生物发展的规律为依据，以'人类—自然—社会—经济'生态系统的动态平衡为目标，以生物为主要劳动对象，以自然资源为劳动资料，以生物技术和生态工程技术为劳动手段的经济部门。"并从产业结构的角度将生态产业划分为生态农业、生态工业、生态信息业和生态服务业四大类。并认为，生态农业是生态产业的主体，生态工业是生态产业的基础。① 在这里，我们主要从生态农业、生态工业两方面阐述生态生产方式的内容。

---

① 黄顺基：《建设生态文明的战略思考——论生态化生产方式》，《教学与研究》2007 年第 11 期。

广义的生态农业包括狭义的生态农业、生态林业、生态畜牧业和生态渔业等生产部门。生态农业的产业化要求从农业经济与农业生态环境保护相协调的原则出发，充分发挥各地的生态、区位优势及产品的比较优势，在农业生产与生态良性循环的基础上，开发优质、安全、无公害农产品，发展经济、环境效益高的现代化农业产业。生态农业建设应注重如下方面：第一，生态农业建设应以协调人与自然的关系为目标，不仅关注农业生产的经济效益，同时还应注重农业生产的社会效益和生态效益。第二，改变传统农业单纯进行农作物生产的单一产业结构和经营方式，在传统种植业的基础上，利用丰富的农业资源建设绿色食品加工产业，建设畜牧养殖产业，利用农村自然景观开展旅游养生产业等。第三，从生态适宜性原理出发，根据各地生态环境的差异进行产业总体规划，充分利用当地生态资源，形成地区性特色产业。第四，引进推广各类农产品深加工技术，水果、蔬菜、食用菌的生物保鲜储运技术，加强生态农业产业化的科技含量。

生态工业包括传统工业的生态化和绿色食品、生态工艺、生态住宅等产业。对传统工业生产方式的改造主要是建立在循环经济理论基础上的。传统工业生产的物质流动模式是"资源→产品→废物"的线性过程，这种生产模式追求生产的最大化，其结果是导致不可再生资源的枯竭和生态环境污染的加剧。生态工业则要求根据自然界物质循环规律，对传统工业生产模式进行生态化改造，将生产过程组织为"资源→产品→再生资源"的模式，促使物质、能量的梯次、循环使用。生态工业的典型形式是生态工业园建设。所谓生态工业园是在工业生态学及循环经济理论基础上，将生产发展、资源利用和环境保护形成良性循环的工业园区建设模式。生态工业园建设的目标是通过发展高新技术提高物质的转换与再生，提高能源的多层次分级利用，使工业生产尽可能少地消耗能源和资源，从而实现经济发展和环境保护的双赢。丹麦的卡伦堡生态工业园是生态工业园的典型模式，该工业园以发电厂、炼油厂、制药厂和石膏板厂为核心工业。电厂给制药厂供应高温蒸汽，给居民供热，给大棚供应低温循环热水生产绿色蔬菜，余热流到水池中用于养鱼，实现了热能的多级使用。同时，粉煤灰用于生产水泥和筑路，脱硫石膏用来造石膏板等。通过企业间的工业共生和代谢生态群落关系，建立起相关联的工业联合体，既降低了治理污染的费用，也取得了可观的经济效益。①

第二节　生活方式的转型与可持续发展

关于生活方式的内涵，《中国大百科全书·社会学卷》作了比较严整的科学表述："不同的个人、群体或社会全体成员在一定的社会条件制约和价值观指导下，所形成的满足自身生活需要的全部活动形式与行为特征的体系。"生活方式包括人们进行物质生活、社会文化生活、精神生活的方式等方面。生活方式与生产方式密切相关，一方面，人们的生活方式受一定的生产方式决定，生产方式制约着生活方式；另一方面，生产的目的是为了生产生活所必需的生活资料，生产方式的变迁是为生活质量的提高服务的，从特定的角度看，生产方式是生活方式的有机组成部分。人类社会的发展本质上是生产方式和生活方式相互关联、相互作用的产物。

人们的生活资料来源于自然生态环境，因此人们采取的生活方式对生态环境具有直接的影响。当代生态环境危机与现代消费主义的生活方式密切相关，正是由于消费主义的流行，才会形成大量生产、大量消费及由此带来的生态环境问题。因此，要实现人与自然的和谐以及社会的可持续发展，必须转变现代消费主义观念及模式，实现现代生活方式的生态转型。本节主要论述现代生活方式对生态环境的破坏、现代生活方式的批判反思、生态生活方式的内涵三方面内容。

一、现代生活方式的不可持续性

生活方式是随着社会生产力的发展而变化发展的，不同时代社会生产力水平不同，相应地会采取不同的生活方式。人类生活方式迄今经历了原始落后的生活方式、与自然经济相联系的小生产者的生活方式和工业文明时代物质生活资料富足的生活方式三种形式。在原始社会，人类为了自身生存的需要，对自然资源也曾进行不合理的开发和利用，但是由于当时人口数量有限，生活方式水平低下，人们对生态环境影响的程度有限，自然

---

① 万君康、梅小安：《生态工业园的内涵、模式与建设思路》，《上海综合经济》2003 年第 9 期。

生态系统仍能发挥自身强大的自我修复作用；封建社会生活方式是建立在对土地的充分利用和拓荒垦种基础上的，由于无节制地砍伐森林，导致水土流失，对自然生态系统造成极大破坏。如我国黄河流域，在 4000 多年前曾有茂密的森林覆盖，但由于长期盲目开发和滥伐，今天已成为满目苍凉的黄土高原；工业文明是建立在"大量生产—大量消费—大量废弃"生产生活方式基础上的，工业文明时代，人们对生态环境的破坏一是对自然资源的无节制开发利用，导致不可再生资源枯竭；二是工业生产产生的废气、废水、固体废弃物等，给生态环境带来严重污染；三是人类生存空间的扩大，挤占了其他生物的生存空间，由此导致生物物种多样性的消失，造成生态系统的失衡。

现代生活方式在带来资源枯竭、环境污染、生态失衡的同时，也给人类自身的健康、生活质量带来严重威胁。由于过度消费，肥胖、心脑血管疾病、糖尿病等已成为威胁人类健康的主要疾病；为了追求舒适的生活，人们发明种种产品替代人的体力劳动，替代人体自身的抗病机制和调节能力，也导致了人体活动器官的全面退化和抵御疾病能力的降低。同时，环境污染也严重影响人们的健康和生活质量，空气污染会导致呼吸器官或视觉器官的疾病；严重的水质污染会导致癌症、新生儿畸形等患病率攀升等。

现代生活方式就其本身而言，也不是科学、健康的生活方式，有学者从五个方面概括现代生活方式的弊端：（1）贪欲无限。无止境地占有财富和物品是现代人生活的一大特点。（2）消费无度。现代人消费不是从实用的目的，而是从社会地位、身份出发，消费呈浪费性、奢侈性、铺张性。（3）缺乏理性。人们消费不是从自身需要出发，而是从时尚出发，受媒体广告的蛊惑。（4）远离自然。现代人生活在钢筋水泥筑成的城市"森林"当中，化工材料堆积成的商品大山充斥着人们的日常生活。远离自然的生活是一种异化的生活。（5）迷茫空虚。由于片面追求物质生活的满足，人们普遍缺乏精神生活的追求，迷茫空虚成为许多人惯常的精神状态。[①]

现代生活方式是不可持续的，这主要体现在地球无法支持 60 亿人高消费的生活方式。在整个 20 世纪，世界人口增加了 4 倍，1999 年达到 60

---

① 樊小贤：《用生态文明引导生活方式的变革》，《理论导刊》2005 年第 10 期。

亿人，全世界国民生产总值每年达 20 多万亿美元。在 20 世纪，人类消耗了 1420 亿吨石油，2650 亿吨煤，380 亿吨铁。1998 年 10 月，世界自然基金会发表了《活的地球指数》报告。报告指出，1970—1995 年，地球损失了 1/3 以上的自然资源。如果全世界采取美国、西方发达国家的生活方式，则地球上的石油、天然气、煤炭储藏只能用 3 年、4 年、1.5 年，所有不可再生资源将在 40 年内全部用尽。显然，这样的生活方式是不可持续的。

二、现代生活方式的批判反思

生活方式受特定的生活价值取向和生活观念影响，生活价值取向、生活观念体现在生活方式的方方面面。生活价值取向是指人们追求的人生目标或方向。人生价值取向的形成受特定的社会条件限制，但它一旦形成，就会对人们的现实生活方式起着指导作用。生活观念是生活价值取向在现实生活中的具体体现，是主体处理自身身体与精神、自身与社会、自然生态环境关系的基本观念。与人们生活方式相关的生活观念主要有消费观、需要观、幸福观。当代思想界关于现代生活方式的批判反思也主要集中在消费观、需要观、幸福观三方面。以下我们主要从鲍德里亚消费社会思想和生态学马克思主义的消费观、需要观、幸福观两方面，阐述现代生活方式的批判反思。

（一）鲍德里亚消费社会思想对消费异化的反思

鲍德里亚是法国当代著名的社会理论家，被思想界誉为后现代主义思潮的开创者和引路人。鲍德里亚关于现代社会的分析集中体现在"消费社会"这一论断基础上。在他看来，当代西方社会已由原来的生产社会转变为消费社会。消费社会的特征是，之前社会，人们消费主要为了物质生活的需要，消费的是物品的使用价值。消费社会，人们进行消费则主要是为了显示自己地位、身份、品位，是为了建构社会关系。对于商品，人们关注的是其中包含的地位、身份、品位等方面的意义，广告媒体对产品的广告也主要渲染其中包含的这些方面的符号意义。

鲍德里亚对消费社会的批判主要集中在消费社会对人的生活、人的主体性的异化上。有学者将消费社会对人的异化归纳为生活的商品化、神圣意的隐匿、符号对人的操控、主体的消失等方面。① 所谓生活的商品化，也就是说在消费社会，所有的物品、服务，乃至身体、性、文化和知识等等都可以作为商品出售。正因身体、文化、知识、艺术等等都可以出售，所以在商品社会，没有什么东西是神圣的，生活被商品化遮蔽、消解了任何神圣的意义存在；所谓符号对人的操控，是说人们进行消费，不再是出于自身真实的生活需要，而是从社会关系的角度，从身份、地位、品位的考虑进行消费，广告媒体对产品中包含的身份、地位、品位等符号的渲染操控了人们的消费行为。伴随符号对人的操控，人也丧失了自身的主体性。人们创造了符号，结果被符号所控制，人最终成了符号的奴隶。

鲍德里亚的消费社会理论一方面承袭了马克思分析商品社会的思路，另一方面又从符号学理论的角度对消费社会进行诠释。鲍德里亚对消费社会的分析和消费异化现象的批判，对于我们认识现代生产生活方式的弊端具有启发意义。但是由于他过分突出消费社会与生产社会之间的差异，其研究偏向于对资本主义社会的符号、文化分析，弱化了资本主义生产对消费社会的决定作用。实际上，在资本主义社会，消费主义的流行是建立在资本主义生产基础上的，正是出于生产不断扩大的需要，资本主义才广泛渲染消费主义的生活方式。这方面内容在生态学马克思主义学者那里得到了充分的阐发。

（二）生态学马克思主义对现代生活方式的批判反思

生态学马克思主义关于现代生活方式的批判反思主要体现在消费观、需要观和幸福观的批判反思上。对现代生活方式中消费异化的批判反思是生态学马克思主义的中心论题。需要观是与消费观相互关联的，是针对现代生活方式中的消费现象提出的主题。幸福观是人类生活永恒的话题，生态学马克思主义对幸福观的重新认识，是针对现代生活中物质至上、消费至上的幸福观进行的。消费观、需要观、幸福观三方面是相互关联的统一整体。为行文方便，我们将消费观和需要观放在一起论述。

生态学马克思主义关于消费观、需要观的批判反思主要集中在消费异化、虚假需要的资本主义根源，消费异化克服的途径两方面。（1）生态学

---

① 张芳德：《消费社会本真生存的失落与拯救——鲍德里亚消费文化理论研究之三》，《湖北民族学院学报》2010 年第 2 期。

马克思主义思想家将消费异化、虚假需要现象与资本主义生产和资本主义制度联系起来思考。在资本主义社会，消费异化和虚假需要是与资本主义社会制度及生产方式相互关联的。资本主义生产是在对利润的无限追求基础上进行的，生产的无限扩大，必然要求不断刺激、鼓励消费，媒体广告对产品的宣传、消费主义的甚嚣尘上由此形成。所谓消费异化、虚假需要即是由这种人为刺激、鼓励造成的对人自身真实需要的遮蔽。也就是说，人们进行消费，不再是出于自身的真实需要，而是因为消费主义观念的影响，由于媒体广告的鼓动。消费异化、虚假需要的另一方面原因是，资本主义社会为了维护自身制度的合法性，也竭力利用异化消费遮蔽不同阶级之间的差异和矛盾。资本主义社会通过提供源源不断的商品，不仅使资本家过上了优裕的生活，而且让"工人和他的老板享受同样的电视节目并游览同样的娱乐场所，打字员打扮得像她的雇主的女儿一样花枝招展，黑人挣到了一辆卡德拉牌轿车"，① 这样就给人们造成平等的幻象，从而延长了资本主义的寿命。（2）生态学马克思主义主张通过重塑人的消费观和需要观，通过从生产劳动中获得满足克服消费异化。莱斯将生产异化、消费异化归之于资本主义社会"控制自然"的意识形态，在消费异化的克服上也主张通过重塑人的消费观和需要观实现。他主张改变资本主义控制自然的观念，转而通过控制人的欲望，树立尊重自然、适应自然的观念，控制人与自然的关系，改变无限增长的生产方式和高消费的生活方式；阿格尔则主张通过分散工业生产、降低工业生产规模克服过度生产，通过小规模的、民主管理的劳动克服过度消费。

生态学马克思主义的幸福观主要论述了生态危机对人的幸福的危害，以及通过节制消费、创造性劳动、建立较易于生存的社会等，实现人的幸福的方式。生态学马克思主义者认为，生态危机已成为威胁人类幸福生活的主要方面。克沃尔认为，生态危机不仅体现为生态环境的破坏和自然灾害的频发，同时还包括对人们身体和精神的伤害。它不仅给人们的生活带来不便，而且给人们带来身体的伤害和精神的折磨。生态问题已成为毁灭人类幸福的头号杀手。② 生态学马克思主义思想家对于实现幸福的方式做了多方面的探

---

① ［美］马尔库塞：《单向度的人》，张峰、吕世平译，重庆出版社1988年版，第9页。

② Joel Kovel, *The Enemy of Nature: the end of Capitalism or the end of the world*, London & New York: Zed Books, 2007, p. 13.

讨：首先，针对资本主义消费异化现象，生态学马克思主义从不同角度阐述了节制消费的重要性。如莱斯提出"从注重量的标准转向注重质的标准"。所谓质的标准，即注重科学、健康、生态的生活方式，适度消费，使用更环保、更耐用的物品。高兹主张用生态理性替代经济理性，主张"更少地生产，更好地生活"。更少地生产能够给人们带来更多的闲暇时间，更能够关注人与人之间、人与自然的和谐。其次，生态学马克思主义还针对现代社会将人的幸福与异化消费等同起来的观念，提出将幸福与创造性劳动联系起来。如莱斯认为，人的能力是多方面的，可以通过运用自身多方面的能力满足自身多方面的需要，根本用不着单纯依靠物质消费获得满足。他主张将注意力从消费领域转移到生产领域，通过创造性的生产劳动获得真正的幸福。阿格尔也明确提出"人的满足最终在于创造性的生产活动"的观念，并认为人们转向创造性劳动获得满足是一种必然过程。这是因为，由于生态系统无力支撑人们无限增长的生产和消费，因而缩减工业生产成为必然；而生产的缩减必然要求人们缩减自身的需求，重新思考自己的需求方式；对需求方式的重新思考将使人们由异化消费转向"创造性劳动"。再次，生态学马克思主义思想家还将人的幸福与理想社会状态联系起来。如阿格尔认为通过采用小规模技术和分散化生产，避免等级化和官僚化，劳动者才能够从生产劳动中获得幸福。莱斯提出建立"较易于生存的社会"的设想，其目标是促使人们减少对物质需求满足的需要，抛弃幸福的量的标准，而采用质的标准。在"较易于生存的社会"，仍然存在商品交换，但是消费不再是满足需要的唯一方式；仍需要科学技术，但是科学技术已由集中化、垄断化走向分散化。

　　在当代，我国也存在奢侈消费、时尚消费、面子消费等消费异化现象。克莱尔·肯特曾宣称，中国人天生就是奢侈品的消费者。他的判断依据是，即便是在欧美也少人问津的单价超过100万美元的宾利车，在中国却连创销售纪录。当代中国，不仅富人是奢侈品消费的追捧者，而且奢侈品消费同样是普通打工族热衷追逐的目标。因此，鲍德里亚、生态学马克思主义思想家关于消费异化现象的分析和理想生活方式的探求，对于我们同样具有借鉴意义。

三、生态生活方式的内涵

学术界关于生态生活方式进行了多方面的探讨。关于生态生活方式，学术界给予了不同的名称，如"健康、文明、科学的生活方式"、"生态生活方式"、"后现代绿色生活方式"、"低碳生活方式"等。但就其具体内容而言，则主要从适度消费、生态消费观、生态幸福观、人与自然和谐、精神追求等方面探讨。如有学者将生态消费观的基本原则归结为适度消费原则、人与自然和谐共生原则、绿色消费原则、以人的全面发展为终极目标的原则四个方面。① 生态生活方式的基本理念是转变人类中心主义的价值观念，追求人与自然的和谐；在物质消费方面，强调适度消费；在幸福观上，要求超越将幸福等同于物质消费的观念，追求人自身的全面发展，重视人与人之间、人与自然之间的和谐，重视精神层面的追求和满足。应该指出的是，生态生活方式并不是渺茫的理想，而是现实生活中正在发生的趋势和潮流。正是出于对消费异化的反思和对幸福生活的觉悟，人们开始寻求健康、合理、科学的生活方式。如 1992 年由加拿大导演拉森和一群反消费主义者在美国和加拿大发起的"国际罢买日"活动，2005 年 12 月 10 名白领在美国旧金山发起的"一年不购物"活动，目前欧美和亚洲流行的"乐活"运动，"免费素食"运动，"搜索垃圾箱运动"，以及中美后现代发展研究院推动的"骑车是一种品位——后现代绿色出行活动"，以及"新抠门主义"和"素婚"、"裸婚"等反潮流之举②……均是生态生活方式的体现。在这里，我们将生态生活方式归结为适度消费和生态消费、生态幸福观、超越物质性生活三方面集中论述。

（一）适度消费和生态消费

适度消费是生态生活方式对物质生活的要求，它是针对现代生活方式中的消费主义观念和异化消费而言的。适度消费要求摒弃不合理的消费方式，根据人自身的物质生活需要，根据生态环境的承载力进行合理消费。

所谓适度消费，即将消费控制在经济、技术和资源、环境等客观条件允

---

① 陈艳玲：《论生态消费观的构建及其意义》，《生态经济》2007 年第 2 期。
② 王治河：《后现代生态文明与现代生活方式的转变》，《岭南学刊》2010 年第 3 期。

许的范围之内。从生态生活方式的角度言，主要强调人们的消费方式应控制在自然生态系统的承载力范围内。具体而言，人的消费方式应考虑到自然资源的有限，控制在可再生资源的再生能力范围内；人的消费方式应考虑到自然生态系统的自净能力，将消费后垃圾的排放以及为消费品生产的废物排放控制在自然生态系统的自净能力范围内。总体而言，即要求人的生活方式、消费方式不能超过生态系统的自我修复和更新能力。

英国学者约翰·艾尔金顿（John Elkington）和茱莉亚·海勒斯（Julia Hailes）在《绿色消费者指南》一书中提出了消费者在选择和购买产品时的绿色准则，强调绿色消费应避免使用下述商品：（1）可能危害消费者自身或他人健康的产品；（2）在制造、使用或处理上会对环境造成损害的产品；（3）在制造、使用或处理上会消耗过多能源的产品；（4）因其过度包装或过短的生命周期而造成不必要浪费的产品；（5）使用来自濒临绝种动植物或濒临毁减环境物质的产品；（6）因毒性测试或其他目的而残酷或不必要使用动物的产品；（7）对其他国家，尤其是发展中国家有不利影响的产品。这些准则较具体地阐明了消费如何限制在生态环境允许的范围内。[①]

从社会文化的角度言，适度消费还要求改变、摒弃现代生活方式中便利消费、一次性用品消费、面子消费、奢侈消费、超前消费等种种异化消费现象。便利消费和一次性用品消费，均是只考虑到消费者的便利，而没有考虑到对资源、能源等的浪费的消费习惯，如一次性筷子的使用、塑料袋的使用、超市采用的敞开式冰柜等；面子消费、奢侈消费、超前消费如购买和使用高档大排量的进口车、大排量的多功能运动车等，送高档礼品，经常性的宴会，在手机、电脑等尚能使用的情况下，追求时尚，购买新款手机、电脑等，均会增加资源和能源的浪费。

应该指出的是，生态生活方式倡导适度消费并不是倡导禁欲主义，而是强调合理的物质享受，一方面满足自身真实的物质生活需要，另一方面将自己的物质生活需要控制在自然生态环境的承载力范围内。实际上，异化消费不仅带来严重的资源问题，导致日益严重的生态环境危机，而且对人自身的健康同样具有负面影响。如现代化的消费方式带来的肥胖症、心脑血管疾

---

① 转引自李伟《刍议绿色消费、可持续消费及生态消费观》，《特区经济》2008 年 9 月。

病、精神疾病等现代性疾病。以美国的肥胖现象为例。调查显示，60%的美国成年人超重，四分之一的人患有肥胖症。

适度消费和生态消费观念是一种可持续发展观。这主要体现在，一方面，限制高消费、异化消费，注重自然资源、生态环境对消费的限制，能够为子孙后代的生存维护相应的自然资源和生存环境；另一方面，限制高消费，增加贫困群体的收入，关注不同阶层之间的公平，也有利于生态环境问题的解决。

（二）生态幸福观

上文我们已经论述了生态学马克思主义的幸福观，在这里，我们仅就幸福与生态的关系做一般性讨论。在前工业社会，由于人类面对的生存问题主要是物质生活资料的获得和满足的问题，生态环境问题也没有像今天这样严峻，因此，生态与幸福的关系没有受到相应的关注。人们一般将幸福与物质生活的满足、人伦关系的和谐、精神世界的宁静等相互关联。生态幸福观的提出，则与生态环境的破坏直接影响到人们的生活质量、身体健康等密切相关。关于幸福与生态的关系，我们大体上可以从生态是幸福的基础，生态承载力是幸福的边界，人与生态环境的和谐是幸福的重要方面三方面理解。

所谓生态是幸福的基础，是说我们的幸福是建立在生态和谐、稳定、繁荣基础上的，离开了生态环境的和谐、稳定、繁荣，我们的生活便成了无源之水、无本之木。只有在保证生态系统的完整、和谐、繁荣基础上，我们的物质生活的满足、社会的和谐才无后顾之忧。所谓生态是幸福的边界，是说生态系统的承载力是我们追求幸福生活的边界，我们对物质生活满足的追求必须建立在不超过生态系统提供的有限资源、环境的自净能力范围内。所谓人与生态环境的和谐是幸福的重要方面，则是强调人与自然生态的和谐是我们完整人性的基本方面，没有了人与自然生态的和谐，即使物质生活优裕、社会和谐稳定，所获得的幸福也是不完整的。生态之所以构成我们人性的重要方面，是因为人性本身是自然生态发展到一定阶段的产物，本身与自然生态环境息息相关。生态环境的破坏，也必然影响到我们人性自身的完整。而人与生态环境的和谐则能使我们内在人性得到充分展现。

（三）超越物质性生活

莱斯所说的"从注重量的标准转向注重质的标准"，实际上强调的即是超越物质性生活。物质生活资料的满足是人类生存发展的基础，因此，追求物质生活资料的满足本身无可非议。但是，当物质生活资料的满足达到一定的程度后，我们便不应将生活的满足、幸福的获得局限于物质生活层面，而应超越物质性生活的层面，将生活的追求拓展到更广阔的生活领域。超越物质性生活，要求我们适度消费，要求我们减少物质财富的创造，留给自己更多的闲暇；超越物质性生活，我们可以将时间、精力留给自己感兴趣的创造性活动，可以参与丰富多彩的文化生活，可以追求精神的自由和超越。

超越物质性的生活能够减少物质资料的生产和消费，从而能够减少对自然资源的索取，减少对生态环境的破坏。同时，不是出于生活的压力的闲暇生活、创造性劳动，则能够使人从异化消费、异化生产中解脱出来，获得精神的自由，而自由的创造则能够使人内在的智慧和潜力得到充分的发挥。从中，人能够获得更充分的幸福感。人性是一个有机的生命整体，局限于物质层面只会限制人性的充分发展，而给自己更多的闲暇，则能够给予人性自身足够的时间空间协调自身。而参与丰富多彩的文化生活，追求精神的自由和超越则能为人性的全方位发展创造更充分的条件。

第七章　科学发展观与生态文化观念

学术界在讨论生态文化观念与科学发展观的内在联系时，一般将"生态"理解为自然生态环境，将生态文化观念与可持续发展观相联系，看作协调人与自然关系的理论基础。我们所理解的"生态文化"是一种广义的文化形态，它建立在生态科学、复杂性科学理论基础上，是在反思近现代文化的基础上形成的，是建设性后现代文化中代表性文化形态，它吸取了古代文化与近现代工业文化的合理因素，是对古代文化与近现代文化的辩证发展，代表着未来文化的发展趋向。生态文化观念与科学发展观均是时代精神的产物，是对近现代工业文化观念的转型，生态文化不仅与科学发展观在许多方面相契合，而且是科学发展观的理论来源之一。本章主要从生态文化世界观与生态文化价值取向两方面讨论科学发展观与生态文化观念的内在联系。

科学发展观是在对单纯经济增长型发展观的超越中形成发展起来的，从单纯经济发展型发展观到科学发展观，大体上经历了四个发展阶段。

第一，单纯经济增长型发展观。自18世纪后半期工业革命以来，工业化成为社会经济发展的根本途径。20世纪初法兰克福学派提出"工业文明观"，主张以工业增长作为衡量发展的唯一尺度。在此后相当长的时期里，工业化程度和GDP被认为是衡量发展水平的主要标志和指标。工业化是一个国家或地区经济活动的中心内容；经济增长是一个国家发展的主要标志；国内生产总值GDP是衡量一个国家或地区经济发展的重要标尺；发展规划是实现工业化和追赶战略的重要手段。这一时期的发展观将发展等同于经济增长，将发展经济学作为发展理论。

单纯经济增长型发展观导致双重漠视：既漠视"人"与"人的现代化"，与"以人为本"的科学发展观相对立；也漠视生态环境，与可持续发展观相违背，是一种典型的"物化发展观"。然而，发展中国家经济增长的经验证明，尽管工业在国民经济中所占比重很高，经济可以实现较高的增长率，但是人们并没有得到相应的福祉。不仅如此，工业化还导致人与环境的矛盾，财富分配的两极分化，以及人们内心世界的贫困和精神危机等。

第二，"经济增长+社会变革论"发展观。在单一的经济增长论指导下，许多发展中国家并没有实现预期的发展目标。人们开始认识到，发展不仅包括经济增长，也包括建立在经济增长基础上的社会变革过程。于是，以"经济增长+社会变革论"为核心的发展观应运而生。美国发展经济学家托达罗在《经济发展与第三世界》一书中指出，发展不纯粹是一个经济现象，应该把发展看作是包括整个经济和社会体制重组和重整在内的多维过程。

第三，"以人为本的综合发展观"。20世纪80年代初，联合国教科文组织正式提出了"以人为中心的内源发展"。这种发展观的核心就是以人的价值、人的需要、人的潜力发挥为中心，在此前提下对社会发展观加以综合和提升。1983年，联合国推出法国经济学家弗朗索瓦·佩鲁（Francois Perroux）的著作《新发展观》。在《新发展观》一书中，佩鲁提出"新的哲学发展观"和"综合发展观"。这种理论认为，发展应当是"整体的"、"综合的"、"内生的"，应当包括经济增长、政治民主、科技水平提高、文化价值观念变迁、社会转型、自然协调、生态平衡等多方面的因素，应当解决人与人、人与环境、人与组织、组织与组织之间的各种问题。佩鲁认为，发展应当适应和满足人的价值，促进共同体内每位成员的全面发展。①

第四，可持续发展观。1987年，联合国世界与环境发展委员会发表了一份《我们共同的未来》的报告，正式提出"可持续发展"概念；在1992年联合国环境与发展大会上，可持续发展理念成为与会者的共识。可持续发展观首先关注的是人与自然环境的协调，强调经济发展离不开自然环境和资

_____

① ［法］弗朗索瓦·佩鲁：《新发展观》，华夏出版社1987年版，第57页。

源的支持，生态可持续发展是社会经济可持续发展的前提；可持续发展观还提出了"代际公平"观念。认为我们不仅要关注当代人的利益，而且应关注后代人的生存发展权利，不能剥夺后代人生存和发展所需的必要条件。可持续发展观体现了人类发展观视界的扩展。国内有些学者出于对当前我国现代化发展主题的强调，对可持续发展的地位重视不够，将可持续发展的提出，放到了"以人为本的综合发展观"之前，实际上颠倒了发展观演进的历史和逻辑顺序。可持续发展观是科学发展观的有机组成部分，科学发展观是结合我国国情，适应时代发展需要，对"以人为本的综合发展观"和可持续发展观的综合和发展。

第一节　科学发展观与生态文化世界观

生态世界观吸取了当代科学发展的最新成果，它从存在的系统性、复杂系统的自组织演化探讨世界万物的存在形式和存在方式，是对马克思主义世界观的丰富和发展。

第三章我们已论述到，相对于近现代工业文化机械论世界观而言，生态世界观实现了两方面的转型：一是从实体论向有机整体论的转型。机械论世界观将片面强调事物的实体性存在，把"实体"理解为孤立的、不变的、机械的个体存在物。生态世界观则主要关注生态系统和生命系统等有机系统性存在，认为有机系统是由内在不同构成要素构成的功能性整体。系统具有整体性、有机性、层级性、关联性和动态性几方面共同特性。与实体论将存在理解为机械性被动性存在物不同，生态世界观认为系统具有有机性或生命特征，是一种有自身目的性、意向性的主体性存在；二是从机械决定论向自组织演化理论的转型。机械论世界观关注的是自然界、人类社会的因果必然性规律，在牛顿—拉普拉斯建构的因果决定论体系中，只要知道事物的初始状态，就能根据因果必然性规律，精确地推测出其过去、未来的存在状态。耗散结构理论、协同论、突变论、混沌理论等当代复杂性科学围绕复杂系统的自组织演化探讨了系统的演化过程和规律，认为系统演化具有随机性、不可逆性、目的性和进化特征。根据复杂系统的最新研究成果，我们认为，系统的整体性、关联性、层级性是在系统的自组织演化过程中形成的，自组织演化是系统存在的方式，是系统的根本特性。

科学发展观的基本内涵是"坚持以人为本，树立全面、协调、可持续的发展观，促进经济社会和人的全面发展"；强调"按照统筹城乡发展、统筹区域发展、统筹经济社会发展、统筹人与自然和谐发展、统筹国内发展和对外开放的要求"，推进改革和发展。① 不难看出，科学发展观与生态世界观具有内在的关联。科学发展观是建立在关于系统基本特性的认识基础上，而关于复杂系统自组织演化过程及其规律的认识和研究，有助于我们深刻认识科学发展观的本质内涵。

一、系统的一般特性与科学发展观

科学发展观作为"以人为本"的综合发展观，它首先关注的是人和经济社会的发展。而人、经济、社会均是系统性存在。这就决定了人的全面发展、经济社会的协调发展必须考虑系统存在的共同特性，遵循系统演化的一般规律。

首先，全面、协调的发展观是系统整体性的要求。一方面，系统是由多种要素构成的功能整体，系统的发展必然是内在多种要素的全面发展。马斯洛理论把人的需求分成生理、安全、社会、尊重和自我实现五个层次。相应地，人的全面发展同样是多方面的共同发展；社会生态系统从不同的角度划分，是由不同层面不同方面要素构成的复杂系统。社会的全面发展，要求经济、社会、政治、文化，不同区域，城市、农村，社会不同阶层、不同职业成员共同发展。因此，人与社会的全面发展必然要求超越单纯追求物质生活需要满足、片面追求经济增长的"单质发展观"，树立全面发展观。另一方面，系统整体性是建立在系统内在要素的和谐、平衡基础上的，系统内在要素之间发展的不平衡，会导致系统整体的失衡、分化甚至崩溃。因此，系统整体性还要求人与社会的发展建立在内在要素之间的协调发展基础上，从人、社会、自然生态系统的整体平衡出发，统筹城乡发展、统筹区域发展、统筹经济社会发展、统筹人与自然和谐发展、统筹国内发展和对外开放的要

---

① 温家宝：《提高认识，统一思想，牢固树立和认真落实科学发展观》，载《树立和落实科学发展观》，中共中央党校出版社2004年版，第1页。

求。就我国当前经济发展状况而言，由于我国改革开放第一代发展战略主题是加快发展，让一部分地区、一部分人先富起来，因此，我国改革开放在取得重大成绩的同时，也扩大了城乡之间、城市内部、农村内部居民收入差距，扩大了地区间的经济发展差距。因此，要促进我国社会经济发展的协调发展，当前及今后一个时期的发展任务是创造条件，推动落后地区和落后群体的发展，协调城乡发展，协调区域发展。

其次，协调发展观还是系统关联性的要求。系统的关联性揭示，系统内在要素之间、系统与环境要素、环境整体之间是相互关联的，其中一方面的变化会影响到系统内在其他要素乃至系统整体的存在状态，而系统整体的性质、存在状态以及变化发展趋势，同样会影响到系统内在要素的性质、状态和变化发展。因此，系统的关联性同样要求人与社会的协调发展。诺贝尔经济学奖获得者阿马迪亚·森从社会排斥的角度对失业现象进行了研究，认为失业并不是单纯的经济现象，而且是一种影响广泛的社会现象：它不仅给失业者以精神上的打击，造成心理损害和苦恼，引起疾病的增加和死亡率的提高；还导致劳动者生产技能退化，使失业者的社会关系和家庭关系受到影响，甚至导致这些关系破裂；失业会加深性别和种族间的不平等；而严重的失业甚至会造成公共权威的削弱，政权合法性的下降，导致一个社会的分化与涣散，阻碍社会进步。[①] 因此，在现实生活中，我们不能将系统内在要素孤立开来，将"全面发展"理解成系统要素互不相干的"均质发展"，而应理解为系统内在要素之间多元共生、协调发展。

第三，系统的层级性与可持续发展观。系统的层级性是指系统结构的层次性和等级性。任何系统都是由低层级系统构成，同时又是高层级系统的有机组成成分。整个世界是由不同层级系统相互关联构成的系统总体。任何系统都是在高层级系统环境中生成演化的，是高层级系统的有机组成部分，高层级系统环境的性质、状态及变化发展趋势直接影响系统主体的性质、生存和发展，是系统主体生存发展的前提和基础。就人—社会—自然复合生态系统而言，社会是每个人的生存发展环境，自然是人和社会生存发展的环境，人和社会要实现自身的可持续发展，必须将人纳入到社会、自然生态系统整

---

① 周建明、管清友：《为什么要充分追求就业?》，《社会科学报》2003 年 9 月 18 日。

体中考察，协调人与社会、人与自然的关系，维护、优化社会生态系统、自然生态系统的存在状态，在实现自然生态系统的可持续发展基础上，实现社会、经济系统的可持续发展。传统发展观单纯强调经济增长，很少关注自然生态环境对人的制约，片面的经济增长是以自然资源的耗损、自然环境的污染和生态平衡的失调为代价的。自然生态环境的恶化已经直接威胁到人自身的生存，它迫使我们重新认识人与生态环境的一体性，树立人与自然协调的可持续发展观。

第四，系统的目的性与可持续发展。系统的目的性是系统有机性的一方面表现。生态世界观认为，并不只是人有自身的生存目的，实际上，任何生命都是"为我"的存在，其他生命同样具有自身的生存目的。自然生态系统虽然不存在同生命系统一样的协调中枢，但它在适应环境变化过程中，同样具有相应的自协调、自组织、自选择能力，趋向于生成、维护更多的价值，表现出无目的的合目的性，即自然目的性。系统的目的性要求，人与社会的发展一方面要"以人为本"，关注人自身的生存和发展；另一方面，还应肯定其他生命的生存权利，适应环境变化发展趋势，遵循自然生态系统的演化规律，实现人与自然的协调发展。实际上，从长远看，人的生存目的与自然生态系统的自然目的性是一致的，人的形成与发展本身是自然生态系统进化发展的产物，人未来的生存发展也只有纳入到自然生态系统整体中考察，才能"天长地久"，实现自身的可持续发展。

此外，系统的动态性与可持续发展观也具有密切联系，我们将在第二部分进行具体探讨。

二、系统的自组织演化与科学发展观

耗散结构理论揭示：在近平衡态，系统处于最小耗散状态，因果决定性机制起主导作用。当开放系统朝着远离平衡态的方向发展时，系统的熵增非常快，原先的稳恒态变得不再稳定，当超过一定临界值时，系统将会出现高度有组织的时空行为，形成时间、空间或功能上的有序状态；不过，系统在临界点之后的行为不再是决定论的，系统的偶然涨落会被放大成更高层面的自组织行为，直接影响系统的变化发展趋向；协同论在描述系统自组织演化过程时，引入了序参量概念。序参量是在系统演化过程中决定新层次有序结构形成的参量。哈肯认为，序参量是系统内部大量子系统集体运动（相互竞争和协同）的产物，序参量一旦形成，对子系统起着支配或役使作用，主宰着系统整体演化过程；复杂系统的演化不仅受因果决定性机制影响，而且受随机性作用机制、目的性和意向性机制制约。① 三种机制共同作用的结果，决定复杂系统的演化过程本身是一个不可逆性的进化过程；系统的自组织演化具有主体性。系统在与环境相互作用过程中对自身的存在状态、行为、发展趋势具有自选择、自调节、自组织能力。它表明，系统在与环境相互作用、协调发展过程中，并不是单纯受外界环境影响，而是具有自我保持、自我进化的意向和能力。复杂系统的自组织演化过程及其规律，对于我们深入理解科学发展观具有启发借鉴意义。

首先，系统发生自组织演化的前提是系统必须是开放系统，必须处于远离平衡态。我国当前经济社会的发展之所以有进行自组织的需要，符合这两方面条件。一是我国已经从封闭半封闭的生存状态中解放出来，改革开放特别是 2003 年加入 WTO 使我国经济社会发展已日益被置入经济全球化环境中，纳入到全球一体化发展的洪流中，它迫使我们顺应时代潮流，面向世界，谋求自身的生存和发展；二是改革开放以来，我国第一代发展战略采取的是一部分人、一部分地区先富起来，突出经济增长的不平衡发展战略，这种发展战略造成今天我国面临的城乡差距扩大、地区发展差距扩大、经济发展与社会发展不协调、资源环境与发展不协调、经济增长与就业增长不协调的现状。一方面是经济快速增长，而且这种增长的势头不能减缓，我国又制定了 2020 年国民经济总产值相对于 2000 年翻两番的战略目标；另一方面，各种差距和不协调呈扩大趋势。两方面的合力有促使我国经济社会发展远离平衡态的趋势。因此，从现在到 2020 年，是我国社会主义建设进程中的一个非常关键的时期。许多国家的发展进程表明，在这一阶段，有可能出现两种发展结果：一是搞得好，经济社会继续向前发展，顺利实现工业化、现代化；另一种是搞得不好，往往出现贫富悬殊、失业人口增多、城乡和地区差距拉大、社会矛盾加剧、生态环境恶化等问题，导致经济社会发展长期徘徊

---

① 张志林、张华夏：《系统观念与哲学探索——一种系统主义哲学体系的建构与批评》，中山大学出版社 2003 年版，第 136—138 页。

不前，甚至出现社会动荡和倒退。[①] 世界各国的历史经验和我国自身的历史经验也表明，只要社会过于分化或者不能有效控制分化趋势，就可能爆发社会冲突、社会动乱和社会革命。巴西、墨西哥、伊朗等国在 20 世纪 60—70 年代曾因经济增长较快而一度繁荣，但后来却纷纷跌入低谷。伊朗巴列维国王时期的经济改革和经济发展中存在的腐败和社会严重失衡，导致霍梅尼革命。最近的一个典型案例是印度尼西亚。印度尼西亚经历了长达 30 多年的高速经济增长，但社会却越来越不平等，最后苏哈托政权在受到亚洲金融危机冲击后垮台，国家在危机中走向混乱，GDP 下降了 20% 以上。

面临经济社会发展的严峻挑战，根据系统自组织演化规律，我们当前应做的是积极主动、稳妥地加速体制改革，促进社会经济政治体制的顺利转型。我们认为，体制转型实质上就是系统在面临经济社会快速发展趋势条件下进行的"自组织"，它是一种主动的系统重组、升级，是适应经济全球化趋势，提高我国经济社会协调发展能力的积极举措，是对此前追求片面经济增长的发展观的超越，是科学发展观对社会发展的深刻理解。在它看来，发展不仅仅是一个经济增长过程，同时也是社会经济政治体制不断转型的过程。实际上，我国正在经历四个相互关联、相互影响的转型过程：一是经济体制转型；二是社会转型，即从以农业为基础的传统农村社会向以工业和服务业为主导的现代城市社会逐步转变，同时还正在向以知识为基础的知识社会加速转型；三是政治体制转型，即从传统中央集权政治体制向社会主义民主政治体制转型；四是开放转型。即从封闭、半封闭经济社会向建立开放经济和全面开放社会转型。[②] 只有积极稳妥地实现体制转型，才能促进社会协调发展。

其次，在临界点，系统内部的微小涨落往往会被放大成高度自组织的行为，这给系统的自组织演化方向和趋势带来不可预见因素，对于国家治理而言，这既是挑战，也是机遇。说它是挑战，因为即便是那些在平时不引人注目的矛盾，往往会伴随突发事件，造成重大的社会经济危机；说它是机遇，因为某一方面的突变，会带来整个社会经济的跨越式发展。比如，我国作为

---

① 温家宝：《提高认识，统一思想，牢固树立和认真落实科学发展观》，载《树立和落实科学发展观》，中共中央党校出版社 2004 年版，第 7 页。

② 胡鞍钢：《中国：新发展观》，浙江人民出版社 2004 年版，第 80 页。

后发国家，可以通过广泛应用国际最新科学技术成果，迅速赶超发达资本主义国家。这要求我们从系统整体及其与环境系统的互动关系着眼，防微杜渐，加强整体的协调发展，提高自身的协调能力和应变能力。

我们可以从两方面分析当前我国经济社会的发展面临潜在的挑战：一是我国经济社会发展中仍然充斥着不少悬而未决的问题。美国著名中国问题专家奥维尔·谢尔撰文认为，中国经济的重大考验还在后头：中国每年必须创造约 1200 万至 1500 万个新就业机会才能赶上人口增长的速度，中国政府必须解决约 2.7 亿失业或未充分就业人口的问题；目前约有 1—1.5 亿的"流动人口"（到城市寻找工作的农村劳动力），而且这一数量正以每年近 5% 的速度增加，这些流动人口在没有工作保障、没有长期住房和没有医疗保障的条件下生活；中国没有一个能够有效运行的养老金体系，建立一个养老金体系预计要耗费数千亿美元；国有银行必须将 98% 的贷款提供给本国企业。但由于许多国有企业根本无力还债，按照标准—普尔公司预计，中国要清除其坏账得花费 5180 亿美元；快速工业化、人口过多和不加控制的资源开发而导致的环境恶化情况已经很严重……[1]这些潜在的问题在经济快速发展过程中，都有可能伴随突发事件，演变成影响国家社会经济的重大事件；二是我国已经进入经济全球化环境中，我们已经不能按照过去的常识和过时的经验来处理一个全球化条件下的突发事件。从 2003 年 SARS 危机中，我们看到，我国欠缺在信息多元化、便捷化条件下处理全球危机的能力。在经济全球化和信息多元化条件下，任何一个具有传播性、负面性的国内突发事件，都会转化为国际问题，从国内负面影响演变为国际负面影响，这迫切要求我们建立全国性危机管理体系，建设完善的信息网络和信息处理中心。

第三，序参量是系统内在要素相互竞争、协同运作的产物，序参量形成后，对系统内在其他要素起着支配或役使作用，对系统整体的演化具有主导作用。在现实的社会经济发展过程中，序参量有自身的载体和表现形式。我们认为，政府职能以及社会政治经济制度的制定和功能，与序参量的形成和作用存在内在的联系。

---

[1] ［美］奥维尔·谢尔：《中国经济的重大考验还在后头》，新加坡《海峡时报》2003 年 11 月 12 日。

在社会主义市场经济条件下，政府的主要职能包括经济调节市场监管、社会管理和公共服务四个方面。不难看出，政府在社会经济发展中的主要职能是维护和建立社会秩序。而在当前体制转型过程中，政府通过制度建设，建立新的社会政治经济秩序，实质上就是序参量的形成过程；而新的制度一经形成，对于社会系统内在要素的协调发展具有规范和制约作用。

在市场经济条件下，经济发展、追求效用最大化是个人和企业追求的目标，市场力量和市场机制必然自发地导致收入差距扩大和各个阶层分化，因此，经济社会的协调发展要求政府通过制度创新、宏观协调，为不同阶层、不同地区提供平等发展、公平发展、协调发展的制度保障，抑制和缩小收入差距，纠正社会不平等和社会不公正，真正实现国家的长治久安。

国家基本制度至少包括八大机制：强制机制、汲取机制、共识机制、监管机制、协调机制、表达机制、整合机制、再分配机制。[①]其中，汲取机制、共识机制、表达机制、整合机制基本上体现的是制度形成的前提，比如整合机制是对民众意见的整合，共识机制是对国民共同理念、信念的凝聚，这四方面对应于系统自组织演化过程中的序参量的形成；而强制机制、监管机制、协调机制、再分配机制则体现了制度形成后对于系统的维护和协调，对应于序参量对系统的支配和主导作用。

在传统国家政治模式中，政府往往充当权威角色，对社会政治经济系统具有无上的统治权。系统的自组织演化表明，政府并不是系统之外的主宰力量，而是系统内在的有机组成部分，政府的决策、制度的制定必须建立在与系统内在其他要素的充分互动基础上，政府对社会系统的作用，不是高高在上的"统治"，而是反映人民群众根本利益和愿望的"治理"。同时，治理的主体并不仅仅是国家政府，而是还包括其他公共机构和公民社会组织，是多主体的协同合作。从决策过程来看，一方面，它要求建立不同形式的国情调查机构和网络，收集相关数据，进行综合分析，以充分体现社会经济政治发展的真实现状；另一方面，它要求建立民主的决策体制，从"个人独裁"走向"民主决策"。

---

① 胡鞍钢：《中国：新发展观》，浙江人民出版社2004年版，第108—109页。

第二节　科学发展观与生态文化价值取向

一、生态文化价值观

生态文化价值观是对近现代工业文明价值观的超越。近现代工业文明价值观是一种人类中心主义价值观，是一种个人主义价值观。在人与自然、人与社会的关系上，它将主客体分离对立起来，将人的价值凌驾于社会、自然万物的价值之上。在人与自然关系上，认为人是唯一的价值主体，否定自然万物的内在价值，认为自然万物只有在满足人的生存发展需要时才具有相应于主体的工具价值。近现代工业文明价值观在人与自然关系上的人类中心主义立场，导致了人对自然肆无忌惮的掠夺和征服，人类中心主义价值观是今天生态环境危机的思想根源；在人与社会的关系上，工业文明价值观从个人的立场出发，追求个人或集团利益的最大化，而忽略他人、其他群体以及社会整体的利益，奉行的是一种个人主义或群体本位的价值观。这种价值观是导致国际冲突、人际矛盾尖锐化的思想根源。工业文明价值观不仅带来生态危机和社会危机，而且，由于片面追求物质生活方面欲求的满足，片面发展人的认知理性和工具理性，还导致了人自身本性的异化，导致人内在的身心冲突、精神危机。生态文化价值观作为对工业文明价值观的反思和超越，它要求克服以人或个体为本位的价值立场，肯定他人、自然万物的内在价值，肯定人与社会、人与自然的一体性，肯定整体性的价值；主张从整体性高度认识人与社会、自然的关系，关注人与自然、社会的协调发展。

生态价值观是古代有机整体论价值观与现代主体论价值观的辩证统一。古代文化将人与社会看作统一自然运化过程的产物，在人与社会、人与自然关系上，强调社会、自然整体的价值，关注社会、自然整体的和谐、秩序，强调人与社会、人与自然的协调，是一种整体论价值观。现代文化价值观是一种立足人、立足个体的人本主义价值观。它肯定人的现实物质生活需要，崇尚人的理性。在它看来，不是人从属于物质世界，而是"人为自然立法"，"人为自身立法"，人是价值的源泉，自然万物的价值是人赋予的。现代文化价值观是一种主体论价值观。人与自然关系上的人类中心主义，以及人与社会关系上的个人主义是这种价值观片面发展的结果。生态文化价值观是古代整体论价值观与现代文化人本主义价值观的有机整合。一方面，它继承了古代文化价值观对整体性价值的强调，强调社会的和谐、自然生态系统的平衡，强调人与社会之间、人与自然之间的协调；另一方面，它继承了现代文化人本主义价值观，肯定人物质生活需求的合理性，强调人的能动性、创造性的发挥。作为两种文化价值观的有机整合，生态文化价值观既肯定社会、自然生态系统整体的价值，又肯定人自身的价值。其所理解的和谐是肯定人的能动性、创造性的和谐，是一种动态的充满生机活力的和谐；其所理解的主体性不是人与社会、人与自然分离对立，片面强调人或社会发展的主体性，而是在肯定人—社会—自然一体性关系前提下的主体性，主体性的发挥也要求促进人与社会、人与自然的协调发展。

　　生态文化价值观是建立在生态世界观理论基础上的，它反对机械论世界观将自然万物与价值分离开来的观念，认为存在与价值不可分离。人—社会—自然生态系统不仅是一个存在系统，而且是一个价值系统。不仅人具有自身的生存目的和内在价值，而且其他生命、生态系统同样具有自身的目的和内在价值。一方面，生命在应对环境变化的过程中，总是趋向于维护自身的生存和发展，具有同人一样的内在价值，人的价值是由其他生命价值发展演化而来的；另一方面，生态系统虽然不具有如生命系统一样的调控中心，但在其自组织演化过程中仍然具有无目的的合目的性，总是趋向于生成、保持、发展更多的生命样式和价值形式，生态系统的演化本身是一个进化或价值增值的过程。人与其他生命的内在价值是在生态系统演进过程中形成的。

　　从生命与环境的关系来看，任何生命都是在特定的环境系统中产生、生存、演化的。生命主体为了维护自身的生存发展，适应环境的变化，一方面要求发挥自身自组织、自协调、自选择功能，调整自身的功能结构，以合乎环境系统整体的自然目的，朝着适应环境选择的方向发展；另一方面，发挥自身所具有的功能，从环境中吸取物质、能量、信息，以维持自身生存发展的需要。因此，生命的生存发展实际上始终是两种目的的辩证统一：一是合乎环境整体的自然目的；二是合乎自身生存目的。从长远看，生命的生存以生态系统的自然目的为前提，统一于所处环境系统的自然目的；但另一方面，环境系统也离不开生命主体的创造。实际上，地球生物圈从一定意义上来讲，是地球众多生命共同创造的产物。人与生态环境之间同样存在生存目的与生态系统自然目的性之间的对立统一。人与生态系统之间不是分离对立的关系，而是一体同参的关系。从根本上讲，人的生存目的并不仅仅局限于物质生活需要的满足这一层面，生态系统的存在状态、变化发展趋势直接关系到人的生存质量和发展，是人生存目的的有机组成部分，是人生存目的的更深层面。因此，从人自身生存目的和价值的实现来看，人的生存价值与生态环境整体的目的和价值是统一的，人只有从人—社会—自然复合生态系统整体的高度考察人和社会的价值关系，才能真正提高人的生存质量，实现人—社会—自然生态系统的可持续发展，这种意义上的价值观才是真正意义上的人本主义价值观。

二、科学发展观与生态文化价值观

发展观实质上也是一种文化价值观。发展观关于什么是发展的理解，本身即体现为一种文化价值观念，而不同的文化价值观，同样会影响到人们对发展的不同理解。发展观与文化价值观是内在相关的，我们认为，科学发展观与生态文化价值观存在内在对应关系，科学发展观对工业文明发展观的超越及其基本内涵，与生态文化价值观对工业文明价值观的超越及其内涵是相互映照的。

（一）科学发展观对工业文明发展观的超越

工业文明发展观是一种追求单一经济增长的发展观。这种发展观将发展片面理解为追求人自身的物质生活欲求的满足，企业与个人关注的是自身利益的最大化。就人与人之间、社会群体之间的关系来看，体现的是一种个人主义发展观；从人与自然的关系来看，这种发展观立足于人自身，将自然看作人利用和改造、掠夺的对象，是一种将人与自然分离对立起来的人类中心主义发展观。不难看出，单一经济增长型发展观是与工业文明的价值观一体同根的。科学发展观倡导的"坚持以人为本，树立全面、协调、可持续的发展观，促进经济社会和人的全面发展"，是对单一经济增长型发展观的超越。在人与社会关系方面，科学发展观强调"统筹城乡发展、统筹区域发展、统筹经济社会发展、统筹人与自然和谐发展、统筹国内发展和对外开放"，实质上是强调社会各方面以及人与自然的全面、协调发展，是对单一经济增长型发展观中个人主义、人类中心主义发展观的超越。比照前文论述的生态文化价值观对工业文明价值观的超越，不难看出二者的一致性。

（二）科学发展观与生态文化价值观的一致性

科学发展观是与生态文化价值观一致的。这种一致性我们可以从三个方面进行分析。首先，"坚持以人为本"是与生态文化价值观对主体性价值的肯定一致的。"坚持以人为本"主要有两方面内涵，一是满足人民群众日益增长的物质文化生活的需要，二是注重人的全面发展。生态文化价值观继承现代文化主体性价值观，肯定人的物质文化生活需要，强调主体能动性、创造性的发挥。其内在精神是一致的。其次，"全面、协调的发展观"是与生态文化价值观对整体性价值的肯定是一致的。"全面的发展观"是对单一经济增长观、单一物质生活需要满足的发展观相对的，它强调社会经济政治各方面的全面发展，强调人的全面发展；如果说"全面的发展观"只是体现了系统整体性的一方面的话，"协调的发展观"则肯定了系统整体的有机性，强调了系统内在要素之间的有机关联和协同发展。因此，"全面、协调的发展观"实质上肯定了系统整体以及系统内在不同要素的价值。第三，"可持续发展观"是与生态文化价值观对自然价值的肯定一致的。可持续发展观肯定人与自然的一体性联系，强调自然生态系统对人和社会发展的制约，要求在生态系统可持续发展的基础上实现经济、社会的可持续发展。生态文化价值观强调人—社会是自然生态系统的有机组成部分，人的生存价值既包含物质生活层面的价值，同时还包含与自然生态系统优化相关的生存质量优化层面。

科学发展观与生态文化价值观是辩证统一的关系。一方面，科学发展观蕴含着生态文化价值理念；另一方面，科学发展观作为一种发展观，是用来指导我国新时期发展战略的观念，与现实社会的建设更紧密。从一定意义上说，我们可以将科学发展观看作生态文化价值观的外化。

三、协调发展是科学发展观的主要内容

整体性价值观强调人自身、人与自然、人与社会的和谐，协调是古代文化价值观的内在本质；主体性价值取向强调人的生存需要、目的和人的作用与价值，发展是现代文化价值观的本质内核。生态文化价值观作为两种文化

价值观的辩证统一，协调发展的有机统一是其根本精神。协调、发展是两种不同的认识思维视角，协调是从系统整体的高度所获得的认识和对人与社会发展提出的价值取向。发展是从个体或生命主体的视角获得认识和提出的价值取向。就生命主体自身的生存来讲，同样要求协调与发展的统一。一方面，生命主体要适应环境的变化，从环境系统中获得自身生存所需的物质、信息、能量，必须提高自身的适应能力，提高自身获取生存资源的能力；另一方面，从长远来看，只有适应环境总体发展趋势的生命主体才能得以生存和发展。因此，与环境的协调便成为其生存和发展必不可少的前提。将自身与环境分离对立起来，片面追求生命个体自身的生存和发展，虽然能获得暂时的利益，但却会恶化自身的生存环境，降低自身生存质量，不能维持种的可持续发展。按照中国传统哲学的认识，协调发展的辩证统一就是实现阴阳平衡。其中，"阴"是指生命主体与环境的协调，"阳"是指生命主体的能动性、创造性以及与此相关的发展。中国传统哲学认为，"孤阴不生，独阳不长"。意思是说，从对协调发展的理解来看就是，片面强调人与自然的协调、和谐，人对环境系统处于从属、依附地位，不仅不利于自身的发展，同时也能保持环境系统的生机活力。也就是说，没有个体的生机活力，也就没有系统整体的生机活力；而片面强调主体利用和改造环境的能动性、创造性，将人与环境分离对立起来，凌驾于环境系统之上，不仅破坏自身的生存环境，同时，人自身的生存和发展也不可能长久。人与环境的协调发展是一个统一整体，人类自身的生存发展必须参照自然生态环境整体发展规律和趋势。

协调发展在人与社会、人自身、人与自然的关系中都有具体体现。三个方面的协调发展既是生态文化价值观的必然要求，又是科学发展观的主要内容。

（一）人自身的协调发展

人自身的全面发展是"以人为本"的科学发展观的主要内容。人自身的全面发展本质上是人自身各方面的协调发展。

工业文明崇尚的理性实质上是科技理性，它包含认知理性和工具理性，由于抛弃了古代文化强调自然、社会整体性价值的道德理性的规范和制约，科技理性受到片面发展，导致了人的本性的异化。科技理性甚至成为主导人的生活的主体，人被异化为"理性人"，在市场经济条件下，出于对物质财富的片面追求，"理性人"进一步转化成"理性经济人"。科技理性对人的异化，导致人的意识与内在自然本性的分裂，人与自然一体的感受被遮蔽，人成为"漂泊无根之人"。

生态文化价值观与"以人为本"的科学发展观都要求改变人自身的这种存在状态。它要求改变市场经济条件下形成的片面追求物质财富的思想观念。由"物化"价值观、发展观向"以人为本"价值观、发展观转型，以发挥人的潜能，实现人自身的协调发展为目的。就此而言，西方社会学家、经济学家"以人为中心"的综合发展观，主要强调发挥人的潜能这一方面，关注的是通过社会公平建设，给予每个人充分发挥自己潜能的机会。[①] 如哈佛大学经济学家阿马迪亚·森指出，我们的目标应是增强人们的能力，使他们通过生产过上满足的充实生活。西方文化是一种强调人的主体性的文化，因而比较关注人自身能力的提高，这有其合理性。但人自身能力的提高，必须建立在对人与环境一体性关系的体认基础上，必须建立在人的社会本质与自然本性协调发展基础上，并且人自身能力的提高同时也包含协调人与自然关系、人与社会关系能力的提高。

人自身是一个相对独立的、多层面的复杂生命系统，不仅具有与自然环境内在相关的自然生命系统、精神系统，而且具有与社会环境密切相关的社会意识系统。人在长期与自然、社会协同发展过程中，产生、形成自身的自然本性和社会本质，人的社会本质是在自然本性基础上发展而来的，人自身的协调发展要求实现人的自然本性与社会本质的统一。古代文化偏向于保持人的自然本性，人的社会本质也主要是建立在对土地、血缘纽带等自然因素基础上；近现代文化片面发展人的社会本质，社会生活的发展日益隔离了人与自然的联系。生态文化要求人的自然本性与社会本质的平衡发展，在当前，应着重克服近现代文化对人的自然本性的遮蔽，突出强调人与自然的交流与和谐相处。

人的自然本性与社会本质的协调发展的另一方面内涵是精神与肉体的协调发展。人的生活主要是一种社会文化生活，人的社会生活必须建立在人自

---

① 庞元正主编：《当代中国科学发展观》，中共中央党校出版社 2004 年版，第 7—8 页。

身生命系统的自然调节能力基础上，社会生活的节奏、强度不能超过生命系统本身的承载力，社会信息的接收不能超过大脑思维系统的承载能力，更不能单纯追求社会生活目标，遮蔽人的生命的自然本性，将身体当作实现社会目标的手段或工具；当然维护身心的和谐并不等于摒弃社会文化生活，没有社会文化生活的实践，既不利于生命本身的发展、活力，也不利于社会、自然的发展进化。人自身的协调发展还是自主性活动（既包括社会生活，也包括自主性的学习活动）与人体自身自然生命系统自调节活动（身体与思维的自调节机制）的统一，片面强调自主性活动，会带来机体或思维的失衡，而片面强调自然生命系统的自调节或整体的和谐，容易陷于消极被动，缺乏活力，因而健全的人生同样应是自主性与整体性的统一。

（二）社会的协调发展

社会的协调发展同样是"以人为本"的发展观的需要，社会的协调发展是人自身潜能发挥和协调发展的前提。同时，社会作为生态系统的特定层面，其协调发展又具有自身的独特内涵。中国传统文化从"正德、利用、厚生"① 三方面论述社会发展的目标，即说明了这一点。所谓"正德"，是根据社会协调发展的需要，培养人们"父慈子孝、兄友弟恭、夫议妇听"的道德品质；所谓"利用"，是指进行社会公共设施、社会体制建设，"以利民之用"；所谓"厚生"，是指满足人民群众的物质生活需要。

我国改革开放以来第一阶段的发展战略是让一部分人、一部分地区先富起来，从一定意义上说，对于物质财富积累，对于满足许多人的物质文化生活需要，起了积极作用。但同时，它也带来了社会发展的不平衡状态，如导致城乡之间、区域之间的差距，导致经济社会发展的不平衡。这就要求我国在今后一个时期内，转变社会经济发展战略，强调社会的协调发展。一方面，它要求我们仍应强调经济的可持续发展；另一方面，它要求我们认识到，经济发展的最终目的，是以人为中心满足人的需求的经济发展和社会发展。胡鞍钢认为，当前我国面临的主要的挑战不是进一步加速增长，而是确保增长的可持续性和公平性，减少贫困现象，促进人类发展。不仅仅要关注经济增长本身，更应该关注这一增长的目的，即满足十多亿人口日益增长的

---

① 《左传》。

物质需求和文化需求，这包括首先满足全体人口特别是贫困人口最基本的生存需求，诸如温饱、就业、教育、卫生、住宅等，进而使他们不断达到较高的人类发展水平，享受较高的生活质量和公共服务。①

就经济社会的协调发展而言，不仅要求我们意识到社会发展的重要性，而且应制定相应的社会发展指标，改变以往单纯追求经济增长指标的做法，促进社会各方面的协调发展。国外有人提出用"人类发展指标"取代单一经济发展指标。人类发展指标包含人口出生时预期寿命、15 岁以上识字率、总入学率、人均 GDP。人类发展指标不仅考虑人们的经济收入，而且考虑到人们的健康状况、知识文化水平，因而较单一经济发展指标更为合理，更能促进社会经济的协调发展。

（三）人与自然的协调发展

人与自然的协调发展是人、社会协调发展的前提。人和社会来自自然，并始终是自然生态系统的有机组成部分。自然生态系统的性质、存在状态及其变化发展趋势，决定着人和社会的生存质量和前途。工业文明价值观和发展观，只看到自身的生存需要，片面追求经济的增长，看不到自然生态系统对人和社会活动的制约，看不到人自身的社会实践活动对自然的影响，实质上将人与自然分离对立了起来。生态环境危机的加剧，使人类认识到人与自然的一体性联系，认识到不能脱离人与自然的一体性联系，片面追求自身物质需要的满足，追求单一的经济增长。建立在工业文明价值观和发展观的反思基础上的生态文化价值观和科学发展观，意识到要实现人和社会的协调发展，离不开人与自然的协调发展。人—社会—自然之间必须保持适当的张力，人与人之间的关系，表面上看来只是社会关系，但实质上，人与人之间的关系，是通过人与自然的关系联系起来的。人与人之间的关系是建立在对自然资源、自然环境的占有和利用基础上的。自然资源是有限的，这一部分人对自然的过度利用，必然影响到另一部分人对自然资源的利用。不公平的社会分配制度，最终必然导致对自然资源不适当的利用。同时，自然环境是人类共同的生存环境，一部分人对自然环境的污染和破坏，破坏的不仅仅是自身的生存环境，而是所有人共同的生存环境。正因为人—社会—自然是一

---

① 胡鞍钢：《中国：新发展观》，浙江人民出版社 2004 年版，第 45 页。

个联动的整体，所以，不仅人与社会的协调发展离不开人与自然的协调发展，而且，人与自然的协调发展也需要人和社会的协同努力。

生态文化肯定自然生态系统整体有自身的自然目的性。当生态系统内部某一要素发生变化或生态系统受到外在环境的冲击时，生态系统能够调动自身内在调节机制，适应新的变化，维护系统整体的健康，并朝着适应环境选择的方向发展、进化。人作为自然生态系统的一部分，不能单纯考虑人自身眼前、局部的利益，而应肯定自然生态系统对人类生存发展的基础作用和制约作用，将人自身的生存目的与自然生态系统的演化规律统一起来。人的社会实践活动不仅应遵循因果必然性规律，而且应遵循生态系统的有机规律。

生态文化并不主张否定人的主体性价值，将人完全融入自然大化的洪流，而是肯定人自身生存发展的需要和权利，肯定人的主体性。不过，生态文化所理解的主体，不是脱离自然凌驾于自然之上的主体，而是存在于自然生态系统之中，作为生态系统的调控者。它要求发挥人的能动性、创造性，协调人与自然的关系，促进人与自然的协同发展。人作为自然生态系统长期进化的产物，其自然本性中具有自然生态系统的全息，人与自然的关系是相互映照、一体同参、协调发展的关系。

从经济社会发展来看，人与自然的协调发展主要应处理好三方面关系：一是人类的消耗力与自然的养育力的关系；二是人类的破坏力与自然的修复力的关系；三是人类的发展力与自然的支持力的关系。[①] 没有对自然资源的消耗，人类不可能生存和发展。但自然的养育力是有限的，因而这种消耗必须建立在自然的养育力限度内。这要求将人口增长控制在一定的范围内，限制满足人的生存需要之外的物质欲求。其次要求处理好人类的破坏力与自然的修复力的关系、人类的发展力与自然的支持力的关系。人类的生存发展只有与自然的存在和变化相协调，保证生态系统的平衡和良性循环，才能实现人与自然的共生共荣、协调发展。因此，我们在社会发展过程中不仅要尊重经济规律，还要尊重自然规律，充分考虑资源、环境的承载能力，加强对土地、水源、森林、矿产等自然资源的合理开发利用。高德步教授认为中国传

---

① 刘德龙：《科学发展观的树立与生态价值观的重构》，《江苏社会科学》2004 年第 5 期。

统社会理想是"大道理想，小康目标"① 所谓"大道理想"，是将社会大同看作社会理想，而不是将物质生活的无止境提高看作社会理想；所谓"小康目标"，则主要是从物质生活方面确定的目标。笔者认为，由于自然生态系统的承载力的有限，人类社会的物质生活水平不可能无止境地提高。因此，人类社会发展的理想应转变单一经济增长型发展观，转变单纯物质欲求满足的价值观，以提高生存质量为标的，关注文化生活、精神生活的满足，从人与自然的协调发展中找到人的生命和精神的家园。从这方面来说，人和社会的发展不应局限于眼前的物质利益，而应从人自身生存和发展的终极关怀的高度，将经济与社会、物质与精神、个体与社会、人与自然有机统一起来。

① 《科学发展观的人文意蕴》，《中国人民大学学报》2004 年第 4 期。

第八章 当前生态文化的相关主题

本章我们主要探讨我国当前文化建设的两个相关主题，即人自身的建设和文化大省建设。主要是从当前我国文化建设的现状和发展趋势，探讨人自身建设、文化大省建设与生态文化建设之间的内在关联及其生态建设内涵。

第一节 生态文化与当前人自身建设

从文化建设的角度言，人自身建设主要是文化人格的塑造。我国当前文化建设的双重主题决定了人自身建设同样包含现代人格和生态人格的双重建设。

一、文化建设与人自身的建设

关于文化范畴，历来众说纷纭，学术界普遍接受的定义是：文化是人们在社会历史发展过程中形成的稳定的生存方式。文化与人密切相关，它是通过人的选择、创造所形成的生存方式，体现着人自身的需要和目的。人是文化的主体，是文化的承载者，文化只有在人身上才能体现出自身的生命。离开人，文化观念、文化形式便成为无生命的空壳，即便是对久远历史文化遗迹、遗物的考察，也只有把它们放在一定社会的人的生存方式中才能显现出其内在的生命。因此，我们不能把文化看成脱离主体存在的形式，而应看作主体活生生的生活方式、行为方式和思维方式。

　　文化与人的密切联系，决定了主体的内在人格最能体现文化的本质内涵。从这一意义上讲，文化更是一种内化的行为规范与生活方式，体现为主体的文化人格。这里所说的文化人格是特定群体的人格共性，它通过现实的个体得以传承，个体通过对特定文化品格的认同，而成为具有特定文化人格的主体。文化与主体人格的内在联系，决定了文化的任何形态如精神文化、物质文化、制度文化（行为文化），均不能脱离特定的人格内核做浮面的理解，而只有与特定的文化人格相联系，才能如实把握其内在本质。

　　文化与主体文化人格的内在联系，决定了人自身的建设是文化建设的重要方面。文化建设的根本目的是建立、完善特定的文化生存方式，满足人们物质文化生活的需要。文化建设只有注重人自身的建设，才能抓住文化建设的根本。具体而言，只有从是否有利于人自身的建设考察，才能判断文化建设是否反映了时代精神，把握住了正确的方向。只有从人自身文化人格的塑造出发，才能确定文化品位的高低和文化建设的根本目标。因此，文化建设的方方面面，都应围绕人自身的建设进行。如文化体制建设应有利于协调人与人、人与自然的关系，建立符合社会发展趋势的生产生活方式；文化设施建设应满足人们物质文化生活的需要；文化精神（特别是文化价值观念）的建设应围绕文化人格和人文精神的塑造进行。

　　文化与主体文化人格的内在联系，也决定了人是文化创造的主体。文化建设无论是文化形态的选择、继承，对时代文化精神的把握，还是文化创新和文化建设的具体实践，都离不开人自身的自主性、能动性和创造性的发挥。历史经验告诉我们，人自身建设的程度直接制约着文化的建设和发展。不管是五四新文化运动还是 20 世纪 80 年代中期的文化热潮的具体进程，都表明文化转型或文化建设中一个难以绕过的问题就是人自身的建设。不然，单纯引进西方生产技术、生产生活方式，而不改变主体的文化观念，塑造相应的文化人格，文化建设都难以取得实质性的进步。正如鲁迅先生小说所揭示的，不实现国民性的实质性转变，所谓"革命"都只不过是带着传统枷锁的蹩足表演或可笑闹剧。因此，从文化本身的发展出发，也要求注重人自身的建设，塑造适应时代发展要求的文化人格。

二、文化人格塑造的双重课题

本章主要从文化人格的塑造或文化主体建设论述当前人自身建设主题。不同历史时期社会状况、社会发展趋势不同，相应地，人自身的建设也具有不同的社会历史内涵。因此，人自身的建设既要注重人格本身的丰富内涵，也应注重时代共性，体现时代文化精神。

当代中国存在传统农业文化、现代工业文化与后现代生态文化三阶段文化观念并存的状况，文化建设要求实现由传统农业文化向现代工业文化、现代工业文化向生态文化双重意义上的转型。与此相应，我国当前同样存在着三个历史阶段不同人格模式共存的现象，人自身的建设也包含着现代主体性人格的建设和生态文化人格的建设两方面课题。文化人格存在的复杂状况不仅导致文化人格的错位现象，而且也给塑造、整合适应时代文化精神要求的人格造成一定难度。

马克思在《政治经济学批判》中，曾将人与自然、人与社会、人与自身的关系分为三大形态。与此相应，三阶段的文化人格模式可概括为农业文明时代的依附性人格、工业文明时代建立在物的依赖性前提下的独立人格和未来社会建立在生产力高度发展基础上全面发展的自由人格。受当前生态文化观念影响，夏湘远将三阶段的文化人格分别称之为"生态自然人"、"理性经济人"、"德性生态人"。"生态自然人"以自在的方式听任生态规律的支配；"理性经济人"以高扬人性、推崇理性、追求经济利益为特征；"德性生态人"强调道德理性，是一种精神主体性，强调人与人、人与自然关系的协调发展。[①]

现代文化人格是一种主体性人格，强调人格的独立性、自主性、创造性。现代文化人格的形成有其历史必然性。传统农业社会占统治地位的观念是重农轻工、重仕鄙商。在人格塑造方面，重内心修养，不重外部创造；重道德教化，不重工具理性；重节制欲望，不重自然满足，具有很强的保守性、封闭性。在人与社会、人与自然的关系方面，传统文化重视整体的和谐有序，重视社会等级秩序。在解决天与人、人与我、内与外的关系上，往往

---

① 夏湘远：《德性生态人：可持续发展伦理观的主体预制》，《求索》2001 年第 6 期。

取消人的主体性，将自我消融到整体当中，不利于人自身理性、生命力、创造力的发展。因此要求实现由传统保守性、封闭性人格向现代文化主体性人格的转型。

主体性人格是随着现代工业社会的产生、发展形成的。近代以来科学技术的发展、物质财富的丰富、人类认识水平的提高，都极大地增强了人自身的知识、智慧、能力，提高了人在自然界、人类社会中的地位。正是在此基础上，现代主体人格得以形成。现代主体性人格的主要特征是独立性、自主性、能动性、创造性，它具体表现为个人思想和行为的自主性以及对自身行为的自主选择和自我承担责任。

主体性人格的形成是文化发展的重要标志，它对于改变人的依附地位，实现社会进步，促进人自身的建设具有重要意义。现代文化建设应以促使大多数人确立主体性人格为主要内容。它要求改变传统农业文化中的保守性人格，造就具有强烈使命感和责任感，具有强烈进取心和自强不息精神的劳动者。

现代文化主体性人格的确立是建立在对物的依赖前提下的，它以对客观世界的认识、改造和占有为特征。文化水平的提高主要是以物质财富的积累为标准，对人内在本质力量的挖掘停留在浅层，因而本身并不能代表主体性的真正实现。人的主体性的真正实现，应超越单纯的个人本位立场，深入到精神层面把握人与人、人与自然万物之间的本质联系，发挥主体对人与人之间、人与自然之间关系的协调作用，实现人与人、人与自然的协调发展。

西方现代文化经过几百年的发展，已逐渐认识到主体不能单纯立足于个我，肯定任何人都具有自身的主体性，人与人之间的关系是主体之间的关系。这为从个人本位立场走向人与人之间关系的协调准备了条件。不过，现代文化对自然万物的认识局限于表层的线性因果规律，对于生态系统规律认识不足，因而对于人与自然之间的有机生命联系缺乏切实了解，不懂得人的行为对自然环境同样具有广泛的影响，并且这种影响最终必然影响到人自身的生存和发展。因此现代文化只关注构成人格的社会因素，而对构成人格的自然基础缺乏基本的认识，这种人格缺陷在今天导致日益严重的人性异化和生态环境危机。正是在这种时代背景下，我们提出生态文化人格建设的课题。

　　生态文化人格建设的提出，其直接原因是现代文化人格的偏向。方朝晖在总结现代文化主体性人格的特征时指出：现代文化主体性建基于理性主义、个人主义、科学主义和功利性主义观念。理性主义观念下的主体性崇尚人的理性思维、工具理性，人性朝科技理性、工具理性、经济理性方面片面发展，造成人性的异化；个人主义观念下的主体性过分强调个人的权利和尊严，将个人从社会中分离出来，导致个人与社会之间的冲突；科学主义观念下的主体性建立在主客二分、主客对立基础上，片面强调人的利益和价值，将人凌驾于自然之上，强调对自然的改造、征服和统治，肆意掠夺自然资源，造成日益严重的资源短缺和生态环境危机；功利主义观念之下的主体性将金钱财富及感官享受当作人生的主要追求。这种主体性观念对于发挥人的主动性和能动性，推动科学革命，加速工业化发展，创造社会财富，从而迅速提高社会生产力有着极强的前导作用。① 但另一方面，它过分强调人对物质财富和感官享受的追求，必然导致对人性的浮面理解。生态人格的建设也源于生态科学的高度发展，以及生态观念向其他自然科学人文社会科学领域的广泛渗透。随着生态意识逐渐成为社会思潮中的"显学"，生态文化人格的塑造也成为可能。"生态意识和生态伦理学所反映的价值观将实现对人的重新塑造。"② 生态人格的形成对于克服农业文化"生态自然人"和工业文化"理性经济人"的人格局限，实现人自身的创造性发展具有重要意义。

　　生态人格是对前两阶段人格的继承和发展，它一方面克服传统农业社会文化人格对自然、社会的依附性，肯定现代文化人格的主体性内核，主张立足于个体的自觉性、自主性、创造性塑造现代主体性人格；另一方面，它又主张克服现代文化人格发展中形成的单纯立足于人、立足于个人的利己主义倾向，继承传统农业社会人与自然、人与社会和谐一体的人格特征，强调人与自然、人与社会的协调。生态人格是协调性和创造性（发展）的统一。

　　生态人格是建立在生态理念基础上的，它将人自身的生命、人类社会、自然界均看成由多种因素构成的系统整体，并将人—社会—自然看作一个相互关联、相互作用、协调发展的复合生态系统整体。因此，从人自身来讲，

---

① 参见方朝晖《重建价值主体》，中央广播电视大学出版社 1993 年版。
② 徐嵩龄主编：《环境伦理学进展》，社会科学文献出版社 1999 年版，第 410 页。

它可以避免将单一的理性、主体性、自由、人道或情感看作全部的人性，而能将人的理性、情感、意志等各种因素看作健康互动、有机联系的系统整体；从人与自然、社会构成的复合生态系统整体来看，它能够从人与自然、社会复杂的相互关系看待人格的形成、性质特征，将文化人格看作在具体的社会实践中人与人之间相互交往的产物，看作人与自然环境、社会环境相互作用的产物。不仅能够从社会关系的总和理解人的社会本质，而且能够从人与自然万物关系的综合理解人的自然本性，从而能够更全面、更切实地把握人格的丰富内涵。

对于生态人格的性质特征，有的学者称之为"理性生态人"（徐嵩龄），有的学者称之为"德性生态人"（夏湘远）。总起来讲，生态人格的塑造应具备两方面特征：一是具备良好的生态文化素质。它要求主体超越人类中心主义价值观，从人—社会—自然复合生态系统整体的高度把握人类的命运，在实现人与自然协调发展，兼顾经济效益、社会效益和生态效益的前提下，优化人自身的生存质量。从人类长远利益出发，尊重人与人之间的代内平等和代际公平，实现社会的可持续发展；二是要求每一个体具备与其职业活动及生活方式相应的生态环境知识，在自己的工作范围内有充分的知识、道德和智慧对一切与环境有关的事物作出符合生态学的判断，制定符合生态学的策略。如从人与自然协调发展的角度立法、执法、守法；将生态安全作为决策的首要依据；承担相应的维护人与人、人与自然协调发展的社会责任等等。

现代主体性人格和生态人格的塑造同样是我国当前面临的重要课题。一方面，我们不能因为生态人格强调人与自然、人与社会的和谐，就简单地理解为应回复到传统农业社会人依附社会、依附自然的生存状态，坚守人格的保守性、封闭性，拒绝人的现代化。而且当前人类面临的生态危机和生存困境也必须发挥人的能动性和创造性，才能得到真正的解决，因此要求我们顺应世界潮流，坚持改革开放，发展科学技术，提高人们物质文化生活水平，在向市场经济的转型中塑造人的独立性、自主性、创造性；另一方面，我们也不能走西方发达资本主义国家现代化的老路，而应克服西方文化片面强调主客二分的局限，从生态文化观念出发，从人与自然、社会协调发展的高度理解人的主体性。将主体性理解为人—社会—自然复合生态系统的调控者，避免片面强调人的价值，将人凌驾于自然万物之上的人类中心主义观念。在今大，我们已经没有足够的时间和资源，像西方发达国家一样，先花上几百年的时间发展现代工业文明，塑造主体人格，然后再在此基础上塑造生态人格。我们只能走一条创新之路，一方面充分利用人类文明的已有成果，如传统天人合一世界观、西方发达的科技文明；另一方面在反思传统农业文化、现代工业文化观念的基础上，从生态文化的高度整合已有优秀成果，力图将现代主体性人格与生态人格有机整合起来，塑造一种适合我国国情的新型人格。具体而言，就是将人的认知理性与价值理性统一起来，突出人的协调意识，以生态伦理准则、规范引导、制约人的思想行为，使人成为促进人—社会—自然复合生态系统协调发展的主体。

三、环境建设、自身修养与人格塑造

文化人格是人通过自身的生存活动在与周围环境（包括自然环境与社会环境）相互作用过程中形成的人的价值取向、性格结构、思维方式等。文化人格的塑造依赖于两方面因素：一是外在环境的建设，二是主体自身的修养。

人们的生产生活方式以及自然环境、社会环境的存在状况和性质直接影响着文化人格的性质和结构。因此，要进行人自身的建设，必须首先实现生产生活方式的转变，进行社会环境与自然环境的建设。在人—社会—自然复合生态系统中，社会是人与自然联系的中介，自然环境的建设只能通过社会环境本身的建设进行。因此，这里将自然环境建设纳入社会环境建设中一并论述。

社会环境包括经济环境、政治环境和文化教育环境三个方面。经济环境主要是指社会生产力发展状况以及建立在此基础上的社会经济结构和经济制度。经济的增长、生产力的提高和社会物质财富的积累，能够满足人们日益增长的物质文化生活需要，激发人们的能动性和创造性。同时，大力发展社会主义市场经济，能够造就大批独立自主的商品生产者和经营者，强化人们独立自主、自强不息的主体意识和主体精神。而经济体制改革的深化有利于打破那些旧的束缚人们手脚、压抑主体积极性的经济关系和经济结构，使人们从责权利三方面的统一中自觉领悟到自身的主体地位和主体身份。因此，

深化经济体制改革，发展市场经济，提高社会生产力，对于塑造社会主义现代化主体人格具有重要意义。而生态危机的出现也使人们逐渐意识到，经济环境建设还应肯定自然环境因素作为生产力的重要组成部分，并建立相应的经济运行机制，如建立和完善自然资源的主权和产权制度，建立有效的国有资产管理、运营、监督机制，使责权利落到实处；建立绿色价格体系，建立资源、生态环境有偿使用机制，在产权和责权利明确的基础上，按市场经济规则建立起资源和生态环境的市场交换体系，以市场价格准确反映经济活动造成的环境代价，按有偿使用和完全补偿原则，通过开征相关税收等经济手段达到保护生态环境、减少污染的目的，将经济、社会、生态效益结合起来。这方面的经济环境建设对于塑造适应时代要求的生态人格显然具有重要作用。

政治环境是指政权的性质及其实行的政策，以及政治组织（政党、议会及其他社会政治组织）的情况和社会政治气氛等，它从制度和社会氛围上影响和制约着主体的人格和发展。从政治环境的现代化来说，我们应坚持不懈地推进政治生活民主化和社会生活法制化建设，使人们正当的权益、需求得到应有的尊重和保护，并促使人们自觉地承担自身的社会责任和义务，以促进现代主体人格的建设。从政治环境的生态化来说，应发挥政府部门在保护生态环境、促进可持续发展上的主导作用。如运用资源税、污染费等经济手段来促进环境和资源的保护；防止自然灾害，加强社会安全；建立与可持续发展目标相适应的新型社区等。如果政府部门充分发挥自身在生态环境建设中的作用，无疑会促进公民生态人格的形成。

文化教育环境主要是通过特定的教育模式和社会日常生活对主体人格产生潜移默化的影响。文化教育环境的建设一是要确立适应时代精神的文化价值观念，如开放、竞争、民主、公平、独立自主的现代文化观念，人与自然协调发展的生态文化观念；二是注重文化教育内容的建设。继承和发展人类已有优秀成果，帮助人们增进知识，锻炼思维，培养品格，树立独立自主、开拓创新的现代主体人格和人—社会—自然协调共进的生态人格。

文化观念的建设是人自身建设的另一重要内容，是文化人格塑造的内核。文化观念的建设包括世界观、价值观、认识思维方式建设等方面。文化观念的建设要求从多方面进行：一是人文社会科学建设。人文社会科学对现实文化形态、现实文化状态的反思，对时代文化精神的把握，有助于确立人自身建设的方向；二是社会有意识的教育和引导，特别是要使生态文化理念、生态伦理准则成为人们的思想观念和行为准则，有意识的宣传和舆论引导对主体观念形成有潜移默化的作用；三是主体自觉的学习和培养。

主体人格的最终形成依赖于主体自身的社会实践活动和有意识的培养，因此有必要对此做具体论述。（1）主体人格只能在现实的社会实践活动中形成，因此要求主体积极投身到现实的改革开放和生态环境建设的实践中，在现实社会实践中明确自己的责权利，发挥自己的聪明才智，协调自身与社会环境、自然环境的关系，促进自身和社会、自然的协调发展，在此基础上，塑造自身的主体人格和生态人格，使自己成为奋发有为的人，对社会有贡献的人。（2）主体人格的形成需要通过自觉的学习和接受教育，掌握必备的科学文化知识，这是主体提高自身能力的必要途径。（3）健康远大的理想和科学的进取精神以及强烈的社会责任感和使命感，是构成主体人格的基本内容。一个人只有树立健康远大的理想，才能具备发挥内在能动性的强大动力，挖掘内在深层次的力量和智慧，升华内在的人格；同时一个人只有顺应时代潮流，将自身的人生追求与社会发展趋势结合起来，才能在尽好自身社会责任的同时，实现自我的价值。在当代，主体要实现自身内在的价值，一方面要克服传统农业文化因循守旧、依赖保守的人格局限，树立独立自主的主体性人格，在现实的社会主义现代化建设实践中，发挥自己的能动性、创造性；另一方面，要克服片面追求自身物质利益的利己主义倾向，"己欲立而立人，己欲达而达人"，在实现人与人、人与自然协调发展的基础上，发挥主体性，完善自身人格。（4）保持心灵的开放，在学习、生活和工作中及时反省自己，克服思想认识上的僵化保守，努力使自己的思想、观念、情感态度、行为倾向跟上时代的步伐，把握住时代精神发展的方向，随时调整自己的心理、思想认识、价值观念、情感态度，以适应现代化建设及生态文化建设的需要，是主体塑造自身人格的重要方式。

第二节　生态文化与当前文化大省建设

文化在拉丁语和中古英语中的本来含义是"耕耘土地"，到 18 世纪和

19世纪，文化逐渐形成其现代意义，指个人的技艺与社会的风范，包括工艺、技巧、风俗、宗教、科学、艺术等社会生活的主要方面。随着文化学、人类学的发展，不同的研究者从不同的视角探讨文化的意义，文化也因而呈现出日益丰富的内涵。

我们认为，文化是在社会历史发展过程中形成的稳定的生存方式。它具有三方面主要特征：（1）文化是人创造的，是人内在本质的对象化，它不仅与其他生物自然的、本能的生存方式不同，而且也区别于人自身的先天本性，它是人后天形成的生活经验与生存方式，人的文化品质是通过生活经验与文化教育获得的。（2）文化是一种内在的、深层的生存模式。它不是与社会政治、经济、法律等并列的东西，而是作为一种内在的、机理性的模式渗透于人的社会生活的各个层面。（3）文化具有社会性，是在社会生活中形成的，是人的社会生存方式；文化具有历史性，在不同的历史阶段具有不同的性质与表现形态，具体的文化形态是特定社会历史阶段占主导地位的生存方式。

文化主要有物质文化、制度文化、精神文化三种存在形态。

物质文化是为满足人的物质生活需要而形成的文化形态，具体体现在物质生产与物质产品形态中。物质文化又可细分为饮食起居诸方面，如饮食文化、服饰文化、居所文化或建筑文化等等。

制度文化是源于人与自然、人与社会交往的需要形成的文化形态，它包括为协调、组织人与自然、人与社会关系制定的各种规范制度，如经济制度、政治制度、法律制度、公共管理制度、教育制度、婚姻家庭制度等等。

精神文化是为满足人的心灵需求如对精神家园、求知、情感愉悦等方面追求而形成的文化形态。它包括社会文化心理（如人生态度、价值尺度、思维定势、情感方式）、自发性和经验性精神文化（如神话、宗教、风俗习惯、常识）、自觉性精神文化（如科学、文艺、哲学）三个方面。精神文化不仅通过特定的文化形式表现出来，而且内在于物质文化、制度文化之中，构成文化的核心和灵魂，物质文化、制度文化是精神文化的外在表现形态。物质文化、制度文化、精神文化三方面是一个统一的有机整体，任何完整的文化模式都包含这三个方面。因此，文化建设也应从这三个方面入手。

一、时代文化精神与生态文化的内涵

文化大省建设必须建立在对时代文化精神的充分自觉基础上，只有把握时代文化发展趋势，掌握主导性文化精神，才能抓住文化大省建设的核心，掌握文化大省建设的大方向。

受历史发展进程及国内外形势影响，当代我国文化有着特殊的历史定位：我国文化发展的现代化进程主要是在西方现代化的冲击下进行的，在由传统农业文化向现代文化转型的过程中不仅受到传统文化惯性的阻碍，而且还受到西方国家现代化进程的影响。我国现代化进程与西方发达国家的现代化进程存在一个巨大的时代落差，在我国现代化举步维艰之际，西方发达国家现代文化已高度发达，并且已经逐渐显露出种种弊端与危机。在 20 世纪中叶产生的后现代主义文化正是在批判、反思现代文化的前提下形成的，目前正日渐引起国际社会的重视，成为一股不容忽视的文化思潮。因此，当代中国文化实际上存在传统农业文化、现代工业文化与后现代文化三种主要文化形态，它们之间相互比较、相互冲突、相互激荡，构成复杂的文化存在状态。如何整合文化资源，把握文化发展趋势，掌握时代主导性文化精神，这是我们面临的迫切而又艰巨的任务。

传统农业文化主要包括道家自然主义和儒家经验主义文化模式。传统农业文化是建立在人与自然一体性关系基础上的文化，它建立在人与自然一体的世界观基础上，倡导人遵从自然，注重人与自然、人与社会、人与自身的和谐，是一种完全不同于现代文化人与自然分离，以人为主体利用自然改造自然乃至征服自然为特征的文化，对于纠正当今现代化过程中出现的弊端有启迪价值。但农业文化本身是建立在人的本质力量未得到充分发展，人依附于自然的前提下的文化。在人与社会的关系上，传统农业社会在人依附自然特别是土地的基础上，在人与人之间血缘宗亲关系基础上，建立起封建等级制度，建立起封建等级秩序对人的统治，个人处于从属于社会等级秩序的地位，不利于社会与人自身的发展和进步，因此要求实现从传统农业文化向现代工业文化的转型，不能因为工业现代化过程中出现弊端、危机便裹足不前，天真地主张回复到人从属于自然的文化状态中。

现代文化建立在科学技术日益发展、人的理性力量日益增强的基础上，

工业革命、商品经济、科技革命带来了人的生存方式、行为模式的根本性转变。理性、法制、契约、平等成为社会关系建构的基本原则。现代文化的自觉的文化精神和主体意识对于历史的发展特别是对经济发展、物质文化的发展具有巨大的推动作用。以市场经济为基础的价值系统所具有的自由、平等、效率、创新、开放等特性，与传统农业社会的权力本位、停滞、封闭、守旧相比较是一种历史的进步。现代文化的主导精神主要表现在两个方面：一是技术理性，表现为主体自身理性的自觉，与农业文化中自然、经验的主体不同，是一种自觉、自主、创造性的主体；二是人本主义，强调人的主体意识、参与意识、创造意识，关注人自身的全面发展。

随着科学技术与人本主义的日益发展，现代文化也开始暴露出自身的一些弊端。现代文化片面强调认知理性、技术理性，将价值从世界万物中抽离出来，将世界万物看作消极、被动的机械存在物，追求一种对世界万物的"客观性"的认识。认为只有人具有内在价值，是价值的源泉，否定其他事物的内在价值，认为它们只具有相对于人而言的工具价值。这种观念发展到极端便是一种人类中心主义价值观。表现在人与自然的关系上，必然导致人对自然的占有与掠夺，造成对生态环境的破坏，形成日益严重的全球性生态危机与人类生存困境。表现在人与社会的关系上，导致人与人之间的分离与对立，形成极端个人主义人生观。表现在人与自身的关系上，片面发展人的认知理性、技术理性，将它看作人的本质，必然导致人自身本性的异化，使人成为认知理性、技术理性片面发展的单向度的人。现代文化将人与自然、社会、人自身的内在本性隔离开来，也导致了人精神上的失落感、孤独感、无助感，泯灭了人自身宝贵的灵性。

后现代文化是在对现代文化的批判过程中形成的，后现代文化分为解构性后现代主义与建设性后现代主义两种。解构性后现代主义以否定、批判现代文化为宗旨，对于新的文化缺乏建设性构建，因此在文化精神上体现为消解、去中心、非同一性、多元等特征，解构性后现代主义的这些特征不仅否定了现代文化的消极一面，而且还否定了现代文化中包含的积极合理因素，解构性后现代主义对人的主体性的消解，表明它只能是一种过渡性文化现象，最终必将为新的合理的文化生存方式所取代；建设性后现代主义以大卫·格里芬、小约翰·科布等为代表，主张在批判继承近现代文化与古代文化的基础上，建设一种人—社会—自然有机统一的后现代文化。生态文化属于建设性后现代文化。探讨现代文化向生态文化的转型，以及生态文化与古代文化、现代文化的内在联系，对于我们把握时代文化精神，推进当前文化大省建设具有重要意义。

生态文化产生的现实根源是日益严重的生态危机和由此导致的人类生存困境。20世纪以来，随着科学技术的进步，社会生产力的提高，人类改造自然能力的增强，资源短缺、环境污染、生态平衡失调等生态环境问题不断加剧，它促使人们反思现代文化观念，重新思考人与自然的关系，建构新型的文化形态。

生态文化是在生态科学发展的基础上形成的，随着生物学的发展，生态科学逐渐从传统物理学的知识系统中独立出来。在它看来，生命有机体、生态系统不是消极被动的机械存在物，而是具有自选择、自组织、自调节能力的能动的主体；人不是独立于世界之外的主体，而是与自然万物相互关联、相互依存、相互作用，共处于统一的生态系统之中。正是在生态科学基础上，系统论、自组织演化理论等复杂性科学理论逐渐发展起来，促进了生态文化世界观和价值观的形成。

生态文化是在批判、反思现代文化观念的基础上形成的，在批判的过程中，它回溯到古代文化中寻找可资利用的文化资源。同时，生态文化作为在现代文化基础上发展起来的文化形态，也决定了它必然继承发展现代文化中的合理因素。因此，生态文化是在辩证发展古代文化、现代文化的基础上形成的新的文化形态。生态文化对前两阶段文化的继承和发展，不是两种文化合理因素的简单叠加，而是要根据现实文化建设的需要，在充分利用现代自然科学与人文社会科学的最新理论成果的基础上整合古代文化、现代文化中的合理资源。

生态文化世界观结合古代有机整体论和当代生态科学、复杂性科学理论成果，将整个世界看作人—社会—自然相互关联、相互作用、协调发展的复合有机系统。在它看来，世界万物均以系统的方式存在，任何存在物都存在于一定的环境中，与周围环境相互作用，进行物质、能量和信息的交换，维护自身的生存和发展；任何事物又都有自身的内在结构，是由内在不同的要素相互关联、相互作用、变化发展形成的有机整体。系统的自组织演化是生态世界观的主要内容。所谓自组织，是指生命系统或生态系统在与环境相互作用过程中进行的自身结构、功能的调整以及行为方向、行为方式的选择。系统自组织演化过程中表现出来的自主性、能动性、创造性，体现了系统的生命特征。系统的自组织演化是一个进化的过程，系统总是趋向于顺应环境变化发展的趋势，趋向于生成、保持、发展更多的生命和价值，趋向于整体的和谐有序。

在人与环境的关系上，生态文化认为，人生存于一定的自然生态环境中，外在环境的变化常常会给人带来不同程度的生存压力。为了维持自身的生存发展，人必须适应环境的变化，一方面发挥自身生命以及社会文化的自组织、自调节、自选择能力，调节自身生命和社会文化的功能结构，以顺应所处环境整体的"目的性"（合规律的变化发展趋势），朝着适应环境选择的方向发展；另一方面依靠自身所具有的自主性、创造性，借助社会文化的智慧和力量，从环境中吸取自身生存发展所需要的物质、能量、信息。总体而言，人的生存活动及社会的存在发展必须合乎两种目的性，即生态环境的自然目的性和人自身生存的目的性。换言之，人的社会实践活动或文化建设，必须确立两方面目标，不仅要从自身的生存发展出发，还必须从生态环境的优化与变化发展趋势出发，维护、恢复、优化自然生态环境，促进人与环境的协调发展。

生态文化将人—社会—自然看作相互关联、相互作用、协调发展的复合生态系统，人和社会一方面与自然万物存在本源性、本然性的有机联系，另一方面又具有自身相对独立性，能够能动地适应自然、利用自然。在人—社会—自然复合生态系统中，社会是人与自然联系的中介环节，人类是作为社会群体通过社会实践活动与自然打交道，借助特定社会生产方式、社会文化与自然相联系的，社会生产力水平的高低直接决定着人与自然关系的水平，社会生产方式直接影响着人与自然关系的状况。人与自然之间的相互作用、相互转化即"自然的人化"与"人的自然化"是在社会实践过程中实现的。一方面，人只有借助社会实践活动，才能利用自然，改造自然，使自然打上人的烙印，实现"自然的人化"；另一方面，只有在认识自然、改造自然的社会实践活动中，人们才能真正认识自然，遵循自然，实现"人的自然化"。自然与人的相互转化过程是一个不断发展不断深化的过程。这是因为，自然生态系统是一个不断变化的系统，人为了自身的生存发展，必须适应环境，改变自身，不断调整自身的结构和功能（在当代，主要是个人智力结构与功能，以及社会文化的结构和功能），实现自身的进化；而人作为能动的生命主体，不仅能够适应环境，而且能够发挥自身的能动性、创造性，改变环境。人—社会—自然作为复合生态系统，社会作为人与自然关系的中介环节，要求我们不能单纯从人与自然之间的价值关系抽象地谈生态文化的价值取向，而应从人—社会—自然复合生态系统的高度考察生态文化价值取向的复杂内涵。人对自然的利用和改造主要是一种社会活动，自然对人的制约如自然资源承载力对人的制约也不是对单个人的制约，而是对整个社会生产方式、社会文化的制约。人对自然的适应、人与自然的协调同样不是单纯个人观念、行为的转变，而要求整个社会生产方式、生活方式和文化体制的变革，要求人们在认识实践活动方面的协同合作。

生态文化并不主张否定人的主体性价值，将人与其他生命等同起来，销归自然大化的洪流，它肯定人具有维护自身生存发展的需要和权利，肯定人作为自然界发展到高级阶段的产物，具有其他生命无法比拟的主体性。生态文化并不否定现代文化张扬的人的主体性，它同样肯定人的独立性、自主性、创造性，但生态文化理解的主体不再是脱离自然万物的主体，而是存在于自然生态环境中，受生态系统的制约，与其他生命有机体相互关联的主体。人作为主体，是生态系统的调控者，对生态系统的存在状况、质量、未来发展起着不容忽视的作用，人应发挥自身的能动性、创造性，协调人与自然的关系，促进人与自然的协同发展。

二、生态文化与文化大省建设

文化大省建设是我国在由计划经济向市场经济转型，社会经济发展到一定程度，人们对社会文化发展的重新认识的基础上形成的认识和举措。自1996 年云南省首次提出把云南建设成为"富有特色的民族文化大省"以来，已先后有广东、浙江、黑龙江、江苏、山东、山西、河北、甘肃、湖北十多个省、市、自治区提出、规划、进行文化大省建设。"文化大省建设"的提出和实施，反映了我国在新的社会形势下注重文化建设的新趋向：从经济发展来看，是由单纯注重数量、国民经济产值转变为注重质量、注重经济发展的文化含量；从文化发展来看，是由单纯注重经济效益转变为注重经济、社会、生态环境的综合效益。文化大省建设的指导思想是与生态文化观念相一致的，是一种立足人与自然、人与社会协调发展的可持续发展的文化观。

生态文化的主导精神是人—社会—自然复合生态系统的协调发展。对此，我们可以从两个方面来理解：（1）它是协调与发展的辩证统一。一方面它要求继承古代文化强调人与自然、人与社会和谐一体的文化观念，主张维护生态系统整体的和谐、平衡和秩序；另一方面，它又不是单纯强调和谐、平衡、稳定，而是肯定自然、社会变化发展的客观性，主张在维护自然、社会整体相对和谐、平衡的前提下，追求社会与人自身的进步，追求人与环境的协调发展。（2）它又是整体和谐与主体性发展的辩证统一。在肯定自然、社会作为一个有机系统的整体性价值的基础上，生态文化又继承发展了现代文化的主体精神，肯定人的主体性价值，主张主体创造性地适应、利用和改造环境，通过人与环境的相互转化，促进人—环境系统的螺旋式上升。

适应时代文化发展趋势。我们认为，新时期文化建设（包括文化大省建设），必须实现两大转型：一是从传统农业文化向现代工业文化的转型。现代化目前仍是我国未竟之业，现代理性主义文化模式还没有成为中国民众的主动性生存方式和社会运行机理。传统农业文化仍占相当大的比重，在我国现代化建设过程中，以经验代替理性，以人情对抗法制的现象仍很普遍，理性的科学的文化模式，主体性、创造性的文化模式，法制的、契约型的文化模式亟待建立。只有实现由传统农业文化向现代工业文化生存方式的转型，才能解放自然、社会对人自身的束缚，发展人的主体性，实现人与自然、社会的发展。传统农业文化向现代工业文化的转型（即现代化）主要包含两个层面：（1）社会层面的现代化，指传统的自然经济以及以传统、习惯、血缘、天然情感为系的社会关系，转变为建立在大工业、现代科技基础知识的市场经济、理性、民主的社会关系和结构。它要求以理性的、民主的、法制的、人道的、契约的社会运行机制取代传统社会领域的血缘、宗法、经验等的自然原则。（2）以文化转型、素质提高、生存方式和行为方式转变为主要内涵的人自身层面的现代化。二是从现代工业文化向生态文化的转型。从前面的论述中，我们已经了解到，要解决伴随现代工业文化发展而来的严重的生态环境问题，就必须实现现代工业文化向生态文化的转型。只有实现这一转型，才能维护、优化人与自然的关系，使人的自然化、自然的人化朝良性方向发展。要实现这一转型，首先要求转变现代文化观念，由单纯强调人的价值，将人的价值凌驾于自然万物之上的观念，转变为将人—社会—自然看作相互联系、相互依存、相互作用的有机系统整体。由片面追求人自身的发展转变为追求人与自然、人与社会的协调发展；其次要求转变生产生活方式，由片面追求经济增长的资源浪费型生产方式转变为追求经济、社会、生态环境综合效益的可持续发展的生产方式。由片面追求"消费享受型"生活方式转变为文明、健康、合理的生活方式。在这方面，西方发达资本主义国家已有许多有益的探索，因而要求我们在文化建设过程中，充分吸取西方国家现代化过程中的经验、教训，引进西方国家最先进的有利于生态保护的管理经验和科学技术，改变不合理的生产生活方式。

文化建设实质上是生存方式建设。完整的文化形态应包括生产生活方式和文化思想观念两个层面，从另一个角度讲是包括物质文化、制度文化、精神文化三种存在形态。因而，要实现两种文化形态的转型，建构新的文化形态，一是要适应时代发展趋势，把握时代文化精神，转变文化观念，实现文化自觉，以文化观念的自觉引导具体的文化建设；二是要转变生产生活方式，与此相关进行相应的政治、法律等方面的体制建设。

文化建设的两个层面又是相互关联、相互促进的：只有转变生产生活方式，才能真正转变人们的思想文化观念，适应文化发展的需要和社会发展趋势。生产生活方式转变了，占人口最大多数的群众才能自发地认可、形成新的文化观念。如由计划经济向市场经济转型的具体实现，才能真正触动和改变传统文化结构，才能在民众中生成真正意义上的现代文化精神，造就真正的市民主体。我国近代以来的现代文化变革的历史实践也表明，没有真正意义上的社会变革，单纯接触现代文化理念、掌握现代文化精神，并不能实现真正意义上的传统文化向现代文化的转型。而生产生活方式的转变，必须有体制的保障，只有顺应趋势，根据现实发展的需要，建立相应的体制，才能维持稳定，保证文化转型的正常进行；从文化观念的建设及人自身的思想文化建设而言，只有转变思想观念，才能减少文化转型的阻力，才能减轻生产生活方式变革给人的精神造成的冲击和压力，保证生产生活方式转变的顺利进行。同时，只有认清时代文化精神，才能把握住体制建设的大方向。文化大省建设，要求将两方面有机统一起来，只有这样，才能使社会文化形态的转型协调有序地进行。

文化大省建设一方面要顺应时代文化发展趋势，抓住文化大省建设的共性；另一方面要体现各省地域文化特色，发挥各省自身的主体性、创造性，建设出自身的特色。如云南结合本省多民族特征，突出文化大省建设的民族文化特色；黑龙江省结合本省边疆特征，将边疆文化作为本省文化大省建设特色等等。在这里，我们以山东省文化大省建设为例做相关论述。我们认为，要突出山东文化大省建设特色，一方面当然要充分利用山东大地广博的历史文化资源，进行具体的文化建设，但更重要的是把握齐鲁文化在中国传统文化中的地位和作用，发挥齐鲁文化精神在当代文化建设中的现实作用。齐鲁文化对中国传统文化的贡献不仅在于它产生了孔子、荀子、管子等文化大家，更在于它所塑造的文化精神融入到传统文化精神中，成为我国传统文化的核心。学术界、文化界一般突出孔子的文化地位，实际上，齐鲁文化精神也即传统文化精神核心的最终形成应归功于战国时期齐国的稷下学宫，是群体智慧的结晶，《管子》、《荀子》、《易传》等文化典籍均是稷下学宫的产物。而"自强不息"、"厚德载物"作为传统文化精神的核心，实质上是在齐文化中形成的。齐文化在其形成过程中，关注治国富民的现实社会实践，注重发挥思维创造性，整合不同的思想文化资源，形成了自身兼容并蓄、开放务实的文化特色，为中华传统文化的形成作出了不可磨灭的贡献，在今天更易于开出新的时代文化精神之花。因此，我们认为，山东文化大省建设应突出齐鲁文化的理论思维优势，结合现实文化发展需要，以生态文化整合传统农业文化、现代工业文化和后现代文化资源，突出生态文化建设地位，打造山东文化大省建设特色。具体而言，一是要注重生态文化研究，使我省生态文化研究走在我国前列；二是要将生态文化精神渗透到具体的文化建设当中，使我省文化产业建设、区域文化建设、城市文化建设、农村文化建设、文化制度建设、基础设施建设等体现生态文化精神，成为我国生态文化建设的典范；三是将生态省建设与文化大省建设结合起来。我省2003年正式成为国内第六个生态省建设试点省，目前，生态省建设已经启动。实际上，我们没有必要将文化大省建设与生态省建设作为两种性质的建设隔离开来，完全可以将两者整合起来。一方面，以生态文化理论指导具体的生态省建设；另一方面，以生态省六大体系建设作为文化建设的具体内容和基本保障。我们相信，突出生态文化在山东文化大省建设中的中心地位，将生态省建设与文化大省建设相结合，必将促进山东社会文化建设，在国内产生重要影响，为世界文明的发展作出自己的贡献。

第九章　科学范式转型与中西科学融合

　　2004 年 9 月在北京人民大会堂召开的"文化高峰论坛"上，著名物理学家、诺贝尔奖获得者杨振宁教授作了题为"《易经》对中华文化的影响"的报告。报告认为，《易经》的天人合一模式及其推演式思维的缺乏是阻碍近代科学技术在中国萌芽的重要原因之一。鉴于杨振宁教授在国际科学界、文化界的重要地位，其观点立即引起学术界、科学界持续热烈的讨论。接着，《环球》杂志又发表了中科院三院士吴文俊、朱清时、何祚庥关于"东方思维能否拯救中国科技"的辩论文章。[①] 应该说，杨振宁教授的观点引起的争论只是一个引子，而潜在的本质意义上的时代课题却借此充分显露出来。随着生态科学以及系统论、耗散结构论、协同论、混沌理论等复杂性科学理论的形成和发展，当代科学范式正在进行着重大转型。伴随着科学范式的转型，中国传统文化的有机整体论、天人合一学说逐渐引起国内外科学界的重视。因此，探讨近现代科学向复杂性科学的转型，研究中国古代科学范式的内涵、特性，研究中国传统科学范式与西方近现代科学范式的差异，探讨如何整合两种科学范式，创建符合时代发展趋势的新的科学文化体系，具有深远的意义。

　　"科学范式"是库恩提出的科学哲学范畴，主要是指科学共同体成员共

① 《中科院三院士：东方思维能否拯救中国科技》，《环球》2005 年第 8 期。

有的研究传统、理论框架、理论上和方法上的信念、科学的模型和具体运用的范例等，还包括指导和联系理论体系与心理认识的自然观或世界观。范式概念提出后，在学术界得到广泛应用。相对于库恩本来的定义来说，本文所使用的"科学范式"具有更为宽泛的内涵。我们认为，科学范式从属于特定的文化范式，本身是一个文化范畴，不同的文化价值取向直接影响到科学认识的对象、认识思维方式及其获得的认识。本章主要从科学认识思维方式、自然观和文化价值观等方面论述科学范式的内涵。

第一节　复杂性科学对现代科学范式的转型

科学范式的转型是指 20 世纪中叶以来，系统论、耗散结构论、突变论、协同论、分形理论、混沌理论等复杂性科学理论的兴起，突破了西方近现代科学的研究范围和认识思维方式，导致的科学范式的根本变革。当代科学范式的转型主要有两方面根源，一是近现代科学范式自身的认识思维局限。近现代科学片面强调理性分析的还原论认识思维方式，将事物之间、人与自然万物之间的关系看作单纯的外在相互作用，割断了自然万物之间特别是人与自然之间的有机联系，这不仅使我们无法正确认识世界万物的存在状态和存在方式，而且还导致了人的生命和精神的无家可归状态；二是近现代文化从人本主义价值观出发，片面强调人性中的认知理性和工具理性，将科学技术单纯理解为改造自然满足人们物质生活需求的工具，造成了对自然生态环境的破坏。科学认识的进一步发展以及生态环境危机的加剧，使近现代科学范式的内在局限日益暴露出来，客观上要求我们从新的高度反思近现代科学范式，建设适应时代需要的科学体系。

一、近现代科学范式

我们主要从还原论认识思维方式、机械论自然观和人本主义价值观三方面阐述近现代科学范式的内涵和特征。

（一）近现代科学认识思维方式

学术界在界定近现代科学范式时突出强调的是其还原论特征。还原论首先是一种认识思维方式，它倾向于将认识对象"拆分"为不同层次的基本实体（托夫勒称之为"拆零"①），把事物的整体性质归结为最低层次的基本实体的性质，用低层次的性质来阐释较高层次和整体的性质，所走的主要是"从局部到整体的认识思维路线"②。实际上，"拆分"主要体现的是还原论的研究方法，而"从局部到整体的认识思维路线"才是近现代科学范式的本质。"从局部到整体的认识思维路线"根源于其立足具体事物的认识立场，西方科学是从认识具体事物开始的。也就是说，它是立足于具体事物（局部），在认识事物的内在本质的基础上，进一步认识事物之间的联系以及事物构成的整体。"从局部到整体的认识思维路线"既是一个逻辑过程，同时也是一个历史过程。从西方科学发展的历史进程来说，存在一个由注重分析到注重综合的发展过程。如果说近现代科学关注的是事物的内在本质的话，复杂性科学包括生态科学的发展，则体现了西方科学关注事物之间关系，关注系统整体的认识走向。

西方科学立足于具体事物的认识思维特征，是与西方科学认识以人的感性认识为起点相联系的。感性认识倾向于将具体事物看作实体性存在。近现代科学思维是一种实体性思维，体现在理性认识上便是本质性思维，这种思维将事物的内在本质理解为永恒不变的本性，将事物之间的联系及变化发展看作先定的、不变的存在方式。西方科学之所以关注实体性存在，根源于其人与自然关系上的主体性思维视角和主客二分的对象性思维。西方科学关于人与自然关系的认识是立足于人自身的需要、目的和价值。由于将人与自然分离开来，将人自身理解为孤立的实体性存在，其关于自然万物的认识采取的同样是实体性思维。

西方科学体系是一种建立在形式逻辑基础上的公理化体系，其重要特征就是追求概念的确定性、推理过程的明晰性以及推论结果的明确性。显然，这一特征是与其"实体—本质"性思维密切相关的。在西方近现代科学体系中，数学起着重要的作用。数学将事物的性质、运动和事物的内在关系量化，使之变得可以计量，使人们可以通过计量的结果加深对事物性质、特征、事物运动规律和趋势等的认识，使研究过程和结果精确化；数学的发展

---

① ［比］伊·普里戈金、［法］伊·斯唐热：《从混沌到有序》，曾庆宏、沈小峰译，上海译文出版社1987年版，托夫勒"前言"，第5页。

② 赵玲：《自然观的现代形态——自组织生态自然观》，《吉林大学社会科学学报》2001年第2期。

促使西方科技理论在形式上演变成一个数学逻辑体系。数学在西方近现代科学体系中的地位，也从一个侧面体现了西方近现代科学追求精确、明晰的特征。

（二）近现代科学的机械论自然观

近现代科学范式在自然观上是一种机械论自然观。机械论自然观主要包含构成论和机械决定论两方面内容。首先，机械论自然观是一种构成论自然观。构成论是建立在实体性思维基础上的，它将事物的存在看作实体性存在，事物之间的联系是一种外在的机械性联系，构成论强调事物存在的空间属性，否定事物的质的变化，认为科学认识的目的就是认识事物内在不变的本质，以及事物之间因果必然性联系。其次，机械论自然观是一种机械决定论自然观。机械决定论认为，世界受永恒的因果决定性规律支配，因果决定性规律是一种线性因果规律。在牛顿—拉普拉斯因果决定论体系中，只要知道物体运动的规律和初始条件，就可以根据它当前的状态推知它以前的状态和预测它以后的状态。也就是说，过去、现在和未来是等价的，不存在任何生成与演化。

（三）近现代科学蕴含的人本主义价值观

近现代科学认识思维方式中的主体性思维视角是与近现代文化中的人本主义价值取向相应的。近现代文化将人与自然区分开来，认为只有人具有生命、理性、创造性，自然万物则是孤立的、消极的机械存在物。人是价值的源泉，自然万物并没有自身独立的价值，而只具有相对于人的工具价值，是人利用和改造的对象。人本主义片面发展的结果是导向人类中心主义。在近现代人本主义文化中，科学技术本身包含求真与致用两个向度，求真与致用互为存在的前提。但随着人类中心主义的发展，科学求真的维度逐渐被掩盖、被忽视，有用性、可运作性逐渐成为科学研究唯一关心的主题。科学技术对人而言仅仅意味着工具、意味着生产力，成为人利用和改造自然满足自身物质生活需要的工具。[①]

---

① 柳延延：《科学在当代的处境》，《哲学研究》2003 年第 1 期。

二、复杂性科学对近现代科学范式的转型

复杂性科学是从西方近现代科学中生发出来的，是西方科学的内在超越、自我发展。从根本上说，是近现代还原论思维走到极端的自我超越、突围，是另辟蹊径。由于西方近现代科学走的是一条"从局部到整体的认识思维路线"，因此，在认识局部的基础上，要进一步认识局部之间的联系，局部构成的有机整体，它总是遇到一个又一个认识思维障碍，需要奋力跨越。这种跨越，是在原有认识思维局限走到尽头的时候，不得不另辟蹊径，拓宽思路，提出新的假设，进而从原有认识框架中超越出来，西方科学似乎注定要以一种"属人"的形式，走一条艰难而又充实的道路。

尽管在哲学界对还原论科学范式的批判从 19 世纪时就已经开始，但在科学内部，意识到还原论范式的局限，从中挣脱出来的努力则是从 20 世纪开始的，先是爱因斯坦发现时间、空间、物质和能量乃至整个宇宙必须作为一个整体来研究，"物质告诉时空怎样弯曲，时空告诉物质怎样运动"。一旦将它们割裂开来，就不能如实地认识其本来存在状态；接着，量子力学认识到，我们关于因果决定性的观念不适用于原子世界。在原子世界，初始条件相同，不同的原子的活动并不具有确定性，我们无法预见单个原子的行为。维尔纳·海森伯的"测不准原理"指出，不确定性是我们关于物理世界一切知识不可避免的特征；还原论范式习惯于将整体拆成部件进行研究，量子力学则向我们表明，在量子世界，我们无法把一个整体非常确定地分为一些组成部分，更无法把这些组成部分非常确定地组成整体。"波粒二象性"现象说明，对于电子在原子中的位置和速度这两个基本量，还原论的测定是失效的。这表明量子的世界是一个非机械的、相互联系的、不可分割（还原）的世界。

（一）复杂性科学对近现代科学的转型

20 世纪中叶开始出现的复杂性科学理论，实际上也是从近现代科学内部生发出来的。复杂性科学理论包括耗散结构理论、协同学、突变论、超循环理论、混沌理论、分形理论等，它是建立在贝塔朗菲一般系统论基础上的。一般系统论认为，有机体都是以系统的方式存在，系统具有"整体性、关联性、动态性、有序性、终极性"。复杂性科学理论虽然多种多样，但它

们围绕的一个共同的主题是系统的自组织演化过程及其内在机理。从这个意义上，复杂性科学理论又称为自组织理论。自组织理论揭示：开放系统在远离平衡的状态下，如果系统存在着某种恒常的输入，这种输入作为一种外界干扰对系统的压力超过一定的阈值，这时，系统能够通过内在要素之间的协同作用，通过分叉与突变，重新组织自身，形成新的有序结构，以适应环境的变化。系统这种能够自行产生的组织性和相干性过程即自组织演化过程。系统正是这样通过"自我选择"和"环境选择"由低级向高级、由简单向复杂，向着更加有序和更多等级层次的方向进化。系统的自组织演化表明系统具有不同程度的自主性。

复杂性科学中包含有近现代科学范式所不能容纳的内容，是对近现代科学范式的转型。这主要表现在如下方面：

一是从简单性向复杂性的转型。在研究对象上，近现代科学关注的是事物存在的常态及事物之间相对稳定的联系和变化发展规律；复杂性科学则关注世界存在状态、存在形式的"复杂性"，将那些以前被人们视为奇异的、混乱的、突变的、数学性态"不好"的存在状态纳入认识的范围。"复杂性"有多方面内涵，主要表现为事物构成的多元性、多样性和层次性，行为的随机性、不确定性和非周期性，属性、状态的多样性、奇异性，以及运动的不稳定性、不可逆性。[①]

二是由分析方法到综合方法的转型。复杂性科学不满意近现代科学"拆零"的分析方法，而开始致力于综合。普里高津花费自己一生大部分的精力，正是试图"把这些细部重新装到一起"[②]。正是在试图"综合"的过程中，西方许多科学家开始感受到中国传统科学思想的魅力。

三是从线性思维到非线性思维、复杂性思维。近现代科学在考察事物、现象和过程时只注重分析系统中两个或少数几个因素之间的线性关系和单向因果链，是一种线性思维。所谓线性关系是指自变量与因变量之间是一种单向的因果关系，自变量增加或减少则导致因变量成比例的增加或减少，表现在直角坐标系里的函数图像是一条直线，因此简称线性关系。非线性思维认

---

① 童天湘、林夏水主编：《新自然观》，中共中央党校出版社 1998 年版，第 26 页。

② ［比］伊·普里戈金、［法］伊·斯唐热：《从混沌到有序》，曾庆宏、沈小峰译，上海译文出版社 1987 年版，托夫勒前言第 5 页。

为在有机系统中变量之间的关系并非等比的直线关系，表现在坐标系里的图像并不是一条直线，而是曲线，系统内的各组分之间交叉往复、互为因果，需要以有机整体论思维方式对各组分进行综合的考察。非线性关系表明有机系统是一种复杂性系统整体，因此，非线性思维实际上是一种整体性思维、复杂性思维。

四是由实体构成论向有机系统论的转型。近现代科学范式主要是建立在近现代物理学基础上的，它将不同层次的实体看作构成世界的基本单元，世界则是不同层次实体构成的机械的物质世界。复杂性科学范式则主要建立在生命科学、生态科学的基础上，它将有机系统看作世界构成的基本单元，系统具有整体性、有机性等方面特征。

五是从机械决定论向自组织演化理论转型。复杂性科学认为因果决定性机制只是复杂系统自组织演化过程特定阶段发生作用的机制，复杂系统自组织演化过程是因果决定性机制、随机性机制、目的性和意向性机制共同作用的结果①。系统演化具有随机性、不可逆性、进化性，我们无法根据系统初始条件和既定的因果必然性规律，预测系统未来存在状态。

（二）复杂性科学是西方近现代科学合乎逻辑的发展

学术界关于复杂性科学对近现代科学的转型论述较多，但对复杂性科学与近现代科学的内在联系则强调不够。我们认为，复杂性科学是从西方近现代科学中生发出来的，是西方近现代科学合乎逻辑的发展。

一是它并没有改变立足具体事物的实体性思维和"从局部到整体的认识思维路线"，只是认识到关系性、整体性对事物性质及其存在状态、存在方式的作用，复杂性科学对关系性、整体性的重视，是西方科学发展到今天合逻辑的结论；其对复杂系统的自组织演化过程及规律的探讨，仍然是立足于具体事物的存在。因此，其思维方式中实体性、主体性仍是主要方面。相比较而言，在西方思想界，目前逐渐引起人们重视的是存在的关系性、主体间性，如胡塞尔、海德格尔对主体间性的强调。而对于存在的整体性，虽然已经有人进行论述，但并没有引起足够的重视，似乎，对于西方实体—主体

---

① 张志林、张华夏：《系统观念与哲学探索———种系统主义哲学体系的建构与批评》，中山大学出版社 2003 年版，第 136—184 页。

性思维而言，要理解存在的整体性，尚存在太多的思维隔碍，西方思维习惯于从人的主体性引申出其他事物存在的主体性，以此作为相互尊重的根据，而不能像中国传统思维根据人与自然存在的一体性引申出对天地万物"天地与我并生，万物与我为一"的仁爱之情。

二是它并没有改变对主体性的强调。就复杂性科学对自然万物的理解来看，它不再将自然万物看作机械的被动的实体，而将它们看作具有自身经验性、自主性的主体性存在。后现代科学继承了怀特海的观念，将事件看作真实的存在，将具体事物看作同人一样具有自身经验的存在；生态伦理学也倾向于肯定自然万物的内在价值，将它们看作同人一样的"为我"的存在。显然，关于存在主体性的理解，对于将存在理解为机械实体性存在而言是一个进步，但它并没有突破西方近现代科学自身的壁垒。我们前面说过，西方近现代科学的实体性思维根源于立足人自身主体性思维视角，复杂性科学试图论证其他存在的主体性，实际上正是立足主体性思维视角进行的比附，因此，它并没有超越主体性视角。复杂性科学对主体性的强调，相对于中国传统科学侧重整体对个性的规范和制约的观念来说，具有自身独特的内涵，主体性思维是西方思维的核心内容。

三是复杂性科学并没有否定近现代西方科学重视实验、重视形式逻辑推演、注重理性分析、数学思维的认识思维方式。只是逐渐意识到近现代科学认识思维方式发生作用的界限，意识到随机性、非线性，增强了关于复杂系统自组织演化机理的探讨，增强了思维的创造性、形象性、整体性。与中国传统科学体系相比，仍然具有自身的特性。

第二节　复杂性科学与中国传统科学的相应

本节我们首先从天地人三才的认识框架、生成论自然观、阴阳五行模型、认识思维方式等方面论述传统科学范式的基本内涵，然后在此基础上论述复杂性科学与中国传统科学的共同特征。

一、中国传统科学范式的基本内涵

前面说过，科学范式包括自然观、价值观、认知结构、认识思维方式等方面内容。以下我们试从天地人三才的认识框架、生成论的自然观、阴阳五行模型、经验型认识思维方式四方面，具体论述传统科学范式的基本内涵。

（一）天地人三才的认识框架

传统科学范式将人的生命、生存活动置于天地人三才的认识框架中考察，认为人的生命是天地阴阳和合的产物，与天地自然运化密切相关；人类的生存活动如农业生产乃至社会治乱，均必须遵循天地自然运化规律。如《吕氏春秋·序意》中说："盖闻古之清世，是法天地。凡十二纪者，所以纪治乱存亡也，所以知寿夭吉凶也。上揆之天，下验之地，中审之人，若此则是非可不可无所遁矣。"传统科学所说的"天"主要是指与农业生产、人体生命节律相关的"天时"，所说的"地"主要是指提供人生存所需资源的土壤及地理环境。

传统科学范式的天地人三才的认识框架，主要体现在传统农学天时地利观念和中医学的天人相应思想当中。

农作物生长具有季节性规律，同时也离不开适宜的土壤等地理因素。正是在此基础上，传统农学注重从天地人的整体结构中把握农业生产的规律。如《吕氏春秋·审时》中说："夫嫁（稼），为之者人也，生之者地也，养之者天也。"注重在天时地利的条件下，以人力改进农业生产技术。贾思勰也非常注重把握天时地利对农业生产的重要性："顺天时，量地利，则用力少而成功多；任情返道，劳而无获。"[①] 在书中，他总结了谷、春大豆、小豆、麻、麻子、大麦、小麦、旱稻、胡麻、瓜等作物播种的最佳时机，强调根据土壤的性质和肥沃程度种植不同的农作物。

中医认为人的生命是天地自然运化的产物，也是天地自然运化的有机组成部分，天地自然运化过程、节律、时机直接影响着人体生命的状况，还认为，人体作为一个小宇宙，与天地本身具有同构同感的关系。其关于养生法则、疾病起因、治疗的认识，是建立在天地人三才认识框架中的。如《黄帝内经》中说："天覆地载，万物悉备，莫贵于人。人以天地之气生，四时之法成。"[②] "胃、大肠、小肠、三焦、膀胱，此五者，天气之所生也"；

---

① 《齐民要术》卷一，《种谷第三》。
② 《素问·保命全形论第二十五》。

"脑、髓、骨、脉、胆、女子胞，此六者，地气之所生也。"① 《黄帝内经》还从阴阳五行模式阐释天地运化和人体生命运化规律，认为天地运化和人体生命具有共同的结构和运化规律；西晋医药学家王叔和《脉经》也客观地揭示出人体脉象与自然季节之间的关系。如说："春得病，无肝脉也；无心脉，夏得病；无肺脉，秋得病；无肾脉，冬得病。"② 孙思邈也曾说："吾闻善言天者，必质之于人；善言人者，亦本之于天。天有四时五行，寒暑迭代，其转运也，和而为雨，怒而为风，凝而为霜雪，张而为虹蜺，此天地之常数也。人有四支五藏，一觉一寝，呼吸吐纳，精气往来，流而为荣卫，彰而为气色，发而为音声，此人之常数也。"③ 从阴阳五行揭示天人的共同规律，并从阴阳五行的变化及相互依存、相互制约的关系，揭示天地异常和人体疾病的因缘。

（二）生成论自然观

传统科学范式包含的自然观，是一种生成论的自然观。《老子》所说"道生一，一生二，二生三，三生万物，万物负阴而抱阳，冲气以为和"④ 即充分体现了中国传统科学生成论自然观的内涵和特征。从其中我们可以看出传统科学自然观中蕴含的生成性、整体性、动态性、层次性、多样性、和谐性等方面特征。（1）生成性：这段话揭示了万物从道生成的总体过程，这一过程为后来思想家发挥为天地万物从道化生的生成过程。（2）整体性：文中的"一"可以看作浑然一体的"元气"，揭示了存在的整体性。传统科学认为，世界原本是一个和谐统一的混沌整体。（3）动态性："二"可以看作是阴阳二气，阳气主动，阴气主静。"阴阳"本身是为了揭示世界万物的变化发展而产生的范畴。（4）层次性："三"是阴阳二气融合产生的新的层面，是相对于"一"而言的新层面的和谐整体。如果把"二"理解成天地的话，"三"则是在天地运化过程中形成的地球生态系统。（5）多样性："万物"揭示了新层次系统内部存在的多样性。就地球生态系统而言，是指生命存在的多样性。（6）和谐性："万物负阴而抱阳，冲气以为和"揭示了

① 《素问五脏别论第十一》。
② （西晋）王叔和：《脉经》卷一，《平人得病所起第十四》。
③ 《旧唐书·孙思邈传》。
④ 《老子》第42章。

事物存在的和谐性。

传统科学生成论自然观以后的发展基本上是循着《老子》的这一思路进行的，并逐渐形成了以"道"、"气"、"阴阳"、"五行"阐释天地万物生成过程的宇宙论模式。如《黄帝内经》借助于"气"和阴阳五行学说总结我国长期的医疗实践经验，对生命过程、疾病的成因、病变的实质进行阐释，并以此指导临床诊断和治疗；东汉科学家张衡即将天地万物的生成过程阐发为从"溟涬"（"道之根"）→"太素"（"道之干"）→"鸿蒙"（"元气"）→"天地"（"阴阳"）→"庶类"（"万物"）诸环节。[①]　正是有鉴于此，董英哲指出："中国传统科学思想体系是以道、气和阴阳五行学说为主旋律的。"[②]

（三）阴阳五行模式

中国传统科学范式最独特、最值得注意的一个特点是：它有一个不属于任何一门具体科学，而又几乎凌驾于各学科之上的统一的模型体系，这就是在长期历史发展过程中形成的，以易经为基础，先后纳入五行学说、气论、干支计时法、河洛理数而形成的一套理、象、数、图并举，关于世界生成演变的功能性结构象征模型和符号体系，即阴阳五行模式。[③]

阴阳五行模式是我国先民在长期的物候、气象、天象观测基础上形成的朴素系统观，主要揭示的是天地自然运化程式对人和其他生命的规律性影响，以及生命内在的阴阳五行结构及阴阳五行要素之间相互依存、相互制约的关系。

阴阳五行模式在中医学、传统炼丹思想中有鲜明体现。如《黄帝内经》中说："夫五运阴阳者，天地之道也，万物之纲纪，变化之父母，生杀之本始，神明之府也。"[④]　认为阴阳五行不仅是天地运化规律，而且是生命的内在功能结构，对生命运化起着主宰作用。中医及传统生命理论将五行视作生命构成的五大要素，这五大要素之间相互依存、相互制约（"相生相克"），以保持总体的相对平衡状态。中医以五脏、五官、五志（喜怒忧悲恐）配

---

① （东汉）张衡：《灵宪》。
② 董英哲：《中国科学思想史》，陕西人民出版社1990年版，前言第4页。
③ 李曙华：《中华科学的基本模型与体系》，《哲学研究》2002年第3期。
④ 《黄帝内经·素问·天元纪大论第六十六》。

五行，以五行生克关系阐释人体脏腑、情志之间的功能依存和制约关系，以此阐释人体生命系统的存在状态、运化规律，疾病的成因及其演变的本质。如《黄帝内经》中说："水得金而伐，火得水而灭，土得木而达，金得火而缺，水得土而绝。"[①] "五脏受气于其所生……肝受气于心……脾受气于肺……肺受气于肾……肾受气于肝。"[②] 魏伯阳的炼丹思想也是建立在阴阳五行模式基础上。董英哲概括说："气一元论、阴阳自因论和五行生克论结合在一起，便构成了魏伯阳炼丹思想的理论基础。气和阴阳五行说是春秋战国以来的一种自然哲学，主要是用来解释一切自然现象及其变化，曾促进了我国天文学、农学和医学等思想体系的形成。魏伯阳用气和阴阳五行说总结内丹术和外丹术的实践经验，建立了一个完整的炼丹思想体系。""中国科学史上一系列发明创造，大多与这个体系有直接或间接的关系。"[③]

我国科学界对"阴阳五行模式是否科学"，占主导地位的观点持否定态度。如中科院院士吴文俊认为"阴阳五行没有科学的影子，连'伪科学'都谈不上，简直是反科学"[④]。笔者认为，阴阳五行模型是我国古代长期农业生产经验、天文气象观测以及人体生命现象体察的科学总结，而并不像许多人所认为的是毫无根据的纯粹的哲学玄思。其中，阴阳原本是指太阳和月亮（中国古代称"太阴"），五行是指金木水火土五星，阴阳五行模式首先揭示的是人与万物的生存环境（天地系统），只不过阴阳五行系统是从人的生存视角描述的天地系统，关注的是太阳系星体对地球活动、地球气候、地球生态圈、人体生命的直接影响，其关于阴阳五行即太阳、月亮、五大行星之空间相对位置、运演趋势和规律的描述，并不是像西方近现代科学站在太阳系之外、将人的生存排除在外进行的纯客观描述（由此建构的"太阳系"系统实质上是一种"机械系统"），而是就其对地球活动、地球气候、地球生态圈、人体生命的直接影响进行的建构。也只有从人的生存视角，才能总结出天地系统运演的六十甲子周期性规律，而西方近现代科学构建的太阳系模型，实际上并没有关注太阳系模型对地球生态系统、生命系统的影响，而

① 《黄帝内经·素问·保命全形论第二十五》。
② 《黄帝内经·素问·玉机真藏论第十九》。
③ 董英哲：《中国科学思想史》，陕西人民出版社 1990 年版，第 214 页。
④ 《中科院三院士：东方思维能否拯救中国科技》，《环球》2005 年第 8 期。

满足于对行星在某一时间所处位置的精确计算，从根本上说，仍停留于线性思维范围内。中国传统科学认为，天下万物包括人在内处于特定的自然生存环境之中，适应生存环境的演化，本身也浓缩了自然生态环境的全息，遵循全息律。人与万物不仅时刻受天地阴阳五行运化规律的影响，而且受全息律影响，其生命系统本身也是一个阴阳五行系统。

由于从人自身的生存着眼考察天地的运演规律，阴阳五行模式具有自身的科学特征，一是阴阳五行模式是一个时空全息模式。阴阳五行系统不仅是一个空间关系系统，而且是一个时间运演系统。阴阳五行范畴都有流行、运行的含义；二是阴阳五行模式是一个有机论模式。由于中国传统科学主要关注生命现象，阴阳五行模式也相应地具有不同于西方近现代科学的有机论特征。

（四）经验型认识思维方式

我们说传统科学是一种经验型的认识思维方式，主要是相对于古希腊及近现代西方科学重理论、逻辑、纯知识的认识思维方式而言的。经验型认识思维方式指向的是解决实际问题，面对的是现实的具体的事物，对于事物内在普遍的共性、纯粹的知识、内在的逻辑和运行机制并没有专门的兴趣。

认识思维方式本身包含认识方法和思维方式两方面内容。认识方法面对的主要是认识对象本身；思维方式则是在获得关于对象的认识之后的思维整理活动及方式。传统认识思维方式大体可以划分为辨类、取数、类比、直觉、因循等方面。①

1. 辨类

所谓"辨类"，指识别、分辨、分类，即通过事物的外在形态识别事物，对事物进行分类。原始采集农业阶段，要获得赖以为生的生活资料，就必须识别可供食用或药用的动植物的外在形态，将类似的事物分别开来。据赵璞珊统计，《山海经》记载有不同地域环境中的药物 132 种②，体现的即是采集农业阶段，先民对各种各样、形形色色动植物的识别、分辨和记录。"辨类"关注的是具体事物的存在形态、性质功能，对于事物的内在构成成

---

① 参见吾淳《古代中国科学范型》，中华书局 2002 年版，第十二至十五章。
② 赵璞珊：《山海经记载的药物、疾病和巫医》，见《山海经新探》，四川社会科学院出版社 1986年版。

分并不关注，从一定意义上说属于定性思维，是一种原始的朴素的整体性思维。"辨类"属于经验性认识，依靠的主要是主体长期实践积累的经验，与近现代西方科学通过实验获得关于事物构成成分的认识方式迥然不同。

2. 取数

所谓"取数"，是指通过观察，对事物之间的关系进行测量和计算，从而把握事物之间的关联及变化规律。传统科学中包含的"取数"认识思维活动，主要体现在古代天文历法的观察、测算与演算当中。传统农业社会对于动植物生长的季节性规律的认识非常需要，这客观上促进了天文历法的观察和测算。同时，我国古代统治者将天象与社会政治联系起来，因此非常注重观测天象，并将观测天象和制定历法垄断起来，建立了专门的天文观测机构，这也是我国天文历法在古代测算方面达到非凡高度的重要原因。"取数"首先是建立在对物候、天象的观察和记录基础上的。中国古代非常重视对于日食、月食、太阳黑子、彗星等天象的观测和记录，《春秋》一书即记载有从公元前722年到公元前481年242年间的37次日食。在观察记录的基础上，中国古代非常重视对历法的计算和制定，在历史上多次修订历法，在历法的测算方面精益求精。如早在春秋后期，天文学家已得到365.25日的回归年的长度值；公元5世纪，祖冲之将其精确到365.2428日；公元1199年，南宋杨忠辅将其定为365.2425日。传统科学的"取数"认识方法，关注的是事物之间外在联系的测算，目的是为了农业生产、生命修养的现实需要，对于事物之间内在联系及变化发展的内在机制并不关注，同样体现了传统科学范式的经验性特征。

3. 类比

所谓"类比"是通过不同物类的类比，获得对新事物性质、规律认识的方法。"类比"方法是建立在关于事物相同结构、相同运化节律的认识和信念基础上的。而这一信念和认识，又是建立在天人相应、大地生命遵循共同的季节规律的认识基础上，建立在先民对物候、农作物生长、人体生命季节性运演规律的经验总结基础上。传统科学依据八卦、五行，对不同物类进行分类，然后从八卦、五行之间相互依存、相互制约的关系，推演出不同物类之间的关系及其运化规律。如上文所说的中医学将五脏、形体、情志与五行联系起来，掌握人体生命、情感之间的关系。类比方法相对于西方的演绎思维方法而言，有本质的不同，演绎思维关注事物之间的从属关系，是从一般推导出个别的认识思维形式，关注的是事物的纵向关联。类比方法关注的则是事物之间的横向类似，主要是一种经验的联想，总体而言不利于认识思维的纵向深入。

4. 直觉

直觉思维是相对于逻辑思维而言的，即它不是通过理性的逻辑的推演获得认识的思维方法，而是一种关于对象的直接的明白的判断与洞察。直觉思维是建立在实践和观察基础上的，是人的整体性思维的体现，是人的思维系统关于对象信息的自发地有机地整合，获得的关于对象的认识。传统科学的直觉思维是建立在经验基础上的，是经验积累到一定程度自发生成的思维形式。按照吾淳的认识，传统科学的直觉思维主要包含直觉的判断力和直觉的洞察力两种形式。[①] 判断力的直觉是运用已有经验对目前事实或现象加以判断和把握，总体而言并没有超越自身经验的范围。我们从《庄子》书中的能工巧匠的故事可以清楚地了解这方面内容，如《徐无鬼》篇中记载的轮扁斫轮："斫轮，徐则甘而不固，疾则苦而不入。不徐不疾，得之于手而应于心，口不能言，有数存焉于其间。"洞察力的直觉则在已有认识基础上实现了质的飞跃，是在已有认识基础上对更高层次认识的建构与猜想。如中国古代关于宇宙结构、关于世界万物的根本"道"的猜想与描述。

5. 因循

人的认识思维方式本身也包含价值论取向。中国传统科学认识思维方式当中包含的顺应天时地利以从事的观念，即体现了传统科学认识思维的价值取向。也就是说，传统科学在确立从事的目标时，并不是单纯考虑人自身的需要，而是力图将人纳入到天时地利的整体性环境中考察，将人自身利益的实现与天时地利结合起来。这种思维方式，吾淳称之为"宜物"思维。按照笔者的理解，实际上可以称之为"因循"思维，即因循自然、因循整体的认识思维取向。

因循思维可以划分为"因时制宜"、"因地制宜"、"因物制宜"等方面。（1）所谓"因时制宜"，即顺应天时。这突出地体现在传统农学思想当

---

① 吾淳：《古代中国科学范型》，中华书局2002年版，第206页。

中，即要求根据季节的变化进行农牧渔业生产。《荀子·王制》中所说："圣王之制也．草木荣华滋硕之时，则斧斤不入山林，不夭其生，不绝其长也；鼋鼍鱼鳖鳅鳝孕别之时，罔罟毒药不入泽，不夭其生，不绝其长也；春耕、夏耘、秋收、冬藏，四者不失时，故五谷不绝，而百姓有余食也；污池渊沼川泽，谨其时禁，故鱼鳖优多，而百姓有余用也；斩伐养长不失其时，故山林不童，而百姓有余材也。"可以看作是对这一认识思维取向的概括和总结。（2）所谓"因地制宜"，即根据地理环境及土壤因素，指导农牧业生产。如《周礼·夏官·职方氏》中说：东南扬州，"其畜宜鸟兽，其谷宜稻"；正南荆州，"其畜宜鸟兽，其谷宜稻"；河南豫州，"其畜宜六扰，其谷宜五种"；正东青州，"其畜宜鸡狗，其谷宜稻麦"；河东兖州，"其畜宜六扰，其谷宜四种"……（3）所谓"因物制宜"，即强调顺应不同事物的自然本性。如庄子后学即非常强调顺应万物的自然本性，反对人为戕害事物的本性；《淮南子·原道训》中也说："所谓无为者，不先物为也。所谓无不为者，因物之所为。所谓无治者，不易自然也。所谓无不治者，因物之相然也。"即突出强调顺应事物自身的存在状态、存在方式。

从传统科学的思维形式中，我们可以看出，传统科学认识思维方式是一种有机整体论的认识思维方式。如"辨类"对于具体事物，不是将其拆分为互不相干的部分，而是将其作为一个有机生命整体进行认识，关注的是事物整体性质、功能、存在状态；"类比"思维从阴阳五行的有机整体模型认识不同事物，将任何事物均视作完整的有机整体性存在；直觉思维区别于逻辑思维的地方就在于它充分发挥主体思维的整合能力；而因循思维将人的行为活动纳入到天时地利整体性环境中考察，同样体现了有机整体论特征。

二、中国传统科学与当代复杂性科学的相应

中国传统科学与当代复杂性科学在许多方面体现出共同的特征，不过，作为从不同文化环境中生发出来的不同科学范式，二者的区别也是很明显的。

（一）两者都是有机整体论

中国传统科学与复杂性科学均强调存在的生命特征，研究对象也主要是宏观生命、生态现象；两者均强调存在的整体性，强调整体对局部要素的制

约作用。不同的是，中国传统科学主要是从农业生产经验和个体生命体验出发，把握存在的生命特征。如对天地万物有机性的理解，有许多方面是从人的情绪、情感、意志、道德理性进行的比附，比如认为天地有喜怒哀乐的情绪，具有"生生不息"、"厚德载物"的"德性"等；复杂性科学关于存在生命特征的认识，则是通过现代科学的方法获得的认识，它将存在的有机性理解为生命、生态系统本身所具有的自协调、自选择、自组织的能力和活动。中国传统科学所理解的整体主要是一种直观的混沌的整体，是建立在元气论基础上的有机功能整体；复杂性科学理解的整体则是一种系统整体，是在科学理性关于事物内在组分的分析认识基础上的综合，它并不否定系统内在构成要素自身的相对独立性和自主性。

（二）两者都是生成论

中国传统科学与复杂性科学都将事物看作一个生成过程，强调存在的过程性。普里高津就曾认为中国传统科学的自然观是一种"自发的自组织世界"的观点，而他的耗散结构理论"对自然界的描述非常接近中国关于自然界中的自组织与和谐的传统观点"①。《老子》中所说"人法地，地法天，天法道，道法自然"②，即肯定"道"生化万物的过程是一个"自然"过程，显然，复杂性科学将系统的演化过程看作一个自组织过程。其中的"自组织"的"自"也包含"自然"的内涵。不过，传统科学关于天地万物的生成过程的把握带有直觉体悟的思维特征，突出天地总体运化过程和规律的宏观描述，而复杂性科学则研究具体系统在远离平衡态条件下的演化过程，对临界点、影响涨落的具体要素等均有较明确的定量研究。而复杂性科学所说的"自组织"既有"自然演化"的含义，同时也有"自己组织"的含义。也就是说，复杂性科学仍然延续了西方科学传统的主体性特征，认为演化存在特定的主体，是具体系统的演化。所谓自协调，是指生物在生存环境发生改变时，通过调节自身功能结构以适应环境变化的生命活动；所谓自选择，是指复杂系统本能地趋向选择适合自身的生存环境、适合自身生存的存在方式；所谓自组织，是指复杂系统在环境压力突破自身所能承受的阈

① ［美］普里高津：《从存在到演化》，曾庆宏译，上海科技出版社1986年版，第3页。
② 《老子》第25章。

限，进入远离平衡态，系统内在要素之间非线性相干增强，产生新的序参量，出现新的自组织行为，形成新序的过程。复杂系统的自协调、自选择、自组织行为揭示了复杂系统的主体性、目的性，从近现代科学的角度揭示了系统的生命特征。

（三）两者在具体观念上的类同

比如易学理论中所谓一卦中隐含六十四卦，每一卦既由较小的循环组成，同时又是更大循环中的一卦。其中包含的层次观念与当代系统理论的层次性观念相一致；传统科学所揭示的"人人一太极，物物一太极"中包含的全息观念，与分形理论、混沌学说中所揭示的自相似原理可以相互发明；《老子》所揭示的"物壮则老，是谓不道，不道早已"①，与分形理论所揭示的空隙理论，即系统会最大限度地扩张而充满空隙，然后走向衰亡相关②；剑桥大学著名量子宇宙学家霍金提出并论证的宇宙"自足理论"得出结论："宇宙的初始条件由宇宙自己来决定；宇宙的边界条件是'没有边界'。"这一认识等价于"宇宙创生于无"，与《老子》所说的"天下万物生于有，有生于无"③ 相吻合。

（四）两者有共同的价值取向

在文化价值取向上，两者均与近现代文化价值取向不同，指向的不是对未来事实确定的预见，不是个体一时的际遇，而是将人的生存放在整体环境中，探讨生存状态、生存质量的优化。所不同的是，中国传统科学更多地导向人的精神的升华。道家尤其注重将人的生命、精神投入到自然大化过程中，以获得精神的超越和心灵的自由，注重从人的自然生命与自然大化的一体感找到人的精神的归宿；儒家注重建设和维护稳定、和谐的社会秩序，也趋向于通过伦理的自然化、自然的伦理化获得人与自然的认同，实现德性的升华。复杂性科学则更多地关注人的现实生活，同时一如既往地强调人的个体性、主体性的价值，并没有导向对个体价值、主体价值的否定。在人与生态系统整体的关系上，趋向于通过主体自身的调节，实现人与环境整体的协调发展。总体而言，中国传统科学导向的文化价值取向对"道法自然"强

---

① 《老子》第30章。
② 李曙华：《老子的自然哲学与科学》，《中国社会科学》1999年第5期。
③ 《老子》第40章。

调的较多；而复杂性科学导向的文化价值取向对"主体性"强调的较多。

也正因为复杂性科学与中国传统科学的相应，西方许多著名科学家都宣称在自己的科研活动中，曾受到中国传统科学思想的启发。如丹麦物理学家玻尔在 1937 年访华时，惊讶地发现自己最为得意的互补性原理，在中国古代太极图中已有鲜明的表述，太极图的阴阳鱼互咬正体现了阴阳相生相克、相反相成的哲理；日本物理学家、诺贝尔奖获得者汤川秀树也直言不讳地说他的介子理论受到《庄子》"混沌"寓言的启发；而其提出的"基元域"理论则是从李白诗句"天地者，万物之逆旅，光阴者，百代之过客"中得到启发；普里高津在自己的科学活动中试图确立整体建构方法的地位时，同样感受到中国传统思想的魅力。他说："中国的思想对于那些想扩大西方科学的范围和意义的哲学家和科学家来说，始终是个启迪的源泉。"① 从目前掌握的资料来看，中国传统科学对西方现代科学的转型所起的主要是启发借鉴作用，而中西学术界、科学界对中国传统科学特有的认知思维方式、科学体系并没有进行充分、深入的研究。因此，我们一方面不能过分夸大中国传统科学在西方科学转型中的作用，为此沾沾自喜，更不能因此忽视我国科学发展当前面临的主要课题。从根本上说，中国传统科学需要从自身出发，完成从整体到局部认识思维方式的转型，将传统科学观念与西方近现代科学精神、科学体系融合起来。另一方面，应深入探讨中国传统科学范式的自身特色和内涵，促进西方科学的转型，促进中西科学范式的融合。

第三节　中国传统科学与西方现代科学的融合

一、中西科学融合的走势

复杂性科学的形成是西方科学从局部到整体的认识思维路线发展的历史产物，它表明西方科学已经突破关于存在实体性认识（包括关于具体事物本质的认识）的局限，认识到存在的关系性、整体性、过程性，西方科学

---

① ［比］伊·普里戈金、［法］伊·斯唐热：《从混沌到有序》，曾庆宏、沈小峰译，上海译文出版社 1987 年版，作者序第 1 页。

的发展呈现出向中国传统科学靠拢的走势；中国传统科学遵循从整体到局部的认识思维路线。从理论上讲，中国传统科学能够向近现代科学延伸；从客观上讲，20世纪以来，我国已大体上引进了西方近现代科学成果；从中国传统科学角度来说，同样具备与西方科学融合的走势和现实条件。从中西方科学两种不同的认识思维路线及科学发展的现实状况而言，当代科学的发展呈现出中西科学范式融合的趋势。正如普里高津所说："我们相信，我们正朝着一种新的综合前进，朝着一种新的自然主义前进。也许我们最终能够把西方的传统（带着它对实验和定量表述的强调）与中国的传统（带着它那自发的、自组织的世界观）结合起来。"①

当前存在的问题是，中国传统科学的价值并没有引起中西科学界、学术界足够的重视，传统科学对复杂性科学的影响限于随机启发。而中国当代科学的发展也主要是单纯借鉴西方近现代科学，传统科学并没有得到充分的发展和利用。如对于传统中医研究，有中医研究西化倾向。对其中按照西方科学模式无法解释的内容，不予认可，甚至当作"封建糟粕"抛弃；对中医药按照西医模式进行成分分析等等，完全背离了中医自身的传统科学认识思维方式。我国现代科学的发展不是从传统科学中生发出来，而是从西方移植过来的。实际上并没有产生传统科学意义上的近现代科学，中西科学的融合要求首先对中国传统科学进行深入系统的研究。

二、科学发展的多元性与科学融合应有的视界

中国传统科学与西方近现代科学的融合，是当代科学发展的趋势。两者的融合不是单纯立足于其中一方对另一方面的含摄，而是肯定双方各有其合理性，建立在平等基础上的对话。文化包括科学的发展是多元的，这本身符合生态系统的发展规律。我们知道，多样性是生态系统可持续发展的保障，自然生态系统如此，社会生态系统、文化生态系统同样如此。文化发展的多元性及由此形成的文化基因的多样性，能够更有效地适应复杂多变的生存环境，在一种文化不能适应现实生存环境的情况下，能够避免文化发展单向性

---

① ［比］伊·普里戈金、［法］伊·斯唐热：《从混沌到有序》，曾庆宏、沈小峰译，上海译文出版社1987年版，第57页。

导致的文化毁灭。了解这一点，我们就应该超越立足西方文化、西方现代科学范式的单向视角，平等看待各民族文化、各民族科学范式，促进文化、科学的健康发展。

从当前中西科学范式的融合来说，既然中西科学范式是建立在异质文化基础上的不同科学范式，因而两种科学范式的融合，必然不能单纯立足于其中的一种范式进行建构，而应高屋建瓴，从更高的认识思维视角，认识中西科学范式各自的合理性，把握它们在未来科学体系中不同的作用和地位。

三、中国传统科学与复杂性科学研究范围的重叠

中西科学范式的融合首先应从更深广的认识思维视角，构建更具有涵摄力的科学框架，以把握中西科学的研究范围及其在未来科学框架中的位置。李曙华在这方面作了有益的探索，① 笔者基本接受她关于中国传统科学与哲学分野的认识，但关于复杂性科学的研究范围则有自己不同的看法。李曙华认为，近现代科学局限于物与物关系的认识，复杂性科学仍然没有摆脱这一局限。笔者则认为，复杂性科学的研究范围正逐渐向"一生二，二生三，三生万物"延伸，与中国传统科学的研究范围趋于叠合。下文试结合李曙华的认识，具体论述笔者的观点。

从下图可以看出，无有关系包含无中生有、自有还无两个阶段，它属于传统哲学的研究范围（图中①③）；"有一物"关系同样包含一个自有生物、物化归有两个过程，它属于传统科学的研究范围（图中②），"自有生物"具体又包含老子所说的"一生二，二生三，三生万物"三个阶段，它揭示了万物生成过程中由隐而显的三个层面。西方近现代科学从事物的形体出发，探讨事物内在的本质及事物之间的外在联系，并没有从生成论的角度探讨事物的生成过程。关于事物的存在基本上持一种预成论、构成论的观念，其研究范围局限于"物一物"关系层面（图中④）；复杂性科学则开始探讨复杂系统从近平衡态向远离平衡态演化过程中，新序的形成及其规律，实质上表明西方现代科学已经开始从"三生万物"向"一生二，二生三，三生万物"延伸（图中⑤）。所不同的是，西方科学走的是从事物存在的实体性

---

① 李曙华：《中华科学的基本模型与体系》，《哲学研究》2002 年第 3 期。

出发，进行的"逆向"探索（相对于中国传统科学而言）。另外，霍金等关于"宇宙产生于无"的探讨和论证，也说明，西方科学在世界观层面也在向中国传统科学"道生一"或"有生于无"靠拢。因此，不难看出，复杂性科学的研究对象、研究视阈与中国传统科学存在叠合趋势，由此也就不难理解，复杂性科学有向中国传统科学吸取智慧资源的趋向。复杂性科学的产生和发展使西方近现代科学真正进入与中国传统科学进行同等层面对话阶段。中西科学范式的对话是中西科学范式走向真正融合的前提，这不仅对中西科学范式双方具有重要意义，而且对于新的科学范式的形成具有划时代意义。可以说，人类科学的发展进入了真正的黄金时代。

⑤ 复杂性科学

④ 近现代科学

无（"道"）→ 有（"一"→ "二"→ "三"）→ 物 — 物 →有 → 无

① 传统哲学　　　　　② 传统科学　　　　③ 传统哲学

图1：从万物的生成过程看中西科学的研究范围

四、中西科学的互补

中西方科学由于立足的思维视角不同，认识思维路线不同，因而不可避免地存在自身的局限。系统论的创始人贝塔朗菲曾指出："我们（西方人）主要关心可度量的质，可分的单元……我们的思维方式明显地不适合处理整体和形式问题。"[①] 西方科学面临的问题是如何将理性分析得到的关于部分的认识重新综合起来，而综合的方式显然应纳入中国传统科学有机整体论的思维方式和获得的认识；而中国传统科学主张超越感性、知性、理性认识和思维，发挥直觉体悟的作用，这是其深刻处，但这也同时造成了其现代科学理性思维向度的缺失。同时，由于中国封建社会大一统的官僚政治体制，近现代科学未能在中国产生，从这方面来说，西方近现代以来发展起来的科学

①　［美］冯·贝塔朗菲：《一般系统论基础、发展和应用》，林康义、魏宏森等译，清华大学出版社1987年版，第236页。

技术结构，都值得我们借鉴。在这方面，著名科学史家萨顿所说的"正如东方需要西方一样，今日的西方仍然需要东方"①，极为中肯。

中西科学的互补性还表现在中西科学适用的范围不同。西方近现代科学关于世界万物的机械还原论认识主要适用于无机世界，它有助于调动自然界的无机资源，服务于人类的生存；而中国传统科学关于自然万物的认识，则适用于生命系统、生态系统，其关于生命系统、生态系统有机规律的揭示，对于优化自然生态环境，提高人的生存质量具有重要价值。

关于科学技术在人和自然关系中的作用和价值的认识上，中西科学范式的不同认识同样存在着互补。中国传统科学范式从人与自然一体的视阈看待科学的价值，有助于克服科学片面发展给人与自然、社会、自身带来的生存困境。从当前生态文化与复杂性科学发展趋势来说，中国传统科学要求我们从人—社会—自然复合生态系统的整体高度，把握科学技术的发展方向，调节科学技术的作用强度，发挥科学技术在复合生态系统整体中的积极作用。从这方面来说，中国传统科学的整体性视野，对近现代科学的发展具有价值理性的范导作用；而西方科学立足于人自身，强调发挥人的主体性，则有助于人的主体性的发展，有助于人的物质生活层面的进步和发展，对于保持自然生态系统的活力具有积极作用。同时，西方科学范式对现实生活层面的关注，对于传统科学局限于形而上层面，未能开出近现代科学有纠正作用。应该说，中国传统文化应该纠正在现实层面单纯强调社会伦理导向的偏向，开出新的向度，接纳近现代自然科学的合理因素。当代新儒家牟宗三先生对此作了具体探讨，提出通过"道德良知的自我坎陷"，由内圣开出新的外王，即开出现代科学精神。强调传统道德理性对现代科学精神的涵摄地位。我们认为，牟先生坚持传统文化对科学的范导作用，是正确的。科学的发展不能脱离人自身生存质量的优化，科学的发展也不单纯是为了提高人的物质生活水平，还包括促进人与自然、人与社会、人与自身的和谐。

五、中西科学的融合

从当前科学发展的状况与未来科学发展的趋势来说，要实现中西科学范

---

① ［美］乔治·萨顿：《科学的生命》，刘王君译，商务印书馆1987年版，第141页。

式的融合，至少应从如下方面着手：

（一）发挥传统有机整体论优势

传统有机整体论与传统科学思想是我们的重要优势。但由于 20 世纪以来，我国片面引进西方科技模式，科技教育、科技研究方面对传统整体论范式基本上采取忽视甚至否定态度。近 20 年来，这种情况有所改观，但传统科技研究如关于周易、老庄思想中的科技思想的研究主要局限在民间和宗教范围内，处于零散状态，缺乏自觉的组织和引导；科研方法主要沿用西方还原论模式，带有明显的局限性。要充分发挥传统有机整体论的优势，应注重如下几方面：①加强传统文化、传统科学思想、中西科学文化比较方面的教育，改变我国传统文化近代以来的断层现象；②将传统科技范式、科学体系的研究提上日程，特别是加强中医科学、天文学、地学中包含的认知思维模式和科学体系的研究，让中国古代科学思维、科学思想作为人类共同的财富走向世界；③结合科学范式转型，加强中西思维方式比较研究、传统有机整体论与当代复杂性科学理论比较研究，探讨传统科学范式对于未来科学发展的价值和作用。

（二）借鉴引进西方科学技术结构

由于近现代科学未能在我国产生，我国要发展近现代科学，必须引进西方近现代科学技术。值得强调的是，借鉴引进西方科学技术，不仅要引进其科学技术内容，还应引进西方科学技术结构，包括科学理论（构造型自然观）、科学实验（受控实验系统）、技术（开发性技术体系）三个要素，以及"理论→实验→理论循环加速机制"和"技术→科学→技术循环机制"等。①

在借鉴引进西方科学技术的过程中，还应注重加强自主创新能力的培养和发挥。不然，单纯引进知识和技术，不能引进其理论思维，不能发挥中国传统认识思维优势，只能永远跟在别人的后面。

（三）加强交叉学科、综合性学科研究

科学范式转型在学科发展方向上体现为由分离走向综合，交叉学科、边缘学科、综合性学科成为发展活跃的前沿学科，因此，在发展基础学科的基

---

① 《金观涛、刘青峰集——反思、探索、创造》，黑龙江教育出版社 1988 年版，第 203—321 页。

础上，应打破传统学科分类的局限，积极鼓励和支持新兴学科、边缘学科、交叉学科的发展，促进自然科学与社会科学的交叉和融合，推进学科建设和理论创新。

（四）将科技研究纳入人—社会—自然复合生态系统中

复杂性科学的发展，要求我们将科学研究纳入到人—社会—自然复合生态系统整体中进行考察，将科学研究纳入到社会可持续发展、科学发展观战略高度进行认识。

从人—社会—自然复合生态系统整体的高度认识科学技术的性质、地位和作用，要求我们认识到，科学技术不仅仅是人利用自然改造自然实现自身目的的工具，同时还是人与自然协调的方式。因此，科学技术的发展不能只看到实现人自身目的的有效性，还要考虑到对自然生态系统、社会生态系统的影响。

科学研究不仅要注重认知理性的一面，同时还要注重价值理性的一面。具体而言，就是科学研究应考虑到人类的整体利益和长远利益，考虑到人与自然的协调发展。实际上，人—社会—自然作为统一的复合生态系统整体，自然作为人的生存环境，其存在状态、性质、变化发展直接影响到人自身的生存状态、生存质量和未来发展。自然生态环境的修复、保持和优化，本身是人和社会可持续发展的基础和重要方面，是与人的整体利益和长远利益一致的。

参 考 文 献

一、著作

［比］普里高津：《从存在到演化》，曾庆宏译，上海科技出版社1986年版。

［比］伊·普里戈金、［法］伊·斯唐热：《从混沌到有序》，曾庆宏、沈小峰译，上海译文出版社1987年版。

［德］马克思：《1844年经济学哲学手稿》，人民出版社2000年版。

［法］阿尔贝特·施韦泽：《敬畏生命——五十年来的基本论述》，陈泽环译，上海社会科学院出版社2003年版。

［法］弗朗索瓦·佩鲁：《新发展观》，华夏出版社1987年版。

［美］A. 杜宁：《多少算够——消费社会与地球的未来》，吉林人民出版社1997年版。

［美］奥尔多·利奥波德：《沙乡年鉴》，侯文蕙译，吉林人民出版社2000年版。

［美］大卫·格里芬主编：《后现代科学——科学魅力的再现》，马季方译，中央编译出版社1995年版。

［美］大卫·格里芬主编：《后现代精神》，王成兵译，中央编译出版社1998年版。

［美］戴斯·贾丁斯：《环境伦理学——环境哲学导论》（第三版），林官明、杨爱民译，北京大学出版社2002年版。

［美］丁·布里格斯、大卫·皮特：《湍鉴》，刘华杰、潘涛译，商务印书馆 1999 年版。

［美］冯·贝塔朗菲：《一般系统论基础、发展和应用》，林康义、魏宏森等译，清华大学出版社 1987 年版。

［美］霍尔姆斯·罗尔斯顿：《环境伦理学：大自然的价值以及人对大自然的义务》，杨通进译，中国社会科学出版社 2000 年版。

［美］霍尔姆斯·罗尔斯顿：《哲学走向荒野》，刘耳、叶平译，吉林人民出版社 2000 年版。

［美］霍兰：《隐秩序——适应性造就复杂性》，周晓牧等译，上海科技教育出版社 2000 年版。

［美］卡洛琳·麦茜特：《自然之死》，吴国盛等译，吉林人民出版社 1999 年版。

［美］卡普拉：《转折点：科学、社会、兴起中的新文化》，冯禹等编译，中国人民大学出版社 1989 年版。

［美］罗伯特·麦金托什：《生态学概念和理论的发展》，徐嵩龄译，中国科学技术出版社 1992 年版。

［美］纳什：《大自然的权利》，杨通进译，青岛出版社 1999 年版。

［美］乔治·萨顿：《科学的生命》，刘王君译，商务印书馆 1987 年版。

［美］唐纳德·沃斯特：《自然的经济体系——生态思想史》，侯文蕙译，商务印书馆 1999 年版。

［美］约翰·贝拉米·福斯特：《生态危机与资本主义》，耿建新、宋兴无译，上海译文出版社 2006 年版。

［美］詹姆斯·奥康纳：《自然的理由——生态学马克思主义研究》，南京大学出版社 2003 年版。

［英］彼得·辛格：《动物解放》，光明日报出版社 1999 年版。

《横渠易说》，载《张载集》，中华书局 1978 年版。

《金观涛、刘青峰集》，黑龙江教育出版社 1988 年版。

《理论动态》编辑部编：《树立和落实科学发展观》，中共中央党校出版社 2004 年版。

《马克思恩格斯全集》第 3 卷，人民出版社 1998 年版。

《马克思恩格斯选集》第 1 卷，人民出版社 1995 年版。

北京人学哲学系编译：《十六——十八世纪西欧各国哲学》，商务印书馆 1982 年版。

蔡晓明编著：《生态系统生态学》，科学出版社 2000 年版。

曹孟勤：《人性与自然：生态伦理哲学基础反思》，南京师范大学出版社 2004 年版。

曾建平：《自然之思：西方生态伦理思想探究》，中国社会科学出版社 2004 年版。

曾文婷：《生态学马克思主义研究》，重庆出版社 2008 年版。

陈昌曙：《哲学视野中的可持续发展》，中国社会科学出版社 2000 年版。

陈剑澜：《现代人与自然关系的知识学批判：环境危机的哲学根源分析》，北京大学博士论文，2001 年。

成中英：《世纪之交的抉择——论中西哲学的会通与融合》，知识出版社 1991 年版。

董英哲：《中国科学思想史》，陕西人民出版社 1990 年版。

杜维明、卢风：《现代性与物欲的释放——杜维明先生访谈录》，中国人民大学出版社 2009 年版。

方朝晖：《重建价值主体》，中央广播电视大学出版社 1993 年版。

傅华：《生态伦理学探究》，华夏出版社 2002 年版。

何怀宏：《生态伦理：精神资源与哲学基础》，河北大学出版社 2002 年版。

胡鞍钢：《中国：新发展观》，浙江人民出版社 2004 年版。

黄承梁、余谋昌：《生态文明：人类社会全面转型》，中共中央党校出版社 2010 年版。

解保军：《马克思自然观的生态哲学》，黑龙江人民出版社 2002 年版。

雷毅：《深层生态学思想研究》，清华大学出版社 2001 年版。

卢风、刘湘溶：《现代发展观与环境伦理》，河北大学出版社 2004 年版。

卢侃、孙建华编译：《混沌学传奇》，上海翻译出版社 1991 年版。

马尔库塞：《单向度的人》，张峰、吕世平译，重庆出版社 1988 年版。

马世骏等：《中国生态学发展战略研究》第 1 集，中国经济出版社 1991年版。

蒙培元：《人与自然——中国哲学生态观》，人民出版社 2004 年版。

庞元正主编：《当代中国科学发展观》，中共中央党校出版社 2004年版。

佘正荣：《生态智慧论》，中国社会科学出版社 1996 年版。

佘正荣：《中国生态伦理传统的诠释与重建》，人民出版社 2002 年版。

童天湘、林夏水主编：《新自然观》，中共中央党校出版社 1998 年版。

王如松等编：《现代生态学热点问题研究》，中国科学技术出版社 1996年版。

王雨辰：《生态批判与绿色乌托邦：生态学马克思主义理论研究》，人民出版社 2009 年版。

吾淳：《古代中国科学范型》，中华书局 2002 年版。

徐嵩龄主编：《环境伦理学进展》，社会科学文献出版社 1999 年版。

严耕、林震等主编：《生态文明理论构建与文化资源》，中央编译出版社 2009 年版。

余谋昌：《生态伦理学》，首都师范大学出版社 1999 年版。

余谋昌：《生态文化论》，河北教育出版社 2001 年版。

余谋昌：《生态哲学》，陕西人民教育出版社 2000 年版。

余谋昌：《自然价值论》，陕西人民教育出版社 2003 年版。

张志林、张华夏：《系统观念与哲学探索——一种系统主义哲学体系的建构与批评》，中山大学出版社 2003 年版。

中国《山海经》学术讨论会编：《山海经新探》，四川社会科学院出版社 1986 年版。

庄庆信：《中西环境哲学：一种整合的进路》，（台北）五南图书出版股份有限公司 2002 年版。

二、论文

［澳］W. 福克斯：《深层生态学：是我们时代的一种新哲学吗?》，肖

俊明译，载《国外社会科学动态》1985 年第 7 期。

[美] 奥维尔·谢尔：《中国经济的重大考验还在后头》，（新加坡）《海峡时报》2003 年 11 月 12 日。

[美] 霍尔姆斯·罗尔斯顿：《环境伦理学：自然界的价值和对自然界的义务》，载《国外自然科学哲学问题》，中国社会科学出版社 1994 年版。

《中科院三院士：东方思维能否拯救中国科技》，《环球》2005 年第 8 期。

E. P. Odum：《九十年代生态学的重要观点》，《生态学杂志》1995 年第 1 期。

W. H. 墨迪：《一种现代的人类中心主义》，《哲学译丛》1999 年第 2 期。

陈艳玲：《论生态消费观的构建及其意义》，《生态经济》2007 年第 2 期。

董全：《西方生态学近况》，《生态学报》1996 年第 3 期。

樊小贤：《用生态文明引导生活方式的变革》，《理论导刊》2005 年第 10 期。

黄顺基：《建设生态文明的战略思考——论生态化生产方式》，《教学与研究》2007 年第 11 期。

黄欣荣：《复杂性科学研究方法论纲》，《科学技术与辩证法》2006 年第 1 期。

金吾伦、郭元林：《国外复杂性科学的研究进展》，《国外社会科学》2003 年第 6 期。

康兰波、王伟民：《生态价值观与人类现有生存方式的改变》，《青海社会科学》2003 年第 6 期。

雷毅：《环境整体主义的生态学基础》，《清华大学学报》2006 年第 4 期。

李曙华：《老子的自然哲学与科学》，《中国社会科学》1999 年第 5 期。

李曙华：《中华科学的基本模型与体系》，《哲学研究》2002 年第 3 期。

刘德龙：《科学发展观的树立与生态价值观的重构》，《江苏社会科学》2004 年第 5 期。

刘福森等：《价值观的革命：可持续发展观的价值取向》，《吉林大学社会科学学报》1999 年第 2 期。

刘湘溶：《生态化思维及其基本原理》，《江苏社会科学》2009 年第 4 期。

柳延延：《科学在当代的处境》，《哲学研究》2003 年第 1 期。

卢风：《论生态文化与生态价值观》，《清华大学学报》2008 年第 1 期。

马世骏、王如松：《社会—经济—自然复合生态系统》，《生态学报》1984 年第 1 期。

彭光华等：《生态科学的内涵、本质与作用》，《自然辩证法通讯》2007 年第 1 期。

彭新武：《复杂性科学：一场思维方式的变革》，《河北学刊》2003 年第 3 期。

邱耕田：《生态危机与思维方式的革命》，《北京大学学报》1996 年第 2 期。

佘正荣：《环境伦理学的价值论依据》，《科学技术与辩证法》2002 年第 4 期。

佘正荣：《生态世界观与现代科学的发展》，《科学技术与辩证法》1996 年第 6 期。

佘正荣：《以复杂性思维审视生态伦理学》，《鄱阳湖学刊》2010 年第 1 期。

舒远招：《何谓思维方式生态化》，《湖湘论坛》2010 年第 3 期。

万君康、梅小安：《生态工业园的内涵、模式与建设思路》，《上海综合经济》2003 年第 9 期。

王国聘：《论现代思维方式与城市观的更新》，《南京林业大学学报》2003 年第 1 期。

王国聘：《探索自然的复杂性——现代生态自然观从平衡到混沌再到复杂的嬗变》，《江苏社会科学》2001 年第 5 期。

王国聘：《现代生态思维方式的哲学价值》，《南京工业大学学报》2002 年第 1 期。

王晓华：《何为"生态思维"》，《东岳论丛》2005 年第 6 期。

王治河：《后现代生态文明与现代生活方式的转变》，《岭南学刊》2010年第 3 期。

王治河：《生态文明呼唤一种后现代思维》，《中国浦东干部学院学报》2010 年第 3 期。

邬建国：《生态学范式变迁综论》，《生态学报》1996 年第 5 期。

夏湘远：《德性生态人：可持续发展伦理观的主体预制》，《求索》2001年第 6 期。

叶平：《关于环境伦理学的一些问题——访霍尔姆斯·罗尔斯顿教授》，《哲学动态》1999 年第 9 期。

张芳德：《消费社会本真生存的失落与拯救——鲍德里亚消费文化理论研究之三》，《湖北民族学院学报》2010 年第 2 期。

张华夏：《广义价值论》，《中国社会科学》1998 年第 4 期。

赵玲：《自然观的现代形态——自组织生态自然观》，《吉林大学社会科学学报》2001 年第 2 期。

周光召：《复杂适应系统和社会发展》，中国系统工程学会 12 届学术年会报告，昆明，2002 年。

卢风：《论生态文化与生态价值观》，《清华大学学报》2008 年第 1 期。

卢风：《生态价值观与制度中立——兼论生态文明的制度建设》，《上海师范大学学报》2009 年第 2 期。

佘正荣：《环境伦理学的价值论依据》，《科学技术与辩证法》2002 年第 4 期。

王雨辰：《论生态学马克思主义的生态自然观和生态价值观》，《鄱阳湖学刊》2009 年第 2 期。

王如松、欧阳志云：《生态整合——人类可持续发展的科学方法》，《科学通报》1996 年 5 月。

李伟：《刍议绿色消费、可持续消费及生态消费观》，《特区经济》2008年 9 月。

三、外文

Bill Devall and George Sessions, *Deep Ecology: Living as if Nature Mattered*,

Salt Lake City: peregrine Smith Books, 1985.

Canon S. F., *Science in Culture: The Early Victorian Period*, New York: Dawson and Science History, 1978.

Charles Birch, "Scientific Dilemma", In *Christianity and Crisis* (December 25, 1967).

Cherrett J. M. "Key Concepts, The Results of a Survey of Our Members' Opinions", in Cherrett J M. ed., *Ecological the Contribution of Ecology to an Understanding of The Natural World*. Blackwell Scientific, Oxford, England. 1989.

David Pepper, *Modern Environmentalism: An Introduction*, New York: Routledge, 1996.

G. E. Moore, *Philosophical Studies*, London, 1922.

Heidegger, *Holzwege*, Frankfurt: Klostermann, 1972.

J. B. Callicott, "The Conceptual Foundation of the Land Ethic", in M. E. Zimmerman Et Al, ed., *Environmental Philosophy*, Prentice-Hall, 2001.

J. Seed, "Deep Ecology Down Under", in C. Plant and J. Plant eds, *Turtle Talk: Voice from a Sustainable Future*, New Society, Philadelphia (Pa.), 1990.

Joel Kovel, *The Enemy of Nature: the end of Capitalism or the end of the world*, London & New York: Zed Books, 2007.

R. B. Perry, *General theory of value*, Harvard University Press, 1954.

S. N. Salthe, *Development and Evolution: Complexity and Change in Biology*, Cambridge MIT Press, 1993.

Stiling P., "What do ecologists do?" *Bulletin Of the Ecological society of America*, 1994, 75 (2).

Suchocki, *The Fallto Violence*. New York: The Continuum Publishing Company, 1999.

W. James, *Varieties of Religious Experience*, New York, 1925.

W. M. Urban, " Value and Existence", *Philosophy, Psychology and Methodology of Science*, 1916 (13).

后　记

2003 年，我校成立生态文化研究中心（2007 年升级为山东省生态文化与可持续发展软科学研究基地），受袁俊平、栾贻信等学校领导的提携，笔者进入中心从事科研工作。从那时起，开始系统学习生态科学、生态文化理论知识，先后对生态文化热点问题、生态哲学的基本内涵、生态文化与古代文化、现代文化的关系、复杂性科学理论、生态文化与现实文化建设等相关主题进行了学习与探讨，并开始结合自身所学专业——中国哲学，对中国传统生态观进行探讨，出版有《传统生态观与范式转型》一书。

2006 年，笔者考入南京大学哲学系，攻读东方哲学与宗教专业博士学位。在导师洪修平教授的启发下，将佛教生态思想确定为毕业论文研究主题，围绕此主题，主持有国家社科基金项目"佛教与生态文明建设"（2010）、教育部人文社科项目"佛教生态思想研究"（2008）、南京大学 985 创新工程项目"佛教生态伦理思想研究"（2008）。完成出版了博士毕业论文《佛教生态哲学研究》。

这次，我校资助出版"生态哲学丛书"，笔者得以将 2003 年以来的相关成果整理出版。该书在 2003—2006 年相关研究成果基础上，补充了生态文化世界观、价值观、思维方式、生产生活方式等相关内容，力图反映学术界最新研究成果及笔者近年来的思考。书中存在的不当之处，恳请学界前辈及同仁不吝批评指正！

感谢学校领导特别是基地领导王学真、栾贻信、吴宗杰、盖光等一直以来的鼎力支持！感谢环境哲学、环境伦理学界余谋昌、卢风、叶平、佘正荣、王国聘、曹孟勤等学界前辈的提携和帮助！感谢张子礼院长对笔者科研工作的宽容与支持！感谢朱伯玉教授和人民出版社编辑老师对本书出版的促成！

陈红兵

2013 年 7 月于山东